역동적 균형과 한국의 미래 1

민주정치와 균형외교

나남출판

나남신서 1162

역동적 균형과 한국의 미래 1
민주정치와 균형외교

2006년 8월 15일 발행
2006년 8월 15일 1쇄

저자_ 한상진 · 임동원 · 김경원 · 박찬욱 · 김성국
발행자_ 趙相浩
편집_ 방순영 · 윤인영
디자인_ 이필숙
발행처_ (주) **나남출판**
주소_ 413-756 경기도 파주시 교하읍
출판도시 518-4
전화_ (031) 955-4600 (代), FAX : (031) 955-4555
등록_ 제 1-71호(79.5.12)
홈페이지_ http://www.nanam.net
전자우편_ post@nanam.net

ISBN 89-300-8162-2
ISBN 89-300-8161-4(세트)
책값은 뒤표지에 있습니다.

역동적 균형과 한국의 미래 1

민주정치와 균형외교

한상진 · 임동원 · 김경원 · 박찬욱 · 김성국

NANAM
나남출판

Dynamic Equilibrium and Korea's Future 1

Dynamic Balance
A Macro-project of New Korea

by

Han, Sang-Jin
Lim, Dong-Won
Kim, Kyung-Won
Park, Chan Wook
Kim, Seung Kuk

NANAM
NANAM Publishing House

머리말

'역동적 균형'을 화두로 한 4권의 단행본을 출간함에 있어 광복 60년에 얻은 새로운 경험을 간략히 간추리고자 한다.

첫째로 광복의 뜻을 다시 생각하게 되었다는 점이다. 사람들에게 '광복'이란 낱말을 주고 그 뜻을 물으면 대부분 독립 또는 해방을 연상한다. 일제시대의 독립운동을 떠올리고 그 정신으로 오늘의 한일관계 등을 생각해보는 것, 때문에 '광복' 하면 미래보다는 과거지향의 느낌을 강하게 받는다고 한다.

과연 그래야만 할까. 젊은이보다는 노인이 주역이 되고, 미래보다는 과거를 이야기하며, 한국현대사를 전공한 학자나 독립운동 추모사업단체들이 전유하는 그런 상징으로 과연 충분한 것인가?

우리는 아니라고 판단했다. 광복은 단순히 과거가 아니라 현재진행형이며 우리의 미래에 관련된 소중한 상징이기 때문이다. 광복운동을 이끌었던 선조들이 숱한 고난과 억압, 시련 속에서도 굳건히 지켰던 이상, 해방된 조국의 미래상이 지난 60년간의 눈부신 성취에도 불구하고 아직도 미완의 과제로 남아 있다는 사실에서 이것은 의문의 여지없이 분명하다.

광복에는 '빛'의 메타포가 있다. 이 빛은 우리의 역사 안에 있지만, 이 빛을 키워내기 위해서는 그 눈으로 시대의 과제를 분명히 인식하는 것이 중요하다. 이러한 의미에서 광복은 과거와 미래를 연결시키는 민족적 운명에 대한 문명사적 자각이며 새로운 시작을 촉구하는 역사의 명령이기도 하다.

둘째는 60년의 의미이다. 60년의 삶은 새로운 출발을 요구한다. 단순한 시간의 반복이 아니라 질적 성숙, 이순(耳順)의 원숙함이 요구된다. 신산(辛酸)했던 과거의 열정과 고통을 차분한 마음으로 바라보고 한층 성숙한 태도로 미래를 관조할 수 있는 넉넉한 지혜가 필요하다. 이순에 이르러 무르익은 인격을 가진 인간이 순리(順理)를 깨닫고 매사에 성공하듯이, 우리 민족 역시 이제는 21세기의 국제적 순리, 역사적 순리, 정치 경제적 순리, 그리고 사회적 순리를 깨닫고 이에 조응하면서 보다 희망적인 미래를 열고 싶어한다.

이처럼 광복에 담긴 미완성의 미래지향적 함의와 60년이 요구하는 보다 성숙한 새로운 출발의 요구를 담아 우리가 열어가야 할 선진한국의 모습을 그려보고자 한 것이 바로 4권의 책이라고 말하고 싶다.

셋째는 포럼을 열고 책을 출간하는 과정에서 얻은 경험이다. 광복 60년 기념사업추진위원회가 선정했던 51개 사업 가운데서 '선진한국'의 미래를 설계할 종합학술포럼의 성공을 위해서는 무엇보다 저명한 학자들의 참여가 필수적이었다. 그래서 위원회는 서울대 사회발전연구소에게 포럼의 주관업무를 요청했으며, 쌍방이 협의하여 4차례의 포럼을 서울, 대구, 전주, 서울의 순서로 열기로 했다. 이리하여 위원회와 학계 그리고 지역사회가 같이 참여하는 독특한 협력체계가 구축되었다.

모든 주요 결정은 포럼운영위원회에서 내렸는데, 여기에는 연구소 소장 이재열, 정치학과 이정복, 경제학과 이승훈, 사회복지학과 김상균, 대구사회연구원의 김규원, 전북대 송기도, 그리고 광복 60년 기념사업추진위원회의 한상진이 참여했다.

가장 고심했던 의제는 포럼의 전체 주제였다. 정치, 외교, 경제, 사회 각 부문의 현주소를 점검했고, 미래의 방향, 비전, 원칙 등을 토론했다. 그리고 많은 토론 끝에 우리는 '역동적 균형'의 화두를 선택했다. 딱딱한 듯하지만 이념적 컬러가 없고 우리의 현대사를 읽는 하나의 비판적 안목이면서 또한 미래를 평가하는 규범적 잣대의 역할을 할 것으로 보았기 때문이다.

시간의 제약으로 포함했으면 좋았을 분야를 모두 포괄할 수 없었다는 아쉬움이 있다. 그러나 선정된 15개 분야에 관해서는 당대 최고의 경륜을 갖춘 전문가들이 발표와 토론 및 사회의 역할을 해주었다고 자부한다. 이에 이들에게 우선 심심한 사의를 표하는 바이다.

출판 준비과정에서 우리는 발표자들에게 토론과정의 의견이나 요구를 최대한 반영할 것과 역동적 균형의 의미를 보다 분명히 해줄 것을 요구했다. 아울러 발표자들이 공동저자로 참여하는 형식의 단행본을 4권 출간하기로 했다. 그리고 1권의 맨 앞에 "왜 역동적 균형인가?"를 밝히는 글을 한상진이 집필하기로 했으며, 모든 논의를 수합하여 역동적 균형의 의미를 정리하는 논문을 이재열이 집필하여 4권의 끝에 싣기로 했다.

이렇게 하여 4권의 책이 출간되지만 많은 분들의 헌신적 노고가 있었다. 광복 60년 기념사업위원회에서는 홍윤식 추진단장을 포함하여 이재풍, 김창수가 행정적으로 번거로운 일들을 처리해 주었다. 대구사회연구소의 이상률, 전북대 사회과학연구소의 이경희, 그리고 서울대 사회발전연구소의 김홍중 박사와 김주현, 정필주를 비롯한 연구진들은 전체 행사의 진행에 꼭 필요한 역할들을 수행하였다. 끝으로 이 내용을 책으로 묶어내는 데 큰 도움을 준 나남출판의 조상호 사장과 방순영 부장께도 깊은 감사의 뜻을 전한다.

2006년 8월

한상진 · 이재열

역동적 균형과 한국의 미래 [1]

민주정치와 균형외교

차 례

1 왜 역동적 균형인가?

국민의식구조의 분석*

한 상 진

이 글은 광복 60년의 의미와 우리의 미래를 조망하는 하나의 시각으로서 '역동적 균형'의 관점을 제시하려는 것이다.[1] 이 관점은 좌우이념이나 진보·보수의 색채로부터 비교적 자유롭다. 사회체제의 성격이나 실체를 잡으려는 것도 아니다. 광복 60년의 경험에서 우리는 자유의 진전, 민주주의와 인권의 향상, 국민복지의 증진 등에 주목할 수도 있고, 사람에 따라서는 이른바 '제 2의 광복'이 암시하는 것처럼 진정한 광복을 가로막는 장애물들과 함께 평화와 통일을 향한 갈망 등에 주목할 수도 있을 것이다. 이것은 역사를 이념이나 시대정신의 구현으로 보려는 것이다. 혹은 우리가 전형적인 농업사회에서 출발하여 현대적 산업사회로 이행하고 다시 지식정보사회로 진입하고 있다는 점을 강조한다면, 그리하여 빈곤으로부터의 해방, 독재권력과의 투쟁, 탈냉전시대의 다원주의적 가치관의 역할에 주목한다면 이것은 사회체제

---

* 통계분석을 담당해 준 서울대 대학원 사회학과 석사과정 김영진에게 감사를 표한다.

1) 국가균형발전위원회는 균형발전의 두 가지 전략으로서 "통합적 균형"과 "역동적 균형"의 개념을 구별하여 후자에 역점을 두었다. 이 경우, 역동적 균형은 지역혁신체제간의 경쟁과 협동이 특징이다. 이런 논의는 균형발전이 단순한 분배적 통합적 성격의 것이 아니고 국가경쟁력 제고의 조건이라는 점을 부각시키려는 것이다. 우리가 여기에서 사용하는 역동적 균형은 정치, 경제, 사회, 문화 등 모든 사회체제의 발전방향으로 확대시켜 그 의미를 심화하려는 것이다.

의 실상과 변화에 주목하려는 것이다. 그러나 이 글이 잡으려는 것은 역사적 변동에 내재하는 이념도 아니고 사회체제의 단계별 변화양상도 아니다. 이 글은 현대 한국사회의 활력의 특징인 역동적 균형의 구성원리와 현실적 근거를 포착하려는 것이다.

역동적 균형의 구성원리라 함은 쉽게 말해 "이것이냐 저것이냐"의 양자택일의 방식과는 다른 결합의 논리를 뜻한다. 언뜻 보아 양립이 어려운 것처럼 보이는 두 가지 가치를 결합하여 독특한 공생의 시너지 효과를 내는 방식을 가리킨다. 다시 말해, 역동과 균형의 상호보완적 결합을 뜻한다. 그렇다면 어떤 조건 위에서 역동이 균형을 낳고 또한 균형이 역동을 낳는 것일까? 우리는 여기서 시간의 변수를 고려해야 할 것이다. 매순간 역동과 균형이 조화를 이루리라고 가정하기는 힘들다. 시간의 축 위에서 역동의 부작용을 교정하는 균형의 힘이 성장하거나 반대로 균형의 정체성을 돌파하는 역동의 힘이 강화되는 모양을 생각할 수 있다. 이것이 어떤 논리와 형식으로 이루어지는가는 인접학문들의 공동연구로 밝혀야 할 문제이다. 물리학, 생물학, 경제학, 사회학의 접근방식은 사뭇 다를 것 같다. 우리는 여기서 역동적 균형을 사회현상에 비추어보고자 하기 때문에 이 둘을 결합시키는 기제로서, 예컨대 시장경제와 정부의 역할, 생산적 제 3의 길, 민주적 갈등관리 등을 유심히 살펴볼 필요가 있다.

역동적 균형의 현실적 근거라 함은 이 개념이 단순한 학자적 발상, 철학적 상상력, 추상적 관념에 머무는 것이 아니라 국민의 의식구조에 뿌리내린 실제의 역사 안에서 그 모양을 발견할 수 있다는 것이다. 물론 이렇게 말한다고 해서, 우리가 삶의 현장에서 느꼈던 지난 60년의 체험이 항상 역동과 균형의 조화였다고 말하는 것은 아니다. '돌진적 근대화' 등의 용어에 이미 드러나 있듯이, 그 반대가 진실에 가까울 것이다. 경제성장이나 안보 같은 가치를 위해 많은 다른 가치들이 철저히 희생되고 억압된 시기가 짧지 않았다. 그러나 좀 더 길게 (여유를 가지고) 보면, 정치적·경제적·외교적·문화적 독점, 편중, 불균형 또는 양극화의 추세에도 불구하고, 그 부작용을 넘어서려는 움직임이 우리 사회 안에서 다양하게 지속적으로 일어난 것도 사실이다. 정치적 독재에 맞선 민주화운동, 지역편중개발에 도전하는 균형발전에 대한 열망, 냉전체제하의 인권유린에 관한 진실규명의 요구, 대미종속이 아닌 균형외교에 대한 기대가 광범위하게 확산되었다. 유교적 가부장주의가 매우 강고한 것처럼 보였지만 젊은 세대의 도전과 여성의 사회적 성장도 매우 인상적이다. 요컨대, 과거의 일방적 질주 또는 불균형을 넘어 균형을 회복하려는 흐름이 오늘날 역사의 대세를 형성한다는 것이다.

다르게 보자면 이런 말이 될 것이다. 한국인의 가치관은 오늘날 분명히 균형의 회복을 선호하는 것으로 드러나지만 그렇다고 가진 것을 적당히 나누어 갖는 소비적, 정태적 균형을 원하는 것은 결코 아니다. 반대로 균형 못지않게 역동성을 강조한다. 끊임없는 성장, 변화, 도전을 옹호한다. 시대의 흐름에 낙후되는 것을 용인하는 사회분위기가 아니다. 누구나 앞서가기를 원하며 이를 위한 시간, 자원, 에너지의 투입에 적극적이다. 우리 사회의 구석구석에 활력이 넘치는 것은 근본적으로 이런 국민의식이 작동하기 때문이다.

우리는 광복 60년의 의미를 '새로운 시작'으로 보고 선진한국의 미래를 탐색함에 있어 핵심키워드로 '역동적 균형'을 제시하고자 한다. 철학적 · 이론적 · 정책적 논의들을 뒤로 젖히고 우리가 주장하려는 것은 우리의 관심이 어디에 있건간에, '다이내믹 코리아'가 가능하게 된 것은 정치, 경제, 사회, 문화 등의 근저에 역동과 균형의 두 마리 토끼를 잡으려는 국민의식의 토대가 있기 때문이라는 것이다. 전문가의 논의가 중요하지만, 국민의식구조에서 현실의 '메타'조건을 찾는 것도 의미 있다. 우리는 이런 대중적 의식의 토대 위에서 우리의 과거와 현재 그리고 미래를 생각해볼 때가 되었다. 이것은 이항대립의 양분론, 흑백논리, 선과 악의 도식적 구분을 버릴 것을 요구한다. 역동과 균형을 양자택일의 대립적 관계로 보기보다는 상호보완적 관계로 보는 것이 현실을 이해하는 데 보다 적합하다.

그러나 역동적 균형의 개념은 실물보다는 추상적이고 학문적인 뉘앙스가 강하게 풍기는 것도 사실이다. 사회과학, 자연과학, 공학의 전통 안에서 이 개념의 정교화가 필요하다는 주장도 있을 수 있다. 그러나 이런 작업은 뒤로 미루겠다.[2] 현 시점에서 필요 이상으로 논의를 추상화시켜 생동하는 현실과의 접목을 어렵게 만들 수 있기 때문이다. 우리가 이 개념에 착안하게 된 데는 여러 이유가 있지만 가장 중요한 것은 평균적인 국민의식의 특성이다. 국민의 대다수가 역동과 균형의 어느 한쪽을 선호하기보다 양쪽을 다같이 요구하고 있음이 분명히 드러났다는 것이다.[3] 따라서 이하에서는 '역동적 균형'에 관해 우리가 논의를 시작할 수 있는 하나의 현실적 근거로서 국민의식의 분석자료를 제시하고자 한다. 이런 논의가 의미 있는 출발점이 되어 우리의 과거와 현재 그리고 미래를 꿰뚫는 핵심개념으로서 역동적 균형에 대한 보다 생산적이고 체계적인 논의가 이어지기를 기대한다.

1. 역동과 균형의 설문과 단순분석

국민의식조사에서 우리가 사용했던 문항은 모두 규범적인 성격의 질문 여덟 개였다. 실제의 행동방식을 측정하려면 아주 구체적인 질문을 던져야 할 것이나, 그럴 경우 질문에 언급된 사건이나 경험에 대한 사회적 통념이 응답의 왜곡을 가져올 가능성이 크다고 판단하여 규범적인 질문을 사용하기로 했다. 질문을 구성하는 방식에서는 우선 (1) 세계를 바라보는 기본시각, (2) 갈등을 보는 입장, (3) 일상생활의 안전과 위험, (4) 핵심적인 경제문제의 네 차원을 구별하였고, 각 차원 안에서 역동과 균형의 2개 문항을 만들었다. 이렇게 구성된 여덟 개의 문항에 대하여 응답자가 전혀 찬성하지 않으면 1점, 매우 찬성하면 7

2) 역동적 균형의 개념을 먼저 명확히 규정하고 이것을 각 분야에 적용하는 방식 대신 이 저술들에서는 각 분야별로 이 개념의 유용성과 함의를 탐색한 후, 최종적으로 이 개념의 이론적 근거, 현실적 특징 및 이를 실현하기 위한 정책 등을 3권의 마지막 장에서 정리하고자 한다. 이것은 역동적 균형 개념의 유동성과 복합성을 전제하고 우리 사회의 현실에서 그 특성을 보다 넓게 열어놓고 생각하기 위한 것이다.

3) 광복60년 기념사업추진위원회가 갤럽에 의뢰하여 실시했던 이 조사는 2005년 10월 17일부터 11월 4일까지 이루어졌으며, 제주도를 제외한 전국 만 20세 이상 성인 남녀 1006명을 개별 면접한 것이다. 표본추출방법은 지역별 성별 할당 후 무작위 추첨방식을 택했다.

> 바람직한 미래의 모습에 대해 여러 주장이 있습니다.
> 다음 각각의 주장에 대해 ○○님께서는 얼마나 찬성하십니까?
> 찬성하시는 정도에 관해 7점 만점으로 평가해주십시오.
>
> (전혀 찬성하지 않음) 1 — 2 — 3 — 4 — 5 — 6 — 7(매우 찬성함)
>
> 1. 이 시대가 요구하는 것은 끊임없는 자기변화요 혁신이다.
> 2. 역사가 발전하려면 갈등이 자유롭게 표출될 수 있어야 한다.
> 3. 위험이 따르더라도 모험정신으로 새로운 것을 개척해야 한다.
> 4. 새로운 성장동력으로 경제를 활성화시켜야 한다.
> 5. 이 시대가 요구하는 것은 균형과 조화이다.
> 6. 역사가 발전하려면 관용과 타협을 이루어야 한다.
> 7. 위험을 예방하고 삶의 안전과 질을 높여야 한다.
> 8. 부의 양극화를 해소하기 위해 최대한 노력해야 한다.

점을 주는 방식으로 그 가운데 하나를 고르도록 요구했다. 사용한 설문지는 위와 같다.

위의 질문에서 1~4는 역동에 관한 것이고 5~8은 균형에 관한 것이다. 한 쌍을 이루는 두 개의 질문, 예컨대 1과 5 또는 4와 8을 한 묶음으로 제시하고 그 가운데 하나를 고르도록 요구하기보다 여덟 개의 문항 각각에 대하여 찬성하는 정도를 측정하고자 했다.

결과를 보면, 각각의 문항에 관하여 5~7의 선택지에 다수의 응답이 모여 있다. 각 문항별 7점 만점을 100점 만점으로 환산해 보니, 문항별 평균점수가 70점에서 많게는 85점까지의 분포를 보인다. 전체적으로 매우 높은 비율이다. 설문이 규범적인 성격의 것이었기 때문에 이런 경향이 더 현저한 것으로 풀이된다.

그러나 여덟 개의 문항을 4개의 차원으로 짝을 지어 비교해 보면, 역동과 균형에 대한 찬성이 전반적으로 높은 가운데서도 균형을 보다 중요시하는 경향이 분명히 드러난다.

1) 세계를 바라보는 기본시각

구분	문항번호	문항내용	찬성정도 (100점 만점)
역동	1	이 시대가 요구하는 것은 끊임없는 자기변화요 혁신이다.	71.31
균형	5	이 시대가 요구하는 것은 균형과 조화이다.	78.51

응답의 차이는 약 7점이지만 균형가치가 역동가치에 우선함을 알 수 있다. 역동의 측면, 즉 '자기변화와 혁신'의 가치가 중요하다는 데 의문의 여지가 없지만, '균형과 조화'의 가치가 더 중요한 것으로 국민들이 보고 있다는 것이다.

2) 갈등에 대한 태도

구분	문항번호	문항내용	찬성 정도 (100점 만점)
역동	2	역사가 발전하려면 갈등이 자유롭게 표출될 수 있어야 한다.	70.44
균형	6	역사가 발전하려면 관용과 타협을 이루어야 한다.	78.08

갈등에 대한 시각도 유사하다. 자유로운 갈등표출에 대한 찬성이 높은 가운데 관용과 타협에 대한 강조가 더 두드러졌다. 다양성을 바탕으로 한 민주적 의사결정의 중요성을 감안할 때, '갈등의 자유로운 표출'은 결국 '관용과 타협'의 틀 안에서 이루어지고 해결되어야 한다는 당위적 접근이 이루어진 것으로 보인다. 갈등의 역동성에 비교적 높은 점수를 주면서도 균형에 대한 강조가 이를 상회한다.

3) 일상생활의 위험과 안전

구 분	문항번호	문항내용	찬성 정도 (100점 만점)
역 동	3	위험이 따르더라도 모험정신으로 새로운 것을 개척해야 한다.	68.44
균 형	7	위험을 예방하고 삶의 안전과 질을 높여야 한다.	83.20

이 문항에서 역동과 균형의 편차가 가장 크다. 모험정신보다는 삶의 안전과 질을 보다 선호하는 경향이 뚜렷하다. 이는 위험에 대한 경험이 우리 사회를 지배하는 중요한 판단기준이 되고 있음을 보여주는 사례라고 볼 수 있다. 앞뒤를 보지 않고 밀어붙이는 방식의 돌진적 근대화가 결과적으로 충격적인 안전사고를 많이 불러왔다는 점에 착안할 필요가 있다. IMF 위기를 겪으면서, 우리 국민은 대우의 경우처럼 '위험을 무릅쓴 도전의 실패'가 가져온 엄청난 손실과 부작용을 인식하기 시작한 것이다. 또한 생활수준이 향상됨에 따라 삶의 질을 중시하는 경향이 갈수록 '위험'을 보다 민감한 문제로 만들고 있다고도 볼 수 있다. 안전지향적 태도는 어쩌면 실제 사회가 안전하지 못하기 때문일 수도 있다.

4) 핵심적인 경제문제

구 분	문항번호	문항내용	찬성 정도 (100점 만점)
역동	4	새로운 성장동력으로 경제를 활성화시켜야 한다.	84.24
균형	8	부의 양극화를 해소하기 위해 최대한 노력해야 한다.	85.44

이 문항은 '성장과 분배'에 엇물려 작동하는 민감한 쟁점을 부각시키고 있다. 어느 한쪽으로 쏠리기에는 둘 다 매우 중요한 문제로 인식되고 있다. 문항에 대한 찬성도가 매우 높고 차이는 미미하다. 여기서 '경제활성화'는 역동성의 핵심적 측면이다. 성장동력은 역동의 다른 표현에 불과하다. '부의 양극화해소'에 대한 찬성도 매우 높다. 흥미로운 점은 경제성장이 우선이냐 분배가 우선이냐를 물으면 전자에 대한 응답이 더 많이 나오는 데 반하여, 경제의 활성화와 부의 양극화해소를 물으면 후자에 대한 찬성이 약간 더 높게 나온다는 점이다. '균형'가치로서의 '양극화해소'가 갖는 의미는 향후 우리 사회가 지향해야 할 바를 시사해준다 하겠다.

2. 전체적 응답분포의 분석

다음으로는 전체적인 응답분포를 살펴보겠다. '역동'의 4개 문항과 '균형'의 4개 문항을 각 문항 7점 만점으로 더하면 역동과 균형의 양 축에서 4~28점의 척도가 구성된다. 가로를 '균형' 축으로 하고 세로를 '역동' 축으로 하여 역동과 균형의 관계를 보자면, 균형에 대한 찬성도가 높은 사람일수록 또한 역동에 대한 찬성도가 높은 것으로 나왔다. 이하의 분포도에서 원의 넓이는 응답자의 수에 비례한다. 예컨대, 균형과 역동 모두 28점으로 응답한 사람 수는 35명이고, 이 좌표의 원의 넓이는 응답자 1명인 좌표의 35배인 것이다.[4]

〈그림 1-1〉에는 '중간선'과 '회귀선'이 그려져 있다. '중간선'은 이론적으로 균형과 역동을 똑같은 정도로 중시하는 응답을 나타낸다. 만일 응답이 중간선 위에만 있다면 균형과 역동의 상관관계는 1이 될 것이다. 물론 분포에 따라 중간선 위에 있지 않아도 상관관계가 1이 되는 경우도 있다. '회귀선'은 실제 응답분포의 평균 경향치를 보여준다. 즉,

4) 특기할 점은 35명 가운데 50대 이상이 13명으로 가장 많은 비중을 차지한다는 것이다. 이는 질문에 대한 극단 치우침 현상을 감안한다 하더라도 비교적 높은 편이다.

〈그림 1-1〉 2005 국민가치관 분포

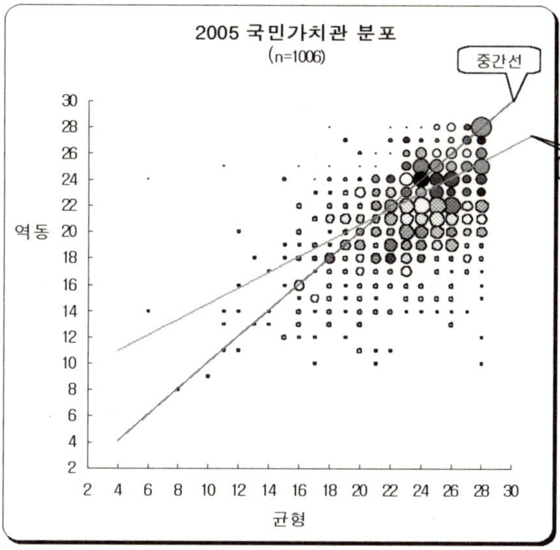

※ Pearson's R = 0.511 (0.01수준(양쪽)에서 유의미함)

이 선의 위와 아래로 거의 똑같은 숫자의 응답이 분포한다는 말이다. 만일 중간선보다 회귀선의 기울기가 크다면, 응답분포는 세로축인 '역동' 쪽에 치우쳐 있는 것이고, 반대로 회귀선의 기울기가 중간선의 기울기보다 작다면, 응답분포는 가로축인 '균형' 쪽에 치우친 것이 된다. 〈그림 1-1〉의 응답분포는 후자에 해당되므로 전체 응답분포는 균형 쪽에 치우친 것으로 볼 수 있다.

이미 언급했듯이, 규범적 당위성을 갖는 설문의 특성상 응답자의 점수가 대체로 높은 편임을 알 수 있다. 그러나 응답의 경향성은 뚜렷하다. 즉, 국가발전의 요인으로 역동과 균형을 함께 중시하면서도 균형에 대한 강조가 더 강한 편이다. 피어슨 상관계수를 본다면 상관계수가 0.511로 상관성이 상당히 높은 편이다.

보다 흥미로운 점은 집단에 따라 기울기가 다소 다르지만 좌측 하단에서 우측 상단으로 이어지는 회귀선의 유형은 모든 연령집단과 교육수준에서 발견된다는 점이다. 즉 나이가 많건 적건 간에, 또 교육수준이 높건 낮건 간에 역동과 균형을 다같이 강조하면서도 균형에 대한

〈그림 1-2〉 가치관 분포

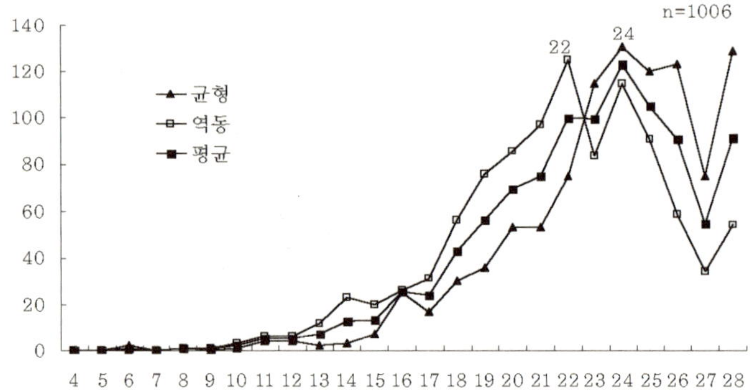

강조가 다소 더 강한 편이며, 더 나아가 역동을 강조하는 사람일수록 이에 비례하여 균형을 강조하는 경향도 커진다는 것이다. 이것이 오늘의 시점에서 우리나라 국민의식구조의 한 특성이라고 할 수 있다.

그러면 이제 균형과 역동의 관계로부터 한 걸음 더 나아가 응답의 실제분포를 살펴보겠다.5) 이것은 4~28점의 척도에서 각 점수에 해당하는 응답의 실수를 표시하는 방식이다.

세로의 축은 응답자 수이고, 가로의 축은 척도상의 점수를 나타낸다. 우선 분명한 점은 균형과 역동에 대한 응답의 실제가 다같이 우측에 모여 있다는 점이다. 이것은 국민의 의식구조 안에서 역동과 균형이 대립적인 것이 아니라 다같이 선호하는 가치로 자리잡고 있음을 뜻한다. 최고점(*top peak*: 응답자 수가 가장 많은 값)을 보면 개략적인 경향성을 알 수 있는데, 역동은 22점에서 균형은 24점에서 각각 최고점을 보인다. 두 값의 평균선을 그려보면 이런 경향은 보다 명확해진다. 교차점인 23점을 기준으로 볼 때, 그 이하에서는 역동지향 응답이 많고 그 이상에는 균형지향 응답이 많다. 이것은 역동보다 균형이 국가발전

---

5) 실제 응답수를 표시한다면 응답자 표본의 구성을 고려하여 분석해야 할 것이다. 응답자 구성은 남성 495명(49.2%), 여성 511명(50.8%)이고 20대는 214명(21.3%), 30대 249명(24.8%), 40대 231명(23.0%), 50대 이상은 312명(31.0%)이다. 이 점을 고려하여 실수 그 자체보다는 응답의 패턴을 중요하게 보아야 한다.

에 더 중요한 요소로 꼽히고 있음을 뜻한다.

특기할 점은 우극단(28점)을 제외하고 본다면 균형보다 역동의 분포에서 보다 선명한 굴곡이 발견된다는 것이다. 이는 역동의 첫 번째와 두 번째 정점 사이에 깊은 골이 있는 데서 찾아볼 수 있다. 이들 두 개 정점의 값 사이의 거리가 매우 먼 것은 아니다. 또한 이 골은 질적 차이라기보다는 정도의 차이로 해석되어야 할 것이다. 그러나 균형에 대한 국민의식의 분포는 비교적 간격이 없이 조화로운 데 비하여 역동에 대한 국민의식은 집단에 따라 상대적으로 큰 격차를 보이고 있다는 점은 분명하다. 따라서 어떤 집단이 역동적인 국민의식을 선도하고 있고 누가 어떻게 이를 따라가고 있는가의 흥미로운 질문이 제기된다.

3. 요인별 심층분석

역동가치와 균형가치의 구체적 분석에 앞서 기초변수와의 관계를 개략적으로 살펴보기 위해 요인분석 결과를 보면 〈표 1-1〉과 같다.

〈표 1-1〉 요인분석 결과

	1	2	3	4	5
거주지역별	.459	.306	.565	.244	.000
지역구분별	.388	.225	.382	.222	-.184
연령별	.684	-.285	-.136	-.472	.030
성별	.334	-.209	-.393	.622	.213
직업별	-.535	.257	.202	-.375	.039
학력별	-.680	.231	.158	.427	-.143
월평균소득별	-.282	.015	-.247	.079	.272
종교별	-.164	.121	.372	-.266	.165
고향별	.431	.174	.443	.045	.151
지지정당별	-.070	.063	.131	.018	.900
역동	.133	.756	-.400	-.054	-.010
균형	.258	.715	-.410	-.096	.026

요인추출 방법: 주성분 분석

〈표 1-1〉에서 각 숫자는 요인이 변수에 영향을 주는 요인부하율을 나타내고, 숫자는 그 영향정도를, 부호는 그 방향성을 나타낸다. 탐색적 단계의 요인분석으로서 비교적 설명력이 큰 변수를 찾아보면, 역동과 균형의 응답에 가장 큰 영향을 주는 요인은 2번으로 볼 수 있다(역동: 0.756, 균형 : 0.715). 2번 요인에 영향을 받는 기초변수로서 먼저 연령과 성별을 중심으로 살펴보려 한다.

우선 역동과 균형에 관한 응답을 성별에 따라 보면 다음과 같다.

역동의 최고점은 남녀 모두 22점으로 똑같지만, 균형의 경우 여성이 26점으로 남성보다 높다. 특히 여성의 균형 응답분포를 보면 24

〈그림 1-3〉 가치관 분포 — 남자

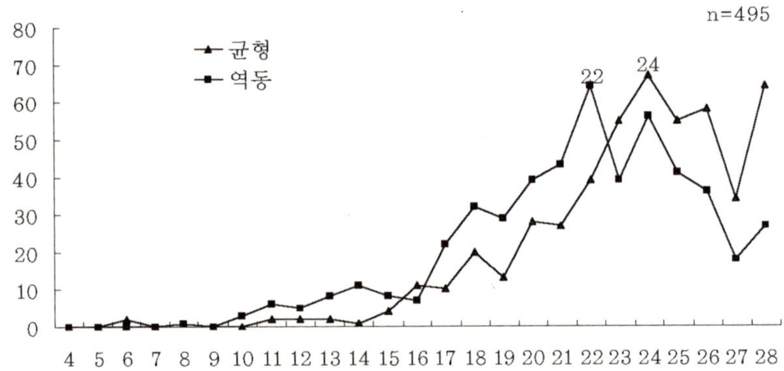

〈그림 1-4〉 가치관 분포 — 여자

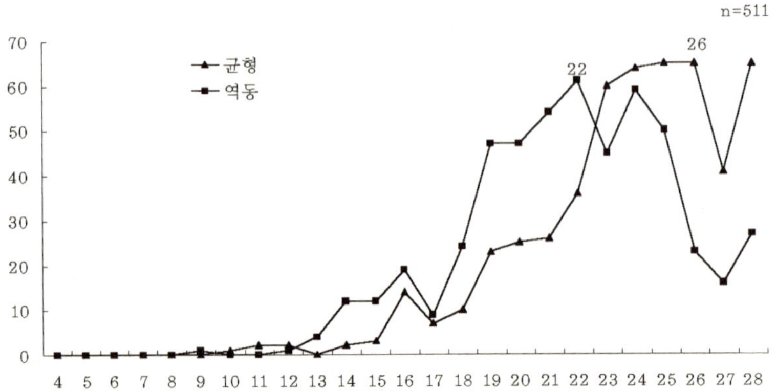

점에서 26점에 매우 높은 응답이 몰려있음을 알 수 있다. 이는 여성이 남성보다 균형을 더 강조한다는 뜻이다. 한편, 역동의 경우 여성은 22점 이하에 많은 응답을 보이는 반면, 남성은 22점 이상의 응답이 여성보다 많다. 이것은 남성이 여성보다 역동의 가치를 더 중요시한다는 뜻이 될 것이다. 다른 한편, 역동과 균형 사이의 격차는 여성에서 더 크다. 크게 보면, 남성이건 여성이건 균형과 역동을 다같이 중시하지만, 내부를 살펴보면 여성은 균형을 남성보다 더 중시하면서 역동은 상대적으로 덜 강조하는 경향이 있다는 것이다. 이에 반해 남성은 상대적으로 여성보다 역동의 가치를 더 중시하는 경향을 보인다.

〈그림 1-5〉 가치관 분포 — 균형

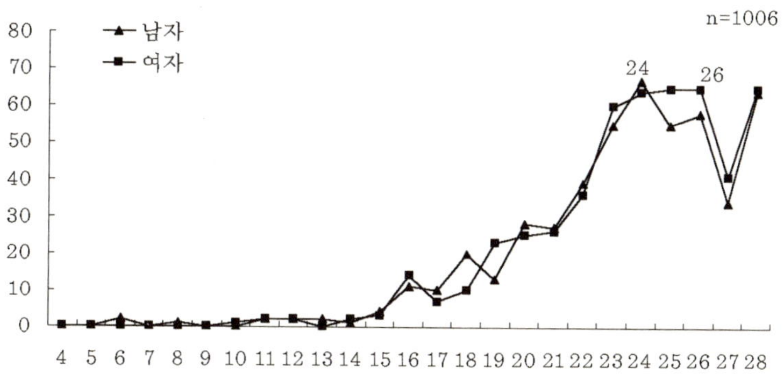

〈그림 1-6〉 가치관 분포 — 역동

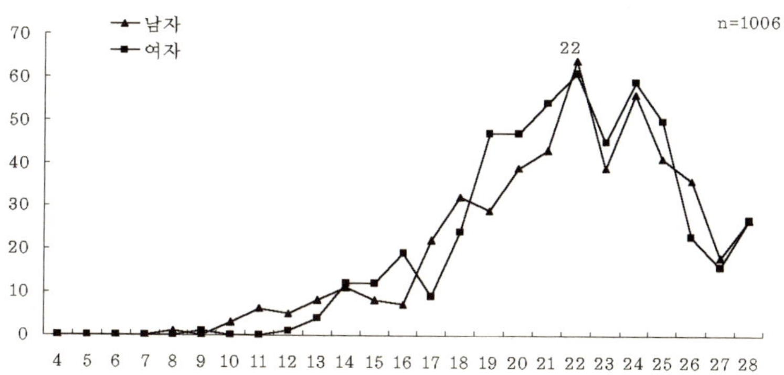

다음으로는 응답의 연령별 분포를 보겠다. 이 자료는 이른바 '다이내믹 코리아'의 상황을 보다 잘 보여준다. 나이가 많을수록 역동보다는 균형을 강조하는 경향이 눈에 띈다. 20~30대는 40~50대에 비해 역동적 의식이 강하다. 가장 역동적인 의식은 30대에서 발견되는데, 이것은 이른바 386세대에 대한 세간의 평가를 통계적으로 뒷받침할 수 있는 근거로 평가할 만하다. 그러나 386세대의 위 연령층이 40대로 편입되면서 40대의 의식이 점차 변하고 있는 것으로 관측된다. 각 연령대별로 살펴보자.

먼저 20대의 의식구조는 역동과 균형을 모두 중시하는 경향을 보인

〈그림 1-7〉 가치관 분포 — 20대

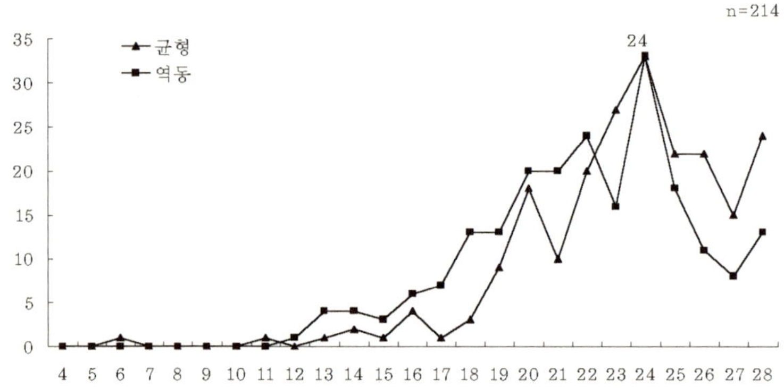

〈그림 1-8〉 가치관 분포 — 30대

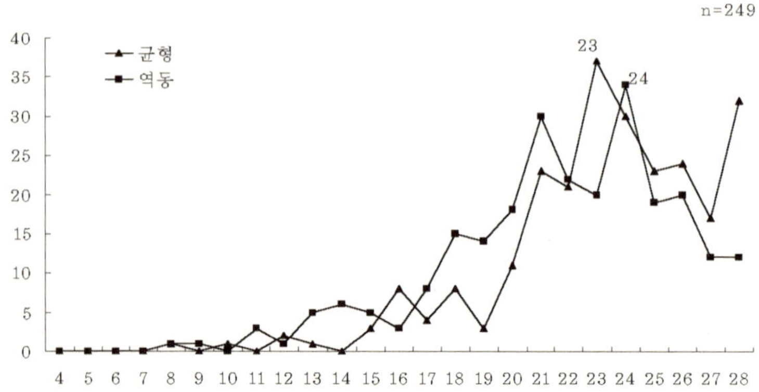

다. 역동과 균형 모두에서 최고점은 24점으로 그 분포가 비교적 일치한다. 다만, 균형이 보다 강조되고 있는 점은 최고점 우측을 볼 때 명확하다. 이것은 20대가 아직 사회적 가치에 대한 희망과 열정을 표출할 수 있는 젊은 층이기 때문인 것으로 생각된다.

20대와 부모세대인 50대 이후(이하 50대)의 간극은 상당히 크다. 특히 역동에 관한 응답의 경우 더욱 그러하다. 20대는 최고점인 24점에 가장 많은 응답이 몰려있는 데 반하여, 50대는 22점 응답이 가장 많고 3개의 비슷한 정점으로 분산되어 있다. 30대의 경우에도 역동의 최고점은 24점이다. 우리는 여기서 우리 사회를 20·30세대와 40·50세대

〈그림 1-9〉 가치관 분포 — 40대

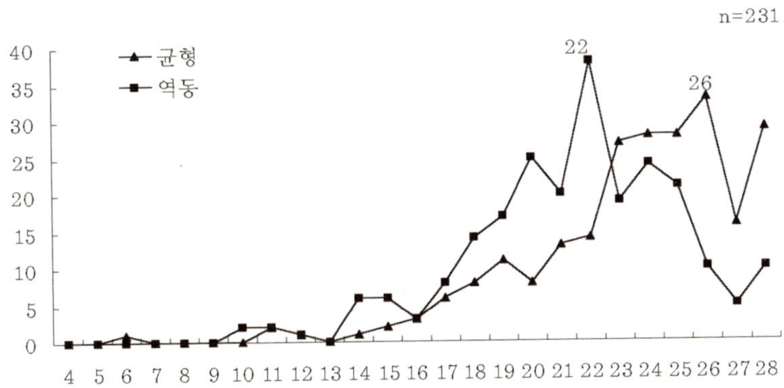

〈그림 1-10〉 가치관 분포 — 50대

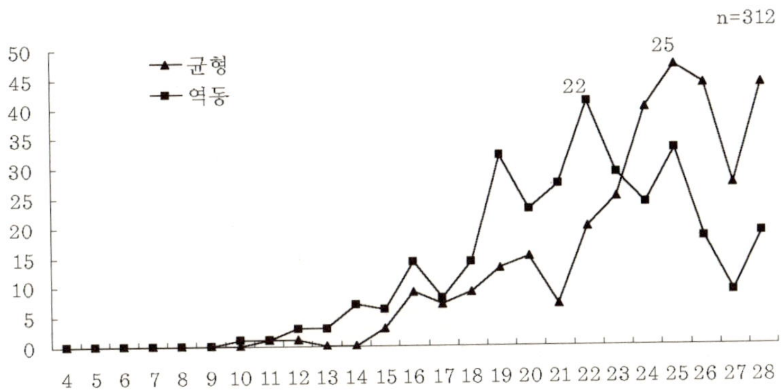

로 나눌 수 있는 단초를 발견한다.

한편, 30대의 의식구조는 균형보다 역동을 강조한다는 점에서 독특하다. 응답의 분포를 보면, 역동의 최고점이 24점으로 균형의 최고점 22점보다 높을 뿐만 아니라, 응답분포 자체도 우측으로 많이 퍼져 있다. 그러나 좌측의 두 번째 정점인 21점의 응답분포를 무시해서는 안 된다. 이것은 30대 내부의 간격을 암시하는 것이지만 다른 세대와는 달리 균형보다 역동을 강조하는 집합적 성격을 갖고 있다는 점은 변함이 없다.

〈그림 1-11〉 균형가치 — 연령별

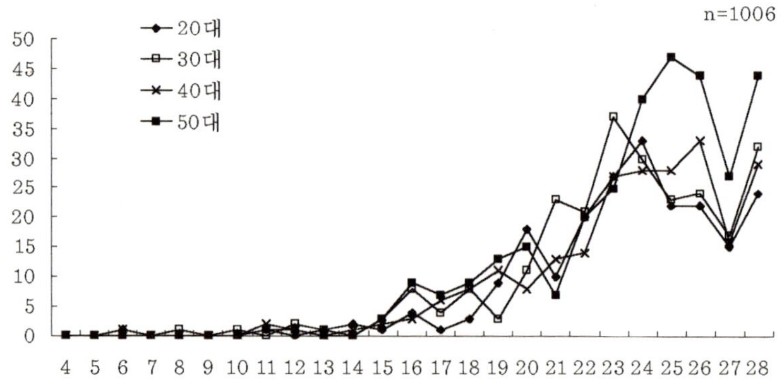

〈그림 1-12〉 역동가치 — 연령별

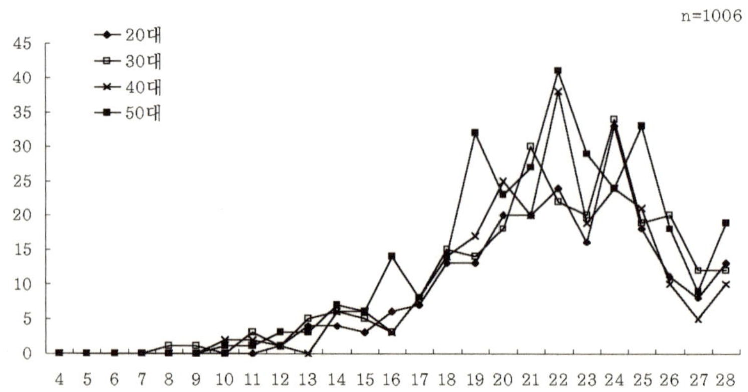

40대와 50대는 균형지향적인 비슷한 분포를 보인다. 특기할 점은 40대의 경우 균형과 역동의 간극이 다른 연령대에 비해 매우 크다는 것이다. 이것은 40대의 의식구조가 상당히 역동적으로 변하는 과정에 있는 것으로 풀이할 수 있지 않을까 한다. 즉, 원래 40대의 의식을 규정하는 균형가치가 존속되면서 386세대의 진입 등에 영향을 받아 역동가치도 성장하는 것처럼 보인다. 그러나 전체적으로는 균형을 보다 강조하는 특성이 뚜렷하다.

40대보다도 50대의 의식구조는 매우 균형지향적인 특성을 보인다. 균형의 최고점이 25점인 반면 역동은 22점이다. 특기할 점은 역동 측면이다. 역동의 정점은 뚜렷하게 3개로 나눠지고 있다. 3개의 정점은 최고값 22점을 중심으로 양쪽으로 나누어 있다. 크게 본다면 분포의 봉우리가 평평한 것으로도 해석될 수 있으며 이는 역동적 측면의 의식에 있어 나이가 들면 균형만을 중시할 것이라는 통념과는 달리 50대에도 여전히 역동적 의식을 강조하는 한 축이 지속되고 있음을 보여준다고 하겠다.

그러면 이제 역동과 균형을 독립된 축으로 상정하여 그 위에서 연령집단의 응답경향을 비교해봄으로써 연령대에 따른 차이를 정리하도록 하겠다.

먼저 균형가치의 연령대별 분포를 보면, 균형지향의 의식이 가장 뚜렷한 것은 50대 이상의 연령층이다. 다른 연령대와 비교할 때, 40대는 최고점이 비교적 희미한 편이다. 20·30대에 비해 보다 균형지향의 의식이 강한 것은 분명하지만, 40대의 다수를 견인하는 의식의 응집성이 약한 편이다. 균형가치에 관하여 가장 최고점이 낮은 것은 30대이다. 다른 연령대에 비해 균형지향의 의식이 상대적으로 낮다는 뜻이다. 이것은 역동의 가치에 대한 상대적 기대감의 표출에 기인한 것으로 풀이할 수 있다. 20대의 균형가치가 30대와 50대 사이에 놓여 있는 것은 그들이 부모세대에 대한 안정적 귀속감과 20대의 역동적 가능성 사이의 중간에 있음을 보여준다. 전반적으로 볼 때, 균형가치를 기준으로 20·30대와 40·50대로 구분하는 데는 큰 문제가 없어 보인다. 한편 40대의 응답분포가 최고점을 기준으로 왼쪽에 두터운 응답층을 갖는 것은 최근 386세대의 40대 진입에 기인한 현상으로 생각된다.

다음으로 역동지향의 연령대별 분포를 비교해보면 20 · 30대와 40 · 50대의 차이가 명확해진다. 20 · 30대의 최고점이 40 · 50대보다 높다. 또한 전자를 특징짓는 두 개의 정점과 후자를 특징짓는 세 개의 정점 사이의 차이도 식별 가능하다. 단순 응답분포로만 본다면 50대를 특징짓는 우측 정점 두 개 사이의 간격을 역동지향적인 20 · 30대가 메우는 것처럼 보인다. 역동의 가치를 낮게 평가하는 응답층이 50대에서 가장 많다.

4. 자료분석의 소결

이상에서 우리는 2005년 국민의식조사 자료분석에 기초하여 '역동적 균형'의 객관적 근거를 살펴보았다. 평균적인 한국인은 오늘날 역동의 가치와 균형의 가치를 다같이 중요하게 본다. 역동과 균형에 대한 찬성응답의 상관성이 매우 높다. 역동을 강조할수록 균형을 강조하는 경향이 뚜렷하다는 것이다. 이와 함께 균형에 대한 강조가 역동의 그것보다 전체적으로 높다는 점도 중요하다. 그러나 내부적으로 보면 성별에 따라, 연령집단에 따라 의식구조의 특성이 다르게 나타난다.

때문에 우리는 이런 질문을 던질 수 있다. 오늘의 한국인은 역동과 균형의 두 마리 토끼를 쫓고 있지만, 역동의 가치를 선도하는 집단은 누구이며 균형의 가치를 보다 강하게 옹호하는 집단은 누구인가? 우리가 위의 분석에서 내릴 수 있는 결론은 다음과 같은 것이다. 첫째, 균형의 가치를 선도하는 집단은 남성보다는 여성이며 연령으로 보자면 40대와 50대, 특히 50대 이상의 연령층이다. 둘째, 역동의 가치를 선도하는 집단은 30대 연령층이며 상대적으로 보면 여성보다는 남성이 이런 성격을 갖는다. 셋째, 20대의 의식구조는 역동과 균형가치의 팽팽한 공존과 경쟁이 특징이다. 40대의 의식구조는 균형지향성이 강하나 또한 집합적 이행기에 있는 것으로 관측된다. 다만 40대 여성의 경우 50대 남성의 의식과 매우 닮아 있다는 점은 흥미를 끈다. 40 · 50대중심의 의식지형에서 역동가치의 공백은 20·30대에 의해 채워지고 있는 셈이다. 이렇게 볼 때, 한국인의 의식구조는 균형보다는 역동적 가치에 의해 잘 설명될 수 있으며, 역동과 균형가치의 사회적 분포는 세대간의 발전적 파트너십을 필요로 한다는 점을 보여준다 하겠다.

5. 남아 있는 과제

우리가 이 글에서 밝히고자 한 것은 역동적 균형의 개념이 결코 공허하거나 추상적인 것이 아니라 오늘날 한국인의 의식구조에 뿌리를 내리고 있다는 점이다. 또한 이 개념은 미래의 한국사회를 내다보는 상징이면서 우리 문화전통에 닻을 내린 태극의 원리와 소통한다는 견해도 있다.

> 환원하자면, 대립된 두 개의 모순적 가치(역동과 조화)가 변증법적 통일을 이루고 있는 상태를 말한다. 역동성이 에너지로 충만한 내용이라면 균형은 그 내용을 담은 형식이며, 역동이 끝없는 움직임, 즉 생성(*Werden*)의 원리라면, 균형은 이러한 생성에 조화를 부여하는 존재(*Sein*)의 원리이고, 전자가 다양성과 차이를 양산한다면 후자는 이러한 다양성을 대동(大同)의 원리로 통합하는 힘을 의미한다. 역동이 자유라면 균형은 평등이고, 역동이 발전이라면 균형은 분배이다. 이처럼 모순된 두 개의 힘은, 음과 양이 조화를 이루어 태극이라는 하나의 상징 속에 담겨 있듯이, 서로를 상쇄하는 동시에 서로의 존재를 상호적으로 보조해주는 방식으로 설정될 수 있을 것이다. … 균형 속의 역동과 역동 속의 균형을 지향하는 이 개념을 미래 한국사회의 상징적 형상으로 설정할 때 우리는 한국사회 고유의 시민적·경제적·문화적 추동력을 양화된 균형의 논리로 제약하지 않는 동시에, 이러한 활력이 야기하는 사회적 혼돈과 갈등을 통합할 수 있는 거시적 비전을 사유할 수 있을 것이다.[6]

6) 이것은 "선진한국과 역동적 균형"이라는 전체 주제 아래 서울, 대구, 전주에서 열었던 네 차례의 토론회를 준비하는 과정에서 이 토론회의 주관기관이었던 서울대 사회대 사회발전연구소의 김홍

역동적 균형의 발상에 대한 우리의 문화적 친화성은 어느 날 갑자기 나타난 것이 아니라 오래된 전통의 사유방식에 닻을 내렸다는 주장은 음미해볼 만하다. 여기에 내장된 활력이 오랫동안 사회구조적, 정치경제적 지배의 굴레에 매여 있다가 현대에 이르러 비로소 경제발전, 민주화, 지식정보화, 세계화 등의 거시적 변동에 힘입어 본격적으로 개화되었다는 주장도 그럴듯하다. 이것이 오늘날 '한류'의 힘으로 가시화되었고, 참여민주주의 · 지역균형발전 · 양성평등으로 발전했다고 말할 수도 있다.

역동적 균형이 우리의 집합적 사고방식에 뿌리를 내리고 있고, 우리 사회에 불완전하지만 모습을 드러냈다고 한다면, 이것은 두 가지 점에서 매우 중요한 의미를 갖는다. 첫째, 우리는 여기서 규범적 평가의 척도를 찾을 수 있다. 개인의 신념이나 윤리를 떠나 역동적 균형을 우리가 지향해야 할 바람직한 목표로 설정하고 그 척도에서 현실을 평가할 수 있는 객관적 근거가 성립된다. 이 경우, 현실은 역동적 균형의 규범으로부터 떨어진 것으로 가정한다. 그럼에도 둘째, 현실이해의 한 차원으로 설정될 수 있다. 현실은 원래 복잡하고 다면적인 것이지만 그 안에서 역동적 균형이 어떻게 구현되었는지, 또는 구현이 왜 안 되는지에 초점을 맞추어 분석할 수 있다.

선명한 이념을 좋아하는 사람은 두 마리 토끼를 추구하는 노력에 대해 회의적이기 쉽다. 차라리 하나를 분명히 선택하기를 요구할 것이다. 그러나 인류의 문명은 양립이 어려운 것처럼 보이는 가치들의 양립을 향하여 진전한 측면이 있다. 역사적으로 보면, 자유와 평등의 가치를 양립하기 위하여 민주정치와 시민권의 제도들이 도입되었으며, 복지국가가 탄생했다. 오늘날 세계화의 물결 속에서도 효율 · 경쟁의 가치와 형평 · 정의의 가치를 공존시키려는 많은 노력들이 이루어지고 있다. 전통과 현대의 결합도 마찬가지이다. 이런 과제들과 함께 21세기를 여는 우리들에게 역동과 균형의 가치를 어떻게 결합하여 발전의 시너지효과를 높일 것인가라는 과제가 놓여있다고 생각한다.

중 포스트닥 연구원이 마련한 "역동적 균형의 개념에 대한 제안"에서 인용한 것이다.

아무튼 분명한 점은 오늘의 한국사회를 관통하는 힘은 단순한 역동만도 아니고 균형만도 아니다. 역동적 균형의 관점을 배후에 전제하면서 우리는 한국사회 각 부문의 동태와 미래를 주의 깊게 관찰할 필요가 있다. 한 보기로, 역동적 균형의 관점에서 한국정치를 이해할 수 있는가? 한국 외교는 어떠한가? 기업이 주도하는 시장경제, 무역과 통상, 과학기술의 발전, 중소기업 등의 경제영역에서 역동적 균형의 함의는 어떻게 드러나는가? 고유한 활력이 넘치는 시민사회는 또한 어떻게 보아야 할 것인가? 특히 노동문제, 사회복지, 남녀관계, 지역발전 등의 영역에서 역동적 균형은 무엇을 뜻하는가? 더 나아가 인간과 생태의 관계, 고령화와 저출산이 특징인 오늘날의 인구구조에서 역동적 균형은 무엇을 뜻하는가? 갈수록 위험이 증가하는 현실에서 삶의 질과 안전의 관계는 어떻게 보아야 할 것인가?

네 권의 단행본을 내면서 우리는 이런 질문들에 대해 역동적 균형의 개념이 어떤 암시와 해답을 주는지 찾아보고자 한다. 이하의 논의들이 한결같이 역동적 균형의 개념을 중심으로 하여 수미일관하게 조직할 수는 없을 것이다. 지식발전의 현 단계에서 이것은 무리한 기대이다. 이 점을 인정하면서도 우리는 적어도 이런 시각을 공유하면서 한국사회 각 부문의 발전과 한계 그리고 현재와 미래를 역동적 균형이라는 공동의 화두에 접목시키려고 노력할 것이다. 이런 각 장의 논의들에 기초하여 3권 마지막 장에서 역동적 균형의 개념을 할 수 있는 한 정교화하려는 노력을 선보일 것이다.

2 21세기 한반도 평화구축의 과제

임동원

21세기에 우리 민족이 당면한 지상과제는 분단을 극복하고 평화적으로 조국의 통일을 이룩하는 일이다. 분단을 극복하고 통일을 이룩하기 위해서는 한반도 냉전을 종식시키고 공고한 평화를 구축하는 일이 선행되어야 한다.

한반도 평화는 지난 반세기 동안 구조화된 냉전질서를 해체하고 통일 지향적인 남북관계를 발전시키는 한편 동북아 평화체제를 구현하는 과정을 통해 구축될 수 있을 것이다. 냉전구조 해체의 과정이 곧 한반도 평화구축의 과정이 될 것이다.

한반도 냉전구조는 남북간의 불신과 군사적 대치, 북한의 폐쇄성과 경직성, 그리고 미-북 적대관계와 북한의 핵무기개발, 군사동맹과 정전체제, 동북아의 냉전질서 등 서로 밀접하게 얽혀있는 여러 요소로 구성된다.

우리를 냉전에 끌어들였던 강대국들이 이미 냉전을 끝내고 서로 화해 협력하고 있으나, 남과 북은 냉전의 멍에를 벗어버리지 못하고, 군사적 대결과 군비경쟁을 지속했다. 마침내 남과 북은 2000년 정상회담을 통해 냉전구조 해체와 평화의 프로세스를 시작할 수 있는 역사적 전기를 마련했다.

그동안 우리는 정전체제하에서 한-미동맹을 유지하면서 안보역량

강화를 통해 전쟁을 억제하고, 불안전한 '소극적 평화'(*negative peace*)를 유지해왔다. 그러나 21세기에는 냉전구조를 해체하고 안보위험을 근원적으로 해소하는 '적극적 평화'(*positive peace*)를 구축하여 통일, 번영의 새로운 역사를 창조해야 할 것이다.

지난 세기의 낡은 냉전구조를 해체하고 21세기 한반도 평화를 구축해 나가는 데 있어서 당면하게 될 문제를 세 가지 측면에서 살펴보고자 한다. 첫째는 평화와 통일의 당사자인 남과 북의 관계와 관련된 것이다. 둘째는 한반도 문제에 중요한 행위자인 미국과의 관계와 관련된 것이다. 그리고 셋째는 한반도 평화에 직접적으로 연관된 동북아 평화와 관련된 것이다.

1. 통일을 지향하는 한반도 평화 구축

한반도 평화는 통일문제에 직결되어 있다. 그것은 '분단을 고착시키는 평화'가 아니라 '통일을 지향하는 평화'이어야 한다.

통일만이 한반도의 공고한 평화를 보장할 수 있다. 분단 상태에서의 평화는 불안전하고 긴장된 '소극적 평화'일 수밖에 없다. 남과 북이 서로 다른 통일관을 가지고 대립, 대결하는 한 갈등과 긴장을 피하기 어렵고, 거기에는 항상 분쟁과 전쟁의 위험이 도사리게 된다. 남북간에는 정통성을 독점하기 위한 경쟁이 불가피하기 때문이다.

분단 상태에서는 남과 북이 통일방안에 대한 공통인식을 갖게 되고 또한 화해하고 서로 협력할 수 있을 때 평화를 만들어 나가고, 통일을 추진할 수 있을 것이다.

그동안 통일을 위한 노력이 평화와 어떤 관계를 가져 왔는가를 살펴보면서 통일을 지향하는 평화구축의 과제를 검토해보고자 한다.

분단 직후 민족진영에서 협상을 통한 통일을 시도한 바 있으나 실패하고 말았다. 외세가 국토를 분할 점령하였으나, 민족지도자들이 통일민족국가 건설에 대한 인식을 공유하지 못함으로써 민족의 분열과 국토의 분단을 고착시키고, 전쟁을 잉태하는 결과를 초래한 것이다.

분단은 동족상잔의 전쟁으로 이어졌다. 소련군의 지원으로 무장한 북한은 무력남침을 통한 적화통일을 시도했다. 그러나 미국이 주도하는 국제연합군의 참전으로 실패하고, 남한은 북진통일의 호기를 맞았으나 중공군의 개입으로 뜻을 이루지 못했다. 대륙세력과 해양세력의 중간에 위치한 지정학적 조건으로 말미암아 전쟁통일은 불가능하다는 값비싼 교훈을 얻게 된 것이다.

국제냉전시대에는 통일은 물론이려니와 '적극적 평화'도 기대할 수 없었다. 1970년대 초강대국들의 데탕트 분위기를 배경으로 남과 북은 〈7·4남북공동성명〉(1972)를 통해 통일의 원칙으로 '자주', '평화', '민족대단결'에 합의하게 된다.

〈7·4남북공동성명〉은 남과 북이 각기 권력체제 강화를 위한 의도에서 합의했고, 구체적 실천방안이 뒤따르지 못했다 하더라도 남북이 처음으로 '평화통일'을 지향하기로 합의했다는 데 중요한 의의가 있다고 하겠다.

1990년대 초 국제냉전의 종식은 한반도에도 순기능으로 작용했다. 남과 북은 마침내 평화공존을 통한 점진적 통일방안을 제시하고, 새로운 남북관계를 모색하기 시작한 것이다.

남한은 '선 교류협력을 통한 민족사회의 통합, 후 국가통일'을 특징으로 하는 〈민족공동체통일방안〉(1989)을 제시했다. 이 통일방안은 협력기구로서의 '남북연합'을 제도화하여, 남과 북이 힘을 합쳐 분단상황을 평화적으로 관리하고, 교류협력을 통해 단계적으로 통일의 과정을 실천해 나가자는 것을 골자로 한 것이다. 합리적이고 현실적인 이 방안은 우리의 통일방안으로 확고하게 자리매김하게 된다.

공산권의 붕괴와 독일 통일로 체제 위기에 직면하게 된 북한도 비현실적인 종전의 통일방안을 수정하기 시작한다. 체제 생존을 추구하지 않을 수 없게 된 북한은 2체제 연방국가로의 '즉각' 통일이 아니라 평화공존을 통해 '점진적'으로 이룩하자는 '낮은 단계의 연방제'로 수정하게 된 것이다.

한편 냉전 종식으로 시장경제와 민주주의의 전 세계적 확산이라는 국제정세의 지각변동을 배경으로, 남과 북은 분단사상 최초의 총리급회담을 개최하고, 탈냉전시대의 새로운 남북관계 발전방향을 모색한다. 남한에 배치된 미군 전술핵무기의 철수와 대규모의 연례 한-미연합 팀스피리트 군사훈련의 중지는 남북 합의에 긍정적으로 기여하게 된다. 남과 북은 화해와 불가침 및 교류 협력에 관한 〈남북기본합의서〉(1992)를 채택했다.

이 합의서는 남과 북의 관계를 "나라와 나라 사이가 아닌 통일을 지향하는 과정에서 잠정적으로 형성되는 특수관계"로 규정하고, 평화공존을 지향하는 남북관계 개선, 발전을 위한 당면실천과제를 제시하고 있다. 상호인정·존중, 화해, 협력, 불가침, 군비통제, 정전상태의 평화상태로의 전환 등이 그것이다. 그러나 이 훌륭한 합의는 실천으로 이어지지 못한 채 귀중한 8년의 세월을 허송하게 된다.

1990년대에 들어 국제적 고립과 경제파탄에 직면한 북한은 국제사회의 인도적 지원에 의존하며 생존을 유지하였다. 북한의 경제력은 2분의 1 수준으로 격감하고, 남북한의 국력격차는 30 대 1로 심화되었으며, 북한은 군사력 증강의 한계에 봉착하게 되었다. 상대적 능력(*capability*)의 열세는 북한의 공세적 의도(*intention*)의 변화를 불가피하게 만들었다.

한반도 평화와 통일문제에 대한 획기적인 전기를 마련한 것은 분단역사상 최초로 2000년 6월 평양에서 개최된 남북정상회담이었다. 김대중 대통령과 김정일 국방위원장은 역사적인 정상회담을 통해 평화와 통일문제를 집중적으로 논의하고, 교류협력의 활성화를 통해 상호신뢰를 조성하고 평화를 만들면서 점진적·단계적으로 통일을 이룩하기로 합의했다.

전쟁은 민족의 공멸을 초래할 뿐이라는 데 인식을 같이한 두 정상은 서로 상대방을 침략하지 않으며, '적화통일'도 '흡수통일'도 추구하지 않기로 다짐했다. 그것은 사실상 가능하지도 않다는 공통인식을 확인하고, '평화공존'해 나가자는 데 합의한 것이다.

남과 북은 화해하고 서로 인정·존중하며, 상대방을 붕괴시키려는 전복활동이나 전쟁을 하지 않을 뿐만 아니라 안보위협을 근원적으로 해소해 나가기로 합의함으로써 '적극적 평화' 구축의 토대를 마련한 것이다.

한편 통일방안과 관련하여 전쟁통일과 흡수통일을 모두 부정한 두 정상은 '통일은 목표인 동시에 과정'이라는 데 인식을 같이하고, 자주와 평화의 원칙에 따라 남과 북이 힘을 합쳐 점진적·단계적으로 이룩해 나가자는 데 합의했다.

그동안 통일을 즉각 이룩해야 하며, 통일을 위해서는 어떠한 수단도 정당하다는 통일지상주의와 통일 조급증이 존재했다. 그러나 이러한 발상은 비현실적이며, 반드시 평화공존하며 다방면의 교류 협력을 통해 신뢰를 조성하고 평화를 만들어 나가면서 통일을 이룩하자는 데 남과 북이 합의한 것은 대단히 중요한 의의를 지닌다.

남과 북이 통일방안의 접점을 확인함으로써 지난 반세기 동안 지속된 통일논쟁을 매듭짓고, '분단 고착적 평화'가 아니라 '통일 지향적 평화'를 이룩해 나갈 수 있게 된 것이다. 이로써 냉전구조를 해체하고 한반도 평화의 프로세스를 본격적으로 시작할 수 있게 된 것이다.

역사적인 〈6·15남북 공동선언〉(2000)이 실천에 옮겨지면서 평화공존을 지향하는 남북화해협력의 새로운 시대, '6·15 시대'가 열리게 되었다.

분단 역사상 처음으로 여러 분야에서 교류협력이 활성화되면서 남과 북에서 통일에 대한 관념도 변화하기 시작했다. 통일을 먼 훗날 달성해야할 목표나 미래형이 아니라 '현재진행형'으로, 우리 스스로가 만들어 나가는 것이라는 인식이 확산되기 시작했다. 그리고 '법적인 국가통일'에 앞서 남북이 자유롭게 오가고 돕고 나누는 '사실상의 통일' 상황부터 실현해야 하며, 실제로 할 수 있다는 자신감이 널리 퍼지기 시작했다.

앞으로 남과 북은 〈남북연합 평화헌장〉(가칭)을 채택하고, 남북연합을 제도화하여 남북이 힘을 합쳐 냉전구조를 해체하고 통일 지향적인 평화체제를 공고하게 구축하는 과업을 수행해야 할 것이다. 또한 민족문제의 최고 의사 결정기관으로서의 남북정상회담을 정례화하고, 남북각료회담과 그 산하에 분야별 공동위원회를 설치, 운영하는 한편 남북국회 대표로 구성되는 평의회도 운영하는 것이 바람직할 것이다.

한반도 평화구축을 위해 남북연합이 수행해야 할 주요과제로는 ① 화해 협력을 통한 정치적 신뢰구축, ② 사회, 문화 등 다방면의 교류, 협력 활성화를 통한 민족사회의 통합, ③ 경제협력 확대를 통한 남북경제공동체 형성, 발전 등을 들 수 있다. 이러한 과업은 주로 평화의 당사자인 남과 북이 스스로 해결해야 할 과제이다. 남북경제공동체의 형성, 발전과정은 곧 평화와 통일의 과정이 될 것이다. 우리는 유럽경제공동체(EEC)로부터 시작하여 유럽국가연합(EU)을 형성하고 통일국가 건설을 지향하고 있는 유럽의 경험에서 소중한 교훈을 얻을 수 있을 것이다.

그러나 남북경제공동체를 형성, 발전시키기 위해서는 한반도의 안보현안을 함께 해결해야 한다. 안보문제의 해결은 관련국의 지지와 협력을 얻어 우리가 주도해야 할 것이다. ④ 군사적 신뢰구축과 축소 지향적 군사력 균형의 실현, ⑤ 한반도 평화와 통일에 유리한 국제환경의 조성, ⑥ 정전상태의 공고한 평화상태로의 전환 등이 바로 그러한 과제들이다.

군사적 신뢰구축조치와 군축방안에 대해서는 이미 남북총리급회담(1990)에서 남과 북이 구체적 방안을 제시한 바 있다. 이를 토대로 발전시킨 방안을 갖고 협상을 해나갈 수 있을 것이다.

적대되는 군사령관들의 명의로 체결된 〈군사정전협정〉(1953)에 의한 정전상태를 공고한 평화상태로 전환하기 위해서는 관련 4개국의 정치회담을 통해 외국군 철수 또는 주둔문제와 군비통제 등 한반도문제의 평화적 해결방책이 마련되어야 한다(정전협정 제4조 6항). 이것이 한반도 평화구축의 중요한 고비가 될 것이다.

이렇게 하여 승패의 게임이 아니라 상생의 게임, 배타적인 절대안보가 아니라 공동안보의 기틀을 마련하는 등 냉전구조를 해체하면서 통일 지향적 평화를 구축해야 할 것이다.

2. 경제적 접근을 통한 한반도 평화구축

한반도 평화구축을 위해서는 북한이 개방을 확대하고 시장경제를 지향하는 경제개혁을 통해 경제재건을 해야한다. 이를 위해 남북 경제협력을 활성화하여 북한이 경제개발을 할 수 있는 환경과 여건을 조성하고, 북한이 군사분야를 포함한 여러 분야에서 변화할 수 있도록 해야 한다. 경제적 접근을 통해 북한의 변화를 유도하고 한반도 평화를 구축해 나가야 한다는 것이다.

한반도에서 전쟁의 가능성을 두 가지 경우로 상정할 수 있을 것이다. 궁지에 몰리거나 체제붕괴에 직면하게 될 경우 북한이 "죽기 아니면 살기"식으로 자살적 공격을 감행할 가능성이 그 하나이다. 남북정상회담 전까지만 해도 이러한 가능성에 대한 우려가 많았다.

다른 하나는 북한 핵문제를 둘러싸고 미국이 선제공격을 가할 경우 전면전쟁으로 확전될 가능성이다. 전쟁은 북핵문제의 해결책이 될 수 없으며, 반드시 평화적으로 해결해야 한다. 제4차 6자회담에서 북핵문제의 평화적 해결원칙에 합의한 것은 다행스러운 일이며, 이 원칙이 반드시 지켜져야 할 것이다.

북한의 자살적 군사공격을 예방하기 위해서는 적정한 군사적 억제력을 유지하는 한편 북한이 안심하고 변화할 수 있고, 경제개발을 할 수 있는 환경과 여건을 조성하면서 상호신뢰를 쌓고, 평화를 만드는 노력이 필요하다.

한반도 평화를 구축함에 있어서 가장 큰 걸림돌은 지난 반세기동안 고질화된 남북간의 상호불신이다. 상호신뢰를 구축하는 일이야말로 남북관계를 개선하고 한반도 평화를 구축하는 요체라 할 수 있다. 그것은 말로써 될 수 있는 것이 아니라 교류협력의 실천을 통해서만 가능한 것이다.

〈6·15남북 공동선언〉 채택 이후 한반도에서는 많은 변화가 진행되었다. 우여곡절이 없지 않았으나 남북장관급회담을 주축으로 여러 분야별 당국회담이 제도화되어 남북관계 발전을 위한 실천과제들을 협의, 해결했다.

남북을 잇는 바다와 하늘길이 열리고 민족의 대동맥인 철도와 도로가 연결되었다. 정치, 경제, 사회, 문화, 체육 등 여러 분야에 걸쳐 접촉과 교류를 활성화하고 이산가족의 상봉이 이루어지는 등 남북을 왕래하고 접촉하는 인원이 급격히 증가하고 있다. 관광사업이 확대되고 교역량이 증가하고, 개성산업공단이 건설되는 등 경제협력이 이루어지고 있다. 북한에 대한 인도적 지원도 꾸준히 제공되고 있다. 비무장지대와 해상에서의 군사적 협력이 이루어지면서 군사적 신뢰구축 노력도 경주되고 있다.

교류협력이 꾸준히 진행되면서 이제는 이런 일들이 일상적인 것으로 받아들여지며, 상대방에 대한 적대의식도 줄어들었다. 또한 남북관계 개선과 더불어 지나친 위기의식이 진정되면서 긴장이 완화되고, 상호신뢰가 쌓이면서 남과 북의 냉전적 내부질서에도 변화가 일어나기 시작했다. 지난 반세기동안 내부질서형성에 남북관계가 중요한 작용을 했다는 점에서 당연한 결과라 하겠다.

북한이 개방을 확대하고 경제개혁을 개시하였다. 사회주의체제를 떠받쳐온 '배급제'와 '평등임금제'가 사라지고, 또한 남북관계가 개선되면서 주민들의 의식에도 변화가 일어나기 시작했다. 북한의 변화는 시작되었으며 과거로 되돌아갈 수 없는 단계에 접어든 것으로 보인다. 미국의 봉쇄와 제재가 해제되고 자본과 기술의 도입이 가능해지면 북한의 변화는 가속화될 수 있을 것이다.

남쪽에서는 대결시대의 냉전적 적대의식과 관행이 변하고 있으며, 국민의 기본권적 요구가 강화되고 정치·사회적 변화가 진행되고 있다. 남과 북에서 일어나는 이러한 내부적 변화는 결과적으로 경제·사회적 왜곡과 비효율을 바로잡고, 민족 개개인의 복리를 증진시키며, 다시 남북관계에 환류되어 화해협력을 추동하는 힘이 될 것이다.

앞으로 우리는 경제적 접근을 강화하여 남북경제공동체를 형성하면서 군비통제를 병행하여 한반도 평화를 구축해 나가야할 것이다. 이미 시작한 관광사업을 더욱 확대, 발전시키고, 개성산업공단을 확장하여 남의 자본과 기술이 북의 노동력과 결합하여 공동의 이익을 창출하고, 민족내부거래로서의 물자교류도 증대해야 할 것이다. 이에 더하여 농업협력, 자원의 공동개발, 전력, 교통, 통신 등 열악한 북한 인프라의 현대화사업 등 경제협력을 추진하는 것이 남과 북이 상호의존도를 높이고, 민족경제의 통일적이며 균형적인 발전과 민족전체의 복리향상을 도모할 뿐만 아니라 한반도 평화구축을 촉진하는 길이 될 것이다.

이와 같은 과정을 통해 북한이 개방을 확대하고 시장경제 개혁을 적극 추진하면서 경제개발에 박차를 가하고, 남북이 힘을 합쳐 '대동강의 기적'을 이루는 것이 한반도의 평화와 민족의 번영을 이룩하는 길이 될 것이다.

3. 미-북관계 정상화가 한반도 평화구축의 필수요건

미국과 북한이 외교관계를 정상화하는 것이 한반도 평화구축의 필수요건이다. 한반도 평화에 걸림돌이 되는 것은 미국과 북한의 적대관계와 북한 핵문제이다. 이 두 가지는 불가분의 관계를 갖고 있다. 남과 북은 유엔에 함께 가입하여 활동하며, 국제사회는 한반도에 실재하는 두 정치적 실체를 인정한다. 그러나 미국과 일본이 아직도 북한과 적대관계를 계속하며 한반도 냉전을 지속한다. 미국과 일본은 한반도 긴장의 장기화보다 한반도는 물론 동북아의 평화와 안정을 위해 북한과의 관계를 개선해야 한다.

미-북관계 개선을 위해서는 북핵문제가 해결되어야 한다. 북한의 핵무기개발은 결코 용납될 수 없다. 한반도는 반드시 비핵화되어야 하며, 핵 확산은 방지되어야 한다. 북한의 핵무기개발은 결코 억제력이 될 수 없으며, 오히려 북한의 고립과 생존을 위협받는 결과를 초래할 것이며, 한반도의 안전을 위태롭게 만들 것이다.

또한 북한의 핵개발은 핵 확산을 초래하여, 일본, 대만, 한국이 핵무장화로 나가게 된다면 NPT체제는 붕괴되고, 동북아는 물론 세계평화를 위태롭게 할 우려가 있다. 북한은 핵무기개발을 포기함으로써 미국과의 관계개선을 추진해야 할 것이다.

한편 미국은 북핵문제를 한반도 냉전구조해체라는 거시적인 차원에서 미-북관계 정상화를 통해 평화적으로 해결해야 할 것이다. 지난 10여 년간 미국의 대북정책은 극에서 극을 오가는 난맥상을 보였으며, 이에 따라 북핵문제도 위험한 곡예를 반복했다. 클린턴 행정부와 부시 1기 행정부의 대북정책은 극명한 대조를 이루었으며, 우리는 한반도 문제 해결을 위한 미국의 두 가지의 서로 다른 접근방법을 경험했다.

남북정상회담을 전후하여 클린턴 행정부는 김대중 정부와 긴밀히 협조하여 북한에 대해 포괄적 포용정책을 추진했다. 그리고 상호위협감소(MTR: Mutual Threat Reduction)를 통해 한반도 냉전을 종식시키기 위한 평화의 프로세스를 시도했다. 그 결과 북한과의 관계에서 소중한 진전을 이루었다. 〈미-북 제네바 기본합의〉(1994)를 통해 핵개발 폐기와 관계정상화에 합의하고, 중유 공급과 경수로 건설 제공으로 북한의 흑연감속로, 원자력발전소 건설을 중단시키는 등 핵활동을 동결시키고, 장거리 미사일문제도 타결의 길을 마련했다.

미-북관계 개선의 이정표를 제시하는 〈미-북 공동코뮈니케〉(2000. 10)가 채택되고, 미-북관계의 획기적인 전기를 마련하게 될 클린턴 대통령의 평양방문을 추진하기에 이르렀다. 이를 준비하기 위해 올브라이트 국무장관의 평양 방문이 실현되어 한반도 평화에 대한 기대가 고조되었다. 한반도 냉전구조 해체를 위한 민족 내부적 여건과 함께 국제적 여건도 조성되었다.

그러나 부시 1기 행정부는 클린턴 행정부의 포용정책을 전면 부정하고, 봉쇄와 압박정책을 택했다. 북한을 이라크, 이란과 함께 '악의 축'으로 지정하고, 악당과는 협상을 할 수 없다며 '정권교체'와 '선제공격'의 대상으로 선언했다. 또한 핵공격 대상국 중의 하나로 분류한 사실도 밝혀졌다. 부시 행정부는 북한이 고농축우라늄계획을 추진한다는 의혹을 제기하고, 중유 공급을 중단한 데 이어 경수로 공사도 중단시키는 등 북핵문제 해결의 이정표인 〈미-북 제네바 기본합의〉를 백지화시켰다. 이에 북한이 핵활동 재개로 맞섬으로써 제네바합의는 파기되고, 제 2차 북핵위기가 조성되었다.

부시 행정부는 북한과의 양자협상을 거부하고, 6자회담을 통해 연합전선을 형성하여 북한을 압박, 제재, 고립화하고, 북한정권을 굴복시키거나 붕괴시키려했다. 그러나 이러한 기도는 성공하지 못하고, 오히려 사태를 악화시키는 결과를 초래했다. 북한이 핵무기를 제조하고, 보유를 선언하기에 이르렀다.

15년이나 된 북핵문제 해결을 위해서는 북한으로부터의 위협과 함께 북한에 대한 위협을 동시에 감소하는 상호위협감소에서 출발점을 찾아야 한다. 북한이 생존과 안보에 대한 불안감을 해소하고 핵무기를 필요로 하지 않는 환경과 여건을 조성하면서 상호신뢰조성을 통해 핵무기개발을 포기하게 해야한다. 사태 악화에 직면한 부시 2기 행정부는 강경일변도의 대북태도를 수정하여 6자회담 틀 안팎에서 적극적인 양자협상을 통해 북핵문제의 평화적 해결원칙에 합의했다. 앞으로도 합의한 원칙에 기초하여 구체적 실천방안에 대한 협상이 이루어져야 하고 또한 실천이 뒤따라야 할 것이다.

북핵문제의 해결과 미-북관계의 정상화에는 많은 시간이 필요할 것이다. 북핵시설의 해체와 검증과정이 미국의 안전보장조치, 경제제재 해제조치, 외교관계 수립과정과 에너지문제 해결 등과 연계되어 진행될 것이기 때문이다. 이 과정이 한반도 냉전을 종식시키고 평화를 구축하는 중요한 과정이 될 것이다.

4. 동북아 평화를 위한 한-미동맹과 주한미군

북한을 적대하던 냉전시대의 한-미동맹관계를 탈냉전시대의 동북아 평화를 위한 동맹관계로 전환하는 것이 한반도 평화구축의 중요한 과제가 될 것이다. 지난 반세기처럼 앞으로의 반세기에도 한-미동맹은 유지되어야 할 것이나 그 성격의 변화는 불가피할 것이다.

국제냉전시대에는 〈한-미상호방위조약〉(1953)이 명시하고 있듯이, 공산권과 북한 등 외부로부터의 무력공격에 처 할 위협에 대한 공동방위를 목적으로 군사기지를 제공하고 미군이 주둔하는 한-미동맹이 유지되었다.

그러나 반공, 반북 공동방위를 위한 한-미동맹은 공산권 붕괴와 국제냉전 종식, 그리고 남북의 군사력 균형과 화해, 협력 추진이라는 상황을 맞아 미래지향적인 새로운 개념으로의 수정이 필요하다. 21세기의 한-미동맹은 한반도와 동북아의 평화를 도모하기 위한 것이어야 한다. 이에 따라 주한미군도 북한에 대한 적대적 군대로부터 한반도와 동북아의 안정과 균형을 통해 평화를 유지하는 군대로 그 지위와 역할을 변경하지 않으면 안 된다.

우리는 지난 30여 년간 북한의 위협에 대처하는 한편 주한미군 철수에 대비한 독자적인 군사능력을 확보하고, 자주적인 군사지휘체제를 확립하기 위한 노력을 경주해왔다. 한국은 높은 경제성장을 배경으로 전력증강사업을 통해 자주적 방위전력을 건설하고, 더 나가서는 상당 수준의 억제전력을 확보하게 되었다.

지난 15년간 북한의 재래식 군사력은 정체상태에서 과반수의 장비가 노후하였고, 남한의 군사력은 상대적으로 질적 우위를 차지하게 되었다. 대북 군사력 균형을 이룩하고 자주적 억제력을 확보했음에도 불구하고, 북한과는 달리, 우리는 여전히 외세의존적 안보체제를 유지하고 있다. 독자적 작전기획과 군 운용체제를 확립하기 위하여 자주적 군사지휘체제를 확립해야 한다.

전시작전통제권을 환수하여 자주독립 주권국가로서의 위상을 회복해야 할 것이다. 또한 주한미군의 성격 변화와 함께 한-미연합군사지휘체제를 해체하고, 주한미군과는 병렬적인 협력체제를 유지하는 자주적 군사지휘체제를 발전시켜 나가야 할 것이다. 이러한 구상은 이미 15년 전 주한미군 부분감축을 추진할 때부터 미국 측이 제시했던 것으로 새로운 것이 아니며, 이제 실행할 때가 된 것이다.

이미 미국은 세계 군사전략적 차원에서 주한미군의 감축과 함께 한반도 이외 지역 사태에도 신속히 대응하고 투입할 수 있는 부대로의 개편을 추진하고 있다. 전방에 배치되어 임계철선(臨界鐵線) 역할을 담당했던 주력부대의 후방이동과 부대구조 개편이 그 대표적인 예다.

이는 남북 간의 군비통제 기회를 제공하게 될 것이다. 최전방에 집중 배치된 북한군 부대도 후방으로 이동하거나 감축할 수 있게 된 것이다. 남과 북은 미군의 감축과 재배치를 기회로 포착하여 협상을 통해 남북군비통제를 실현해야 할 것이다.

미국 일각에서는 동북아지역에서의 미국의 국익을 보호하기 위해 주한미군의 유지는 필수적이며, 주한미군의 유지를 위해서는 한반도에 긴장이 유지되어야 한다는 주장도 있다. 그래야 국내외에서 주한미군철수 주장을 잠재울 수 있다는 것이다. 그러나 이런 주장은 변화하는 국제정세에 부합하는 것이 아니다. 냉전이 종식된 후에도 유럽의 평화유지를 위해 NATO가 유지되고 미군이 주둔하고 있는 것과 마찬가지로 한반도에서도 동북아 평화를 위해 한-미동맹이 유지되고, 상당기간 미군의 계속 주둔이 바람직하기 때문이다.

5. 동북아 안보 · 협력과 한반도 평화

한반도의 평화는 동북아의 평화와 직결돼 있다. 동북아의 평화 없이 한반도의 평화가 보장될 수 없으며, 한반도의 평화 없이 동북아의 평화를 기대하기 어렵다. 한반도는 지정학적 위치로 말미암아 지난날 대륙세력과 해양세력의 이해가 충돌하는 각축장이 되었다. 동북아의 평화와 한반도의 평화는 불가분의 상호의존적 연관관계가 있는 것이다.

오늘날 동북아는 역동적인 경제권으로 등장하며 세계경제의 성장을 견인하는 주역으로 공동번영을 선도할 기회를 맞고 있다. 동북아의 경제적 잠재력을 극대화하고 지속적인 경제발전을 이룩하기 위해서는 평화와 안정이 필수적이다. 한편 한반도는 동북아 평화와 번영의 가교역할을 수행할 수 있는 유리한 위치를 차지하고 있다. 동북아의 장래는 국제정세의 복잡성과 미국, 일본, 중국, 러시아 등 4대국 관계의 유동성에 영향을 받게 될 것이다. 실질적으로 동북아 질서를 주도하게 될 이들 국가들이 패권 경합을 위한 대결적 관계를 유지하게 될지, 아니면 공동안보와 협력을 지향하는 화합적 관계를 발전시켜 나갈 지에 동북아의 평화와 번영이 좌우될 것이다. 특히 미국의 동북아정책은 이 지역의 평화와 안정에 대단히 중요한 요소가 될 것이다.

중국이 빠른 속도로 경제대국으로 떠오르고 있다. 국민총생산 규모에서 이미 세계 7위로 성장한 중국이 고속성장을 지속할 경우, 2020년경에는 세계 2위의 일본을 추월하게 될 것이며, 2040년대에는 미국 수준에 도달할 수도 있을 것이라는 예측이 나온다. 중국의 급격한 부상을 우려하여 일본과 미국 일각에서는 '중국 위협론'이 제기되고 있다.

경제대국 일본이 '보통국가'를 추구하며 군사력을 증강하고 군사활동의 영역을 확대하는 데 대한 우려와 경계심이 번지고 있다. 또한 일본은 역사 왜곡 논쟁과 관련하여 침략과 식민지배의 뼈저린 역사적 경험을 가진 인접국가들의 불신을 해소하고 진정한 화해와 신뢰조성에 나서야 한다는 요청을 받는다. 역사적으로 대립과 갈등 관계를 지속해온 일본과 중국의 관계가 긴장하게 된다면 동북아는 안보 불안에 휘말리게 될 우려가 있다.

초대강국 미국이 이 지역에서 균형자와 안정자의 역할을 수행한다면 동북아의 안전과 평화에 기여할 수 있을 것이다. 그러나 만약 미-중관계가 긴장하게 된다면 한반도는 물론 동북아의 평화와 안정은 기대하기 어렵게 될 것이다. 미-중관계는 동아시아 지역의 거의 모든 현안에 중대한 영향을 미치게 될 것이다.

동북아의 평화와 공동번영을 위해서는 긍정적인 안보 환경의 조성이 필수적이다. 자국의 이익과 안보만을 추구하는 배타적인 절대안보는 타국의 절대 불안전을 초래하게 된다. 절대안보가 아니라 상호신뢰조성을 통해 서로 협력하는 지역공동안보체제가 발전해야 한다. 위협이 되고 대결이 불가피하다고 과장되며 왜곡된 판단을 하고, 이를 부추길 때 그것이 분쟁의 원인이 될 수 있는 것이다. 서로 불신하고, 군사력을 증강하고, 결국은 전쟁으로 이어질 수도 있기 때문이다. 이러한 사태로의 진전은 방지되어야 한다.

유럽안보협력기구(OSCE, 1975~1990)는 우리에게 많은 교훈을 주고 있다. 유럽안보협력기구의 경험에서 교훈을 얻어 동북아 안보와 협력을 위한 기구를 발족시키는 것이 절실하다. 유럽안보협력기구는 데탕트를 통해 국가간의 관계를 개선, 발전시키고, 군사적 신뢰구축조치를 취하는 한편 군비증강을 제한하고 또한 감축하는 등 군비통제를 실현하여 냉전을 종식시키고, 유럽의 새로운 평화질서를 구축하는 데 크게 기여했다.

북핵문제를 다루는 6자회담을 모체로, 이 지역에서의 중요한 행위자인 미국이 참여하는 동북아 안보협력기구를 발전시키는 것이 바람직하다. 이 기구를 통해 정치·군사적 신뢰구축을 추진하여 잠재적 갈등요인과 군사적 긴장요인을 해소할 수 있을 것이다. 또한 대량살상무기의 확산을 방지하는 한편 군비증강을 제한하는 등 군비통제를 실현하여 공동안보를 구현할 수 있을 것이다. 군사적 안보만이 아니라 경제·통상·환경·테러·국제범죄 등을 망라하는 포괄적 안보체제로 발전해 나가는 것이 바람직하다. 이 기구를 동북아의 평화와 번영을 도모하는 포괄적 지역공동체로 발전시킬 수 있을 것이다.

중국과 일본이 서로 대규모의 교역과 경제협력을 추진하고는 있으나 역사의식을 달리하고 정치·안보적 갈등을 지속하고 있는 상황에서 한국이 능동적 역할을 수행할 수 있을 것이다. 21세기에 한국은 한-미동맹을 기축으로 하고, 일본, 중국, 러시아와의 선린 우호 협력관계를 계속 발전시켜 나가야 한다. 한국은 새 시대에 맞는 포괄적 한-미동맹을 유지하며 동북아 안보협력기구를 마련하여 한반도는 물론 동북아의 평화와 번영을 도모해야 할 것이다. 한국은 이를 위한 외교적 역할을 수행해야 할 것이다. 외교력, 경제력, 국방력 그리고 동맹관계가 21세기 한반도의 안전보장과 평화, 번영을 떠받치는 기둥이 되어야 할 것이다.

힘이 약할 때 한반도는 '고래 싸움에 새우 등 터진다'는 표현처럼 열등의식을 가진 새우의 신세를 면하지 못했다. 그러나 세계화시대에 10위권의 경제력을 갖고 적정한 국방력과 외교력을 보유하고 있을 뿐만 아니라 민주주의와 문화적 역량을 겸비한 평화애호국가인 오늘의 한국은 덩치는 작지만 영리한 '돌고래'로 자부할 수 있게 되었다.

지정학적 중심에 위치하여 가교적 기능을 잘 발휘한다면 큰 고래들 사이에서 이 지역의 평화와 번영을 위한 건설적인 역할을 수행할 수 있을 것이며, 이것이 곧 한반도의 평화와 통일, 번영을 도모하는 길이 될 것이다.

3 역동적 환경과 균형의 전략

대한민국의 대전환기 생존전략

김경원

대한민국은 냉전의 산물로 태어났다. 제2차 세계대전의 종결과정에서 소련과 미국 사이의 대결이 심화되면서 유럽에서 시작된 냉전은 드디어 동아시아지역에까지 확대되어 한반도를 분단하는 결과를 가져왔다. 냉전은 대한민국의 탄생의 조건을 제공했을 뿐만 아니라 대한민국이 생존하는 과정, 특히 외교 안보분야와 국내 구조(*Domestic Structure*)를 형성하는 방향과 그 과정에도 결정적 영향을 미쳤다. 냉전 때문에 대한민국은 대외관계에 있어서 고정된 방향과 제한된 범위를 전제하지 않을 수 없었으며 주어진 방향과 다른 선택은 상상도 할 수 없는 처지에 놓여 있었던 것이 사실이다.

대한민국의 대외관계를 매우 단순하게 고정해놓은 또 하나의 요인은 6·25 전쟁이었다. 북한의 기습공격에 충격을 받은 대한민국은 미국과의 군사동맹을 모든 대외관계와 국내체제의 선행조건으로 간주했고 실제로 미국의 안보공약은 북한의 전쟁 재도발을 억제하는 데 긴요한 역할을 한 것도 사실이다.

냉전은 미국과 소련의 대결상태를 지구의 전세계로 확대하면서 양 초강대국은 자국의 편에 더 많은 힘을 집결하기 위해 각자의 동맹과 우방국가들을 묶어 전세계를 양대진영으로 구성해나갔다. 다만 유럽과는 달리 아시아는 지역통합을 할 수 있는 여건이 조성되지 않았기 때문에 유럽에서는 '북대서양 동맹'(NATO)이라는 다자간 지역안보기구를 창설할 수 있었지만 아시아에서는 일본, 한국, 호주 등 몇몇 나라와 개별적인 쌍무조약을 체결할 수밖에 없었다.

한국은 바로 이와 같은 미국의 대아시아 접근방식에 따라 한-미군사동맹을 체결했던 반면 일본과는 안보분야 협력은 상당 기간 생각할 수도 없는 문제로 취급되었던 것이다.

이렇게 보았을 때 냉전시대의 한국 외교는 한-미군사동맹의 실질적인 필요성의 결과라고 할 수 있다. 그러니까 냉전시대의 한국 외교는 우리 자신의 주관적 가치 또는 이상의 표현이라기보다 주어진 냉전의 현실적 요청과 북한의 전쟁도발을 방지해야 한다는 극히 소박하고도 절실한 필요성 때문에 여러 가지 형태로 상상할 수 있는 외교적 제스처는 시도하지 않았다고 볼 수 있다. 다만 북한과의 대결에서 이른바 비동맹운동에 가입하려고 했던 한국 외교의 모험은 실패로 끝났으며 그 경험은 한국의 정체성은 서방세계를 떠나서는 생각할 수 없다는 사실을 재확인한 셈이다.

냉전은 양극체제(*Bipolar system*)로 형성되기 때문에 그 갈등구조는 제로섬게임의 논리에 가깝다. 따라서 냉전적 갈등은 양보와 타협을 불허하는 치열한 경쟁행위로 치닫는다. 특히 이념적으로 이질적인 체제인 경우에 양극 시스템은 가장 불안정하고 갈등적인 체제가 된다. 이데올로기 면에서 동질적인 경우에도 양극체제는 제로섬게임적 성격 때문에 갈등과 투쟁으로 흐르는 경향이 강한데, 동질적이지 않고 이질적인 체제들 사이에는 더욱 불안정하게 되는 것을 볼 수 있다. 물론 지난 반세기 동안 냉전만 없었다면 세계는 평화롭고 국가간에는 갈등과 투쟁 대신에 협력과 조화만이 있었을 것이라고 믿는 사람도 없지는 않지만, 만일 그렇게 생각한다면 주권국가로 구성된 국제관계의 본질을 이해하지 못한 데서 나온 잘못된 인식이라고 할 수밖에 없다.

국제관계는 본질적으로 무정부 상태에 놓여 있는 것이 현실이다. 국가들의 주권 때문이다. 국제관계에서 국가의 안전을 보장해줄 수 있는 권위(*authority*) 있는 기구는 존재하지 않는다. 자국의 안보는 궁극적으로 자기 자신이 확보해야 한다. 그렇기 때문에 모든 국가들은 더 많은

'힘'(*power*)을 원하고 있고 또 '힘'의 증강을 위해 경쟁적으로 행동한다. 따라서 냉전이 아니었으면 평화라고 하는 단순한 이분법적 가정은 곤란하다. 오히려 더욱 무서운 열전, 즉 대리전을 제외하고는 직접 군사행동을 취하지 않았던 냉전과 대조적으로 실제로 미·소 간에 군사적 충돌이 있었다면 그것은 인류에게 더욱 처참한 재앙을 가져왔을 것이 분명하다.

냉전 중 초강대국간에 직접적인 군사적 충돌이 없었다는 사실은 어떻게 보면 놀라운 일이다. 미국과 소련이 전쟁은 하지 않은 이유는 무엇일까?

대체로 전문가들은 역설적이지만 미국과 소련이 핵무기를 보유하고 있었기 때문에 전쟁을 안 했다고 믿는다. 핵무기의 파괴력을 양측의 지도자들이 잘 알고 있었기 때문에 감히 전쟁을 시작하는 것은 불가능했던 것 같다. 키신저의 말대로 핵무기는 그 어마어마한 파괴력 때문에 핵무기 사용 결정을 해야하는 정치지도자(*Statesman*)의 행동의지를 마비시킨다고 말할 수 있을 것이다.

냉전은 양극시스템이라고 지적했지만, 양극체제이기 때문에 서로 상대방에 대한 인식과 평가는 분명했다. 말하자면 냉전체제는 투명하고 계산이 단순하다. 적과 우방을 혼동하는 일은 거의 없다.

대한민국의 경우에도 대외관계는 비교적 선명했다. 적대국은 적대국이고 우방은 우방이었다. 냉전체제의 외교관계는 비교적 안정적이었으며 다극적 세력균형체제에서 보듯이 외교관계에 뉘앙스가 있고 가변적이며 타산적인 것은 아니었다.

요약하면 냉전체제가 계속되는 한 대한민국의 외교정책은 유연하기보다 경직될 수밖에 없었고 적대관계와 우호관계 사이에 분명한 선이 그어져 있었다.

그것은 냉전적 대결의 시대에 한국이 처해 있던 국제적 환경을 말하는 것이다. 양극체제가 고정되어 있는 한 대한민국의 외교는 경직될 수밖에 없었고 뉘앙스와 유연성 확보보다는 일관성과 강성을 강조하지 않을 수 없었다고 해도 과언은 아니다.

냉전은 종식되었다. 사회주의 체제들이 붕괴됨으로써 냉전의 양극체제가 무너진 것이다.

물론 1990년 냉전이 종식되기 이전에도 국제체제에는 중대한 변화들이 일어나고 있었다. 구체적으로 1971년에 시작된 미-중간의 접근은 양극체제의 세력구조에 결정적 수정을 가했다. 닉슨·키신저 팀은 중국을 소련으로부터 분리하는 데 성공함으로써 양극체제가 불안정하게 되었던 것이다.

공산진영에서의 블록이탈 행위는 중국이 처음은 아니다. 루마니아의 차우세스쿠(N. Ceauescu)와 그보다 앞서 유고슬라비아의 티토 등은 모스크바에 저항함으로써 이른바 다중심(多中心)구조라는 현상을 조성하는 데 공헌했다. 따라서 공산블록의 단합도 상대적인 것이었고 경우에 따라서는 독자적 외교관계를 추구할 수 있다는 예를 보여주었다.

이러한 블록에 대한 저항현상은 이른바 자유진영에서도 볼 수 있었지만, 1956년 영국과 프랑스가 미국의 경고를 무시하고 수에즈운하를 점령했을 때 미국은 영국과 프랑스에 철수하도록 압력을 가했던 예를 보면 냉전체제하에서 자유진영에 속하는 국가가 미국의 주요 정책에 반기를 드는 것은 결코 용이한 일이 아니었음을 알 수 있다.

한국은 6·25 포로처리 문제, 경제운영에 대한 견해 차이, 인권문제 그리고 민주주의 등의 문제에서 자신의 입장을 관철하는 시도를 했지만 결국은 한국 측이 반대를 철회하는 결과로 종결되었던 것으로 기억한다. 그만큼 한국은 당시에 미국에 의존할 수밖에 없었던 것이 현실이었다. 단 한가지 흥미 있는 사실은 한국과 미국 사이에 견해 차이가 있었을 때 많은 경우에 한국 국민 대다수는 미국의 주장이 한국정부의 주장보다 더 정당성이 있다고 믿었다는 점이다. 특히 한국의 인권과 민주주의 문제에 대해 한국 국민의 입장에서 보았을 때 미국의 주장이 더 타당하다고 생각하는 국민이 많았다고 본다.

소련은 이와는 대조적으로 보편적 가치를 위해 위성국가들에게 압력을 가한 것이 아니라 브레즈네프 독트린에서 보듯이 소련 자신의 권력욕을 감추지 못하고 자신의 영향권 안에 있는 국가들에 대해 적나라하게 압력을 가했기 때문에 동유럽에서는 소련의 지배를 벗어나는 대

전환이 일어난 것이다.

한국은 미국의 영향력 아래 있었으나 미국의 반대 때문에 공산국가와 외교관계를 수립하지 못한 것은 아니고 공산진영 국가들이 예외 없이 한국과의 접촉마저도 거부하고 있었기 때문에 이른바 '북방정책'을 추구하기 위해서는 공산정권의 붕괴와 이에 따른 냉전의 종식을 기다려야만 했다.

냉전의 종식은 대한민국에게는 충격적 사건이었다. 물론 그것은 한국 외교의 새로운 가능성을 보여줌으로써 궁극적으로 매우 긍정적인 변화라는 사실은 명백하지만 냉전 속에서 냉전의 산물로 탄생되어 수십 년간 냉전의 틀 속에서 성장해온 대한민국으로서는 냉전의 종식은 보통 적응하기 힘든 변화가 아니었다.

냉전의 종식은 우선 힘의 균형 면에서 미국을 유일 초강대국으로 만들었다. 미국은 냉전시대에 공산진영과의 투쟁 때문에 자유진영에 속하는 많은 나라들로부터 각종 요구와 속박을 받아왔지만 지금에 와서는 과거의 요구사항을 들어주지 않아도 좋은 매우 유리한 입장에 놓이게 되었다. 구체적으로 과거 냉전시기에는 통상관계에서 미국은 동맹국가들에게 일방적으로 미국시장을 열어주었지만 냉전이 종식된 마당에 와서는 그렇게까지 미국이 일방적으로 자국의 이익을 양보해야 한다는 명제는 무너진 것이다.

더욱이 9·11 테러공격 이후에 미국은 국내 어젠다에 치중하는 경향이 있는 바 부시 대통령은 전세계를 향하여 미국 편에 서라, 그렇지 않으면 미국의 적으로 간주하겠다고 서슴지 않고 선언했다. 다시 말하면 냉전의 종식은 미국 국민에게 협소한 이기주의를 추구할 수 있게 만들어 주는 효과가 있었다.

미국의 국내 이슈들에 대한 집중은 미국이 대외관계의 우선순위를 하향조절하는 것을 의미한다. 고립주의를 말하기는 아직 무리라고 할 수 있겠지만, 적어도 부시 대통령의 레토릭을 보면 미국은 국내 이슈들을 국제 이슈보다 우선적인 과제로 취급하고 있는 것이 분명하다.

이러한 상황의 결과는 냉전의 종식으로 세계의 유일 초강대국으로 탄생하려던 미국이 오히려 '힘'이 감소되는 경험에 부딪치게 되었다는 뜻을 지닌다. 물론 아직도 미국의 군사력에 도전할 수 있는 국가는 없다. 그리고 앞으로도 상당 기간 동안 미국의 군사 테크놀로지는 다른 어떤 나라의 군사력과 비교해도 훨씬 우위에 있을 것은 의심할 여지가 없다. 그러나 군사력은 정치적 영향력과 반드시 일치하지 않는다. 더욱이 정통성(*Legitimacy*)이 없는 군사력은 오히려 부정적 기능을 할 수도 있다. 미국이 이라크를 군사적으로 점령한 것은 미국의 총체적 역량에 손실을 가져왔다고 보아야 한다.

미국의 입장에서 보았을 때 동북아시아에서 제기되는 가장 심각한 문제는 중국의 부상이다. "The Rise of China"란 영어구절이 유행어가 될 만큼 지금 미국에서는 중국이 부상을 계속했을 때, 미국의 입장은 어떻게 될 것인가, 그리고 중국의 의도는 어디에 있는가? 앞으로 중국이 20년간 오늘과 같은 고도성장을 지속했을 때 중국은 적어도 동북아지역에서 지역 헤게모니를 장악하려고 할 것이라고 가정한다면 미국은 지금 무엇을 해야 할 것인가? 그리고 동북아의 다른 나라들은 어떤 입장을 취할까? 만일 중국의 부상이 평화적으로 진행된다면 특별한 충격 없이 중국이 동북아지역 헤게모니를 장악할 때까지, 그러니까 현재 지역 헤게모니를 쥐고 있는 미국이 중국에 의한 세력균형의 변동을 사실로 인정할 것인가?

유럽에서는 19세기 독일의 통일로 인한 세력균형의 변동이 안정되고 평화롭게 진행되지 못하였다. 독일과 유럽도 비스마르크가 구축해 놓은 매우 복잡하고 미묘한 유럽의 세력균형 구조를 기술적으로 관리하지 못했을 뿐 아니라, 빌헬름(Wilhelm) Ⅱ세의 매끄럽지 못한 과욕으로 인해 유럽의 질서는 점차 속으로 곪아 터져, 20세기에 두 번에 걸친 대전을 벌였다. 이를 상기한다면 중국의 부상이 얼마나 위험한 진전인가 하는데 대한 이해는 어렵지 않으리라 본다.

동북아지역은 원래부터 세력균형을 안보구조로 하지 않았다. 세력균형은 유럽의 개념이다. 유럽은 세력균형의 개념을 상당히 비중 있게 다루었는데 19세기 독일의 대표적인 역사가 레오폴드 랑케(Leopold Ranke) 같은 사람은 유럽이 균형을 잃을 위험이 있을 때에는 신(神)이 개입하여 균형을 재건하는 것 같다고 말할 정도로 세력균형을 중요시하고 있다.

동북아시아는 이와 대조적으로 세력균형보다는 한 세력이 패권을 장악할 때 비로소 평화를 정착시킬 수 있다고 믿었다. 물론 유럽에서도 제국의 건설이 안정을 보장한다는 믿음을 가지고 유럽의 황제가 되고자 피비린내 나는 싸움을 계속한 것이 사실이다. 그러나 아시아에서는 다자간 관계에 균형을 확보함으로써 안정을 유지할 수 있다는 규범적 사고는 찾아보기 힘들다.

동북아시아지역은 세력균형에 의존하기에는 너무 불균형한 구조를 가지고 있다. 19세기 유럽은 나라의 크기와 힘 그리고 경험 등이 유사한 행동자(*Actor*)들로 구성되어 있을 뿐만 아니라 문화 및 이데올로기 면에서도 동질적 관계에 놓여 있었기 때문에 서로 대화가 용이했고 인식의 차이도 크지 않았다.

동북아는 이와 대조적으로 지역국가들의 크기에 있어서도 중국, 러시아 등 거대한 국가들과 한국처럼 상대적으로 참으로 작게 보이는 멤버국가들이 있었다. 이와 같이 인구, 영토, 경제 등의 면에서 아주 큰 차이가 있는 지역에서는 지역의 통합이 쉽게 이루어지지 않을 것은 자명하다. 동북아국가들은 균형 대신 우위를 추구했고 평화와 안정을 헤게모니를 통해 확보할 수 있다고 믿었다.

한국도 예외는 아니었다. 역사적으로 한국의 가장 중요한 대외관계는 중국과의 관계인데 이것은 서로 대등한 위치에서 협조하는 관계가 아니라 중국을 정점으로 하는 위계질서를 전제한 관계라고 보아야 한다.

냉전이 종식됨으로써 외교의 문은 활짝 열렸다. 전통적 한-미군사동맹관계를 새롭게 전개되는 역동적 환경에 비추어 재검토하지 않을 수 없는 것이 오늘의 현실이다. 유럽은 벌써 냉전이 종식되는 순간부터 북대서양동맹의 기능과 목표를 새로운 환경 속에서 재검토하고 조약국가들의 토의를 거쳐 나토의 기능을 새로 정의하는 것을 우리는 목격했다.

동북아지역에서도 지금 엄청난 지각변동이 일어나고 있으나 지역내의 토의는 별로 있는 것으로 보이지 않는다. 한국에서는 부분적으로 한-미관계에 대한 비전통적 발언들이 있었지만, 보다 깊은 사유와 전략적 구상은 제시되지 않고 있다.

세력균형의 문제에 대해서도 심각하게 연구, 검토되고 있는 것 같지 않다. 물론 기존질서에 반대하고 비판하는 사람들은 있지만, 그보다 더욱 절실하게 요청되는 것은 환경변화에 따른 최적의 전략은 무엇인가에 대해 심도있는 전략적 사고이다.

냉전의 종식에 따른 환경 변화의 성격부터 생각해야 보아야 한다. 냉전이 종식됐다는 것은 동북아에 있어서는 양극체제가 붕괴되고, 미국이 유일 초강대국(*Unipolar*) 역할을 하는 것도 아니고 미국, 중국, 일본, 러시아 등 강대국들 사이에 새로운 균형을 구축하기 위한 행동(*action*)과 반동(*reaction*), 탐색과 신호 보내기 등의 매우 유동적인 상황이 계속되고 있는 것을 의미한다. 이러한 상황은 우선 헤게모니체제는 현실적으로 어려운 것이라는 추측을 낳는다. 부상하는 중국은 헤게모니를 강력히 거부하고 있고 실제로 중국이 헤게모니를 추구하는 경우에는 미국과의 충돌을 각오하지 않을 수 없기 때문에 간단한 문제가 아니다.

일본은 최근에 말없이 군사력을 증강하고 있는 것으로 보이지만 자신이 헤게모니를 장악한다는 것은 불가능하다는 사실을 알고 있을 뿐만 아니라 실제로 주변국가들로부터 신뢰를 받지 못하고 있기 때문에 지역활동에 있어 효과적 외교활동도 쉽지 않은 상태다.

러시아는 최근에 유라시아의 지정학적 개념을 말하고 있지만 현재와 같은 경제·사회적 문제들이 산적해있는 마당에서는 헤게모니를 생각할 시기가 아니다.

결국 미래에의 열쇠는 미국이 가지고 있다. 미국의 국력 때문에도 그렇지만 상대적으로 다른 강대국들과 비교해 보았을 때 미국의 역할은 동북아지역의 미래에 결정적 영향을 미친다.

그러면 미국의 대아시아 정책은 어떻게 이해하면 될까?

전통적으로 미국은 아시아에서도 유럽에서와 마찬가지로 그 지역의 세력들의 힘을 한데 모아 미국의 이익에 반대되는 방향으로 나가는 것을 사전에 방지하는 전략을 구사하고 있다. 그러니까 아시아지역의 세력균형을 안정시키는 것이 미국의 대아시아정책이다. 환언하면 미국은 아시아지역에 패권세력이 나타나는 것을 제일 우려하고 있으며 패권을 방지하기 위해서 필요하다면 군사적으로 개입할 수 있는 태세를 유지하고 있다고 보아야 한다.

미국의 대아시아전략은 19세기 영국의 대유럽전략과 가장 유사하다. 영국은 유럽대륙에서 벗어난 off-shore 위치에 있으면서 유럽대륙 세력들 사이에 최강자가 나타나 헤게모니를 장악할 수 있는 위험이 있으면 상대적으로 약한 연합세력(*coalition*)을 지원함으로써 세력균형을 보호하는 데 성공했다.

영국은 이처럼 세력균형정책을 견지하면서 두 가지의 어려움을 극복해야 했는데, 첫째는 최강국가와 연대하면 아무런 희생도 없이 달콤한 사탕만 먹을 수 있는 유혹을 뿌리치고 세력균형을 지키기 위해 약한 편에 가담하여 자국 국민의 전사자를 내는 아픔을 이겨내야 했다는 점이고, 둘째는 균형자(*Balancer*)의 역할을 하기 위해 항상 '멋진 고립'을(*splendid isolation*)을 감수하는 고독을 각오하지 않으면 안 되었다는 점이다. 그리고 마지막으로 영국은 자신이 더 이상 균형자 역할을 할 수 없다는 힘의 한계를 의식하게 된 순간에, 이러한 사실을 부인하려고 하지 않고 사실을 사실로 받아들임으로써 미국을 유럽에 끌어들여 균형을 유지할 수 있었던 사실도 기억할 필요가 있다.

미국은 동북아시아지역에서 균형자 역할을 하기 위해서는 충분한 국력과 고도의 외교적 기술 그리고 국내의 안정된 지지기반이 필요하다는 점을 인식하지 않으면 안 된다.

미국의 균형자 역할은 한국의 관점에서 보았을 때, 한국의 생존을 위해서 절대 필요한 조건이라는 사실을 인정하지 않을 수 없다. 헤게모니체제는 한국에게는 치명적이다.

그러나 불안정한 세력균형도 결코 바람직한 것은 못 된다. 그렇기 때문에 냉전시대의 양극체제가 붕괴되고 모든 것이 유동적인 새로운 환경 속에서 한국 외교의 목표는 안정된 세력균형을 구축하는 데 있다. 다시 말하면 세력균형을 제도화하는 것이 필요하다는 뜻이다. 아시아에는 아직도 안보문제를 협의할 수 있는 제도적 장치가 없다. 유럽과 비교가 안 된다. 유럽은 나토(NATO), OSCE(The Organization for Security and Co-operation in Europe), EU 등 안보문제를 다룰 수 있는 구조가 작동되는데 아시아에는 1994년에 설립된 ASEAN의 ARF(ASEAN Regional Forum)가 그나마 안보문제에 대한 토론이라도 할 수 있는 무대를 제공하고 있고 APEC(Asia Pacific Economic Cooperation)은 매년 아태지역 정상들간의 대화의 기회를 제공해주는 역할을 하고 있다. 2005년 12월에는 미국을 제외한 동아시아 정상들만 참여하는 모임이 말레이시아의 수도 콸라룸푸르에서 개최될 예정인데 미국도 참여하는 APEC과의 관계와 다소 미묘한 면이 없지 않아 있는 것이 사실이다. 동북아시아의 입장에서는 미국이 참여하지 않는 기구와 미국이 참여하는 기구의 상대적 이점이 무엇인지 냉철하게 계산해볼 필요가 있을 줄 안다.

안보문제를 다루는 가능한 지역안보 기구로서 북한 핵문제를 다루는 6자회담이 모체 또는 모델이 되는 가능성을 논하는 사람들도 있다. 이 문제는 우라늄 문제로 1994년의 제네바협의가 깨지기 전에 북한에게 약속한 경수로 제작 및 에너지 공급을 다루기 위해 설립했던 KEDO(Korea Energy Development Organization)가 앞으로 동북아 협력기구의 모델이 될 수 있을 것으로 내다본 사람들도 있었으나 지나치게 낙관적인 기대였다고 하지 않을 수 없게 되었다.

한 가지 분명한 사실은 한국이 세계의 4대 강대국에 둘러싸여 있는 지정학적 현실 때문에 동북아지역의 안보문제를 제도적으로 접근할 수 있는 기구를 창설하기 위한 노력을 해야한다.

냉전이 종식된 이후에 나타나는 환경변화 가운데 하나는 세계화(*Globalization*) 현상이다. 기본적으로 세계화라는 개념은 경제의 탈국가화 현상을 뜻하는데 교역뿐만 아니라 자본의 자유로운 이동에 이르기까지 경제는 가속적으로 국경을 넘어 작동하는 것을 볼 수 있다. 경제가 세계화되는 이유로는 자본기술과 수송수단의 발달 등을 지적할 수 있겠으나 시장경제의 역할이 결정적 요소라고 할 수 있다.

냉전의 종식 이후 시장경제 이외에 다른 어떤 대안적 경제모델도 없다는 인식이 널리 전파되면서 국가의 모든 공공성의 문제들도 국가의 권위적 판단에 따라 결정하는 것이 아니라 시장 메커니즘에 따라 결정하는 인류역사에 있어서 전례가 없는 상황이 벌어지고 있다.

'시장' 만능주의는 비판의 대상이 될 수 있다. 그러나 '시장'이라는 메커니즘이 특정한 공공사회의 구속력 있는 모든 결정과정을 지배하게 된 것은 어떤 특정 이데올로기가 승리함으로써 그렇게 된 것이 아니라, 예를 들면 정부의 지시에 의한 경제가 시장경제와 경쟁할 수 없다는 사실이 명백해지면서 대부분의 사회에서는 국가의 권위보다 개인의 요구와 지불능력을 변수로 하는 수요와 공급의 방정식이 채택되는 결과를 가져왔던 것이다.

하여튼 시장의 역할이 확대되는 반면에 국가의 권위는 상대적으로 축소되는 것을 목격하게 된다. 물론 사회의 공공질서는 지켜야 한다. 그러기 위해 국가는 시장을 배척하기보다 오히려 도움을 받게 되었고 그 결과로 경제는 국가에 플러스가 된다.

오늘날 국가들의 우선순위는 경제로부터 출발한다. 또한 모든 국가의 정부는 정치적 레토릭이 그 무슨 색깔이건 상관없이 모두 경제발전에 거의 모든 노력을 집중하는 공통점이 있다. 다시 말하면 현시점에서 동아시아를 돌아보았을 때 북한만 제외하고는 모두 동일한 목표를 향해 달려간다는 인상을 받는다. 경제발전, GNP 성장이 공동의 목표로 되었다. 과거에 중국이 동남아지역에 사회주의혁명을 수출하려던 때를 생각하면 오늘의 경제제일주의는 거의 혁명적이라고 하지 않을 수 없다. 경제의 세계화는 바로 이와 같은 사실, 즉 시장경제의 보편화 그리고 경제발전 목적의식의 보편화를 배경으로 세계화라는 역사의 대전환을 가져오고 있다.

세계화가 진행되는 순간에도 다른 한편으로는 많은 나라에서 민족주의가 지배적인 이념으로 재출현하는 것을 보게된다. 냉전시대에는 자유민주주의와 공산주의라는 비교적 단순화된 정치이데올로기가 자신들의 이념적 블록에서 민족주의를 억제하고 있었으나, 냉전의 종식으로 각 국가의 이념문제는 강대국이 통제할 수 있는 문제가 아니라는 인식이 자리잡게 되었고 결과적으로 민족주의가 역사의 흐름을 주도하는 것을 볼 수 있게 되었다. 특히 아시아국가들의 민족주의는 매우 강렬한 바람을 일으키고 있다. 19세기 말 유럽의 식민주의로부터 민족적 자존심에 큰 상처를 받은 중국의 민족주의, 일본 특유의 종교와 문화를 지닌 일본 국민의 민족주의, 그리고 분단의 고통을 극복해야 하는 한민족의 민족주의, 그리고 러시아의 범슬라브 민족주의 등 동북아는 민족주의들의 불꽃이 튀는 화약고와 같다.

이처럼 냉전의 종식 이후에 우리의 국제환경은 역동적으로 변하고 있고 그 변화의 최종 방향과 정착지는 아직 불분명하다. 다만 오늘의 변화에 따라 동북아지역에서 예상할 수 있는 시나리오를 그려보는 것은 필요하다. 실제로 미래가 우리들이 그려놓은 시나리오와 동일한 모습으로 다가온다는 뜻이 아니라 우리가 현시점에서 예상할 수 있는 시나리오를 그려봄으로써 우리들의 국제환경에 일어나고 있는 변동의 동학을 좀더 역동적으로 이해할 수 있지 않을까 기대해 본다. 시나리오 1은 중국이 주도하는 동북아시아다. 개념적으로 중국이 주도하는 동북아는 미국이 어떤 이유로든 이 지역에서 후퇴하는 것을 의미한다. 미국의 후퇴는 중국에 의하여 강요되는 경우보다 미국 자신의 판단에 따른 것으로 생각할 수 있다.

일본은 미국의 후퇴에 따라 중국제국 앞에서 핀란드화할 가능성을 배제할 수 없다. 그렇지 않으면 러시아와 반중국(反中國) 동맹을 체결하는 가능성도 생각해 볼 수 있지만 중국이 대일, 대러관계를 매우 거칠고 우둔하게 다루지 않는 한 어려울 것이다.

시나리오 ①의 상황하에서 한국은 선택의 여지가 없어진다고 보아야 한다. 그러니까 원래 중국과의 동맹을 선호해서가 아니라 점점 좁아지는 공간에서 불가피한 제스처를 하면서 역사적인 '사대주의' 옵션을 택하게 될 확률이 매우 높다.

중국은 지역 헤게모니를 장악한 이후에 더욱 불안하게 느낀다. 왜냐하면 헤게모니를 장악하는 순간 중국에 반대하는 세력들은 스스로 집합하여 반중연합(*coalition*) 세력을 형성한다는 것은 거의 확실하기 때문이다. 다시 말하면 중국이 장악한 헤게모니는 불안정한 세력균형 체제가 될 가능성이 크다고 하겠다.

시나리오 ②는 중국과 일본이 반미연합을 하는 경우다. 미국으로서는 가장 나쁜 시나리오라고 할 수 있는데 실제로 그렇게 될 가능성은 그리 많지 않다고 볼 수 있다. 다만 그와 같은 상황이 실제로 조성되기 위해서는 미국이 상상할 수 없으리만큼 거칠고 우둔한 방법으로 중국과 일본을 동시에 원수로 만든다는 사실상 있을 수 없는 가정을 해야 한다.

다만 실제로 가능성이 없다시피 한데도 그와 같은 시나리오를 생각해보는 이유는 상황이 그렇게 전개되지 않도록 하기 위해서는 미국이 대중국, 대일본 관계를 효과적으로 관리해야 한다는 점을 강조하기 위해서이다. 실제로는 중국과 일본의 상호 불신의 골이 너무 깊다. 특히 중국은 일본이 과거사문제에 충분한 참회를 하지 않은 것으로 인식하고 있으며 중국의 민족주의는 결국 반일민족주의라고 볼 수 있다.

시나리오 ③은 시나리오 ②의 반미연합세력에 러시아도 가담하는 상황인데 시나리오 ②보다도 더 비현실적이다. 현재 러시아는 국내정치·경제문제로 공격적인 대외정책을 추진할 여유가 없다. 좀더 근본적으로 보면 러시아는 중국과 가장 긴 국경선을 두고 있는데 최근에는 조용한 편이지만 원래 중국과 러시아 사이에는 국경에 대한 분규가 많고 그 어느 한편도 양보할 수 있는 입장이 아니다. 영토문제는 러시아와 일본 간에도 마찬가지다. 이른바 북방영토문제라고도 하는 일·러간의 문제도 쉽게 타결될 것 같아 보이지 않는다.

결론적으로 러시아는 중국·일본과 영토분쟁이 확대될 수 있는 위험성이 상존한다고 한다. 특히 영토문제는 양국 정상들이 웃는 얼굴로 정상회담을 한다고 해결되지는 않는다. 왜냐하면 지정학적 이해관계가 갈등요소를 내포하고 있기 때문이다.

다음은 미국이 동북아지역의 패권을 장악하는 시나리오 ④를 생각해 본다. 두 가지의 서로 다른 가정이 필요하다. 첫째는 중국, 일본, 러시아가 미국에게 동북아지역 헤게모니를 허락하지 않으려고 반미연합을 시도했는데도 미국의 군사력을 극복하는 것이 불가능한 경우가 있고 둘째는 동북아지역 국가들이 반미연합에 실패한 경우가 있다. 전자의 경우에는 미국의 외교정책이 실패한 경우이고, 두 번째 경우는 미국의 외교가 성공함으로써 군사력을 동원할 필요조차 없어진 경우를 말한다. 실제로 미국의 과거 냉전시대의 외교는 비교적 단순하고 직접적이었으나 지금은 상당히 세련된 방법으로 상대방의 실리적 반응을 활용하는 간접 방법이 동원되는 경우가 많다. 따라서 미국이 패권을 장악하는 시나리오가 실제로 불가능한 것만은 아니다.

그러나 일단 장악한 헤게모니를 유지하는 데는 상당한 비용이 소요될 것이 틀림없다. 왜냐하면 패권을 장악한 미국은 중국, 일본, 러시아를 동시에 군사적으로 패배시킬 수 있을 정도의 높은 군사예산을 지출해야 하기 때문이다. 그렇기 때문에 미국이 패권을 계속 유지하려고 할 것인가 하는 문제가 있다. 다만 이러한 합리주의적 계산 뒤에는 보다 원시적인 감정적 요소도 정책결정 과정에 영향을 미치기 때문에 실제로 미국의 패권상황이 현실로 나타나는 경우 미국이 어느 방향, 즉 패권유지 혹은 패권포기 중에 어떤 방향으로 나갈 것인가 하는 문제는 대답하기 곤란한 질문으로 남겨둘 수밖에 없다고 본다.

마지막으로 현상유지(*status quo*) 시나리오 ⑤를 생각해본다. 일종의 불안정한 세력균형체제를 뜻한다. 미국이 제2차 세계대전에서 중국 편을 든 것은 바로 세력균형의 논리에 일치되는 결정이었다. 일본의 '힘'이 중국의 '힘'보다 더 컸기 때문에 동북아지역의 세력균형을 유지하기 위해서는 일본을 견제할 필요가 있었다.

현상유지 시나리오가 불안정한 가장 큰 이유는 동북아시아에는 안보문제를 협상을 통해 다룰 수 있는 제도가 아직 초보단계에 있기 때문이다. 한국 외교가 지역화 작업에 창조적으로 공헌할 수 있는 기회라고 생각해도 좋을 줄 안다.

결국 다섯 개의 시나리오 가운데 가장 현실성 있는 시나리오를 선정하기 위해서는 실제로 '현실'이 가장 현실적이라는 논리가 가능하다. 헤겔은 '현실적인 것이 합리적인 것'이라는 오해하기 쉬운 말을 남겼지만 실제로 한국의 지정학적 시각에서 보았을 때, 현실 즉 '현상'(*status quo*)과 같이 미국이 동북아지역에서 제한된 안보역할을 계속함으로써 동북아지역에 세력균형을 유지하는 체제가 '가장 합리적', 즉 한국의 생존전략에 부합된다고 말해도 무리는 아니라고 본다. 이런 뜻에서 한국의 생존전략을 '균형의 전략'이라고 할 수 있을 것이다.

'균형의 전략'은 동북아의 지역질서로 세력균형체제를 선택하는 것을 뜻한다. 그것은 물론 유일 초강대국 체제를 거부하고 양극체제도 거부하는 것을 의미한다.

미국은 의식적으로 그 어떤 패권을 장악하기 위한 계획에 따라 행동했다고는 볼 수 없지만 냉전이 종식됨에 따라 유일 초강대국으로 등장한 것이 사실이다. 그리고 미국정부도 일방주의적 자세를 취했는가 하면 또 다른 한편으로는 선제공격을 할 권리를 주장하는 등 헤게모니를 행사하는 경향이 나타난 것도 부인할 수 없는 사실이다.

그 결과로 미국의 행동은 정당성이 부족하다는 인상을 주게 되었고 이와 같은 정당성의 상실 또는 감소로 미국은 물리적 군사력에만 의존한다는 비판이 일반화되었던 것이다. 따라서 미국은 세계에서 가장 강력한 군사력을 가지고 있지만 구체적으로 정치적 영향력을 행사하는 데는 상당한 제약을 받을 수밖에 없었다. 군사력과 정치적 영향력 사이에는 상당한 거리가 있다. 군사력은 물리적 힘으로 계산되지만 정치적 영향력은 인간들의 의지와 인지 등의 계산하기 힘든 변수들이 작용하기 때문이다.

아직도 미국의 군사력은 세계를 지배할 수 있는 최강의 수준에 있다. 그러나 냉전종식 직후에 미국의 일부 우익지식인들이 생각했던 것처럼 유일 초강대국의 역할은 단순하지도 않았고 수월하지도 않았다. 헤게모니를 행사하는 데에도 어느 정도의 정통성은 필요하며 더욱이 동북아지역처럼 세력균형이 복합적으로 구성되어 있는 틀 안에서는 더욱 더 어려운 것이다.

한국의 입장에서 본다면 헤게모니체제는 명백히 거부할 수밖에 없다. 왜냐하면 헤게모니체제는 한국의 생존과 자주성에 위협이 될 수밖에 없기 때문이다. 냉전시대에 경험한 바 있는 양극체제도 거부할 수밖에 없다. 왜냐하면 양극체제하에서 초강대국간의 대립과 경쟁은 제로섬게임의 성격을 가지고 있기 때문이다. 그리고 냉전의 경험으로 보았을 때 양극체제는 한국과 같은 위치에 있는 국가들에 대해 어느 한 편에 가담하라는 압력이 있게 마련이고 결국 한국 외교는 자주성과 신축성을 상실하고 냉전시대처럼 경직화될 수밖에 없는 운명에 놓이게 될 것이 자명하다.

결과적으로 우리의 유일한 선택은 세력 균형체제임에 틀림없다. 그러나 여기에는 현실적으로 두 가지의 문제가 있다.

첫째로 동북아지역은 역사적으로나 지정학적으로 세력균형체제에 적합한 지역이 되지 못한다는 점이다. 이 지역의 국가들은 초거대형 국가도 있지만 작은 규모의 나라도 있다. 그리고 유럽과는 대조적으로 문화적 동질성이 없다. 종교도 다양하고 모든 조건이 세력균형체제를 불가능하게 만드는 방향을 향하고 있다고 볼 수 있다.

그러나 동북아지역에 세력균형체제는 절대 불가능하다고 말할 수는 없다고 본다. 사실 세력균형 이전에 논의되었던 유일 초강대국 체제와 양극체제도 국제환경의 변화에 따라 가능할 수도 있고 불가능할 수도 있다. 관점에 따라서는 오늘날 세력균형체제는 동북아지역을 위해 유일한 체제라고 할 수 있을 것 같이 보인다. 왜냐하면 그 이외의 다른 어떤 체제 모형도 세력균형 체제만큼 현실성이 없기 때문이다.

동북아지역에 세력균형체제가 안정적으로 정착하기 위해서는 무엇보다도 미국의 역할이 중요하다. 미국이 균형자 역할을 효과적으로 수행할 수만 있다면 동아시아에도 안정된 균형체제가 가능할 것으로 기대할 수 있을 것이다.

다만 문제는 대한민국 국민의 의식구조가 균형보다는 위계질서, 즉 상하(上下) 관계의 모델을 더 편안하게 느끼는 경향이 있다는 점이다. 균형은 어느 한 방향으로 처리되기를 기다리고 있는 잠정적이고 임시적인 존재로 보인다는 점이다. 이와 같은 관점에서 보면 한국은 아직도 베스트팔렌 체제(*Westfalen system* 〔1648〕)를 궁극적인 현실로 받아들이지 않은 것 같아 보인다. 베스트팔렌 평화조약은 영토국가 체제가 보편적 체제로 자리잡게 되는 데 크게 공헌한 것으로 알려져있다.

국내 구조의 문제를 또 한 번 깊이 생각해보면 국가의 주권을 존중한 나머지 전 세계의 국제관계를 무정부 상태에서 다루어야 하는 새로운 책임을 감당하기가 매우 어려운 것으로 보인다. 앞으로 불확실하고 유동적인 세력균형의 환경에서 섬세하고 미묘한 균형의 전략을 시행하려면 한국은 체제의 성격부터 균형의 철학을 실천하는 체제로 전환해야 한다. 그리고 상호견제와 타협을 통해 균형의 체제를 효율적으로

운영하기 위해서는 정치제도뿐만 아니라 국민의식과 생활문화에서부터 균형을 내면화해야 한다.

근대 역사를 통해 한국인은 단순하고 명백한 목표를 향해 질주해왔다. 일제통치로부터의 해방, 북한 위협의 극복, GNP의 고도성장 그리고 권위주의 정권의 타도, 이런 모든 목표들은 사실 깊이 생각해보면 복잡하고 미묘한 뉘앙스를 내포하지만, 일단 집단행동의 목표로 설정되면, 매우 단순하고 명백한 슬로건이 되어버리는 경향이 있는 것이 문제다. 따라서 질서는 일사불란한 복종으로 혼동되었고 발전은 하나의 목표를 향해 전진하는 것이라고 생각했다. 다양한 목적들을 균형있게 동시에 추구하는 가능성을 생각할 여유조차 없었던 것이다.

지금까지 우리는 대한민국의 탄생으로부터 냉전시대 한국 외교의 제약과 한계, 그리고 냉전의 종식이 가져온 한국 외교의 환경변화와 이에 따른 새로운 가능성, 마지막으로 균형의 전략의 의미와 국내적 구조의 문제들에 대해 극히 피상적이기는 하지만 종합적으로 검토해보았다. 지난 60년간의 한국 외교의 환경과 정책방향을 간략하게 리뷰한 셈이다. 그러면 현시점에서 가능한 결론은 무엇이라고 할 수 있을까? 지금부터 대한민국의 외교는 어디로 가야 하는가 하는 문제에 대한 대답은 어떤 것인가?

우선 우리는 냉전의 속박에서 벗어남으로써 새로운 가능성의 문이 열리고 있는 것을 보았다. 한국 외교는 '북괴 제압 외교'라는 슬로건을 내걸고 단순하고 원시적인 목표를 향해 우리 모두가 질주해야만 했던 시절이 있었던 것을 기억한다.

그러나 새로운 가능성은 정책이 잘못되는 경우 상황을 더 악화시킬 수 있는 위험요소도 동반한다는 사실을 잊어서는 안 된다. 특히 기존 정책을 포기하고 새로운 시도를 하는 데 있어 단순히 새로운 시도라는 이유만으로 정책의 변화를 가져오는 것은 현명한 태도라고 할 수 없다. 어디까지나 정책은 그것이 채택되었을 때의 예상되는 결과에 따라 평가되어야 한다.

둘째로 가능한 결론은 동북아의 안정은 미국의 역할 없이는 기대하기 어렵다는 판단이다. 미국이 동아시아지역으로부터 완전히 분리

(disengage) 되는 경우 동북아의 세력균형은 매우 불안정하게 되고 강대국들은 군비경쟁, 영토분규, 민족주의적 갈등으로 충돌할 수 있는 확률이 빠른 속도로 상승할 수 있다.

미국이 다른 강대국과 다른 점은 미국만이 선의의 국가이기 때문이 아니라 19세기 영국이 유럽대륙과 영토적으로 분리돼 있던 것처럼 미국은 아시아지역과 태평양을 가운데 두고 정반대의 위치에 놓여 있기 때문이다. 그러니까 미국의 의지와 상관없이 지정학적 사실만으로도 미국의 역할은 다른 강대국들과 동일하지 않다는 이유를 알 수 있다.

세 번째의 결론은 우리의 안보를 위해 안정된 세력균형이 필요하다는 점이다. 이런 뜻에서 우리의 안보정책은 '균형'의 개념에 기초하고 있다.

균형이 아니면 패권체제인데 만일 어느 특정한 강대국이 동북아지역에서 헤게모니를 장악한다면 한국은 독자적으로 독립을 유지하면서 자유롭게 숨을 쉴 수 있는 가능성이 막혀버린다. 한국의 입장에서 보면 세력균형 이외의 어떤 다른 대안은 없다.

균형의 전략은 균형의 철학을 전제하고 있을 때 협조와 공동의 노력이 수월해진다. 그러니까 균형은 하나의 전술적 기술이 아니라 전략적 관점에서 필요한 삶의 자세다. 균형은 상하관계를 거부하고 수평관계를 선호한다.

균형의 전략은 군사적 조직을 의미하지 않는다. 그보다 좀더 깊은 의미를 가지고 있다. 즉 우리의 국내 권력구조를 균형의 구조로 발전시키는 것을 뜻한다. 힘이 집중되기보다 넓게 분산되어 전체적으로 균형 *(Equilibrium)* 을 형성하고 있을 때 대외적으로도 균형을 강조하는 방향으로 나아가기가 쉬워진다.

우리에게 필요한 생존전략은 균형의 문화, 즉 다원주의 문화다. 그런데 다원주의 문화는 GNP 성장과 같이 주어진 시간 내에 달성할 수 있는 종류의 작업이 아니다. 다원주의 문화는 사회가 다원화되고 정치권력이 다원화될 때 비로소 현실로 되는 것이다.

지금 세계는 혁명적 전환의 물결이 거세게 흘러가면서 엄청난 변화를 가져오고 있다.

우선 세계의 지역간 힘의 균형이 파괴되고 새로운 균형이 출현하고 있다. 지난 500년 전까지만 해도 동아시아지역이 대서양지역의 경제보다 앞서 있었으나 유럽이 르네상스와 종교개혁을 하면서 역동적 변화를 가져옴으로써 동아시아지역보다 훨씬 앞서게 되었고, 유럽의 우위는 영원한 것으로 받아들여지는 경향이 있었다. 그러나 1970년대부터 동아시아의 일본을 위시한 네 마리의 용(즉 남한, 싱가포르, 대만, 홍콩) 등은 고도성장의 모멘텀이 발생하면서 유럽의 경제들보다 훨씬 더 빠른 속도로 성장하기 시작했다. 여기에 중국이 극적으로 고도성장을 계속하고 있고 그 결과 아시아-태평양지역이 오늘날 세계적으로 가장 성장속도가 빠른 지역으로 알려지게 되었다.

경제력의 이동은 군사력의 이동을 의미한다. 동아시아의 경제규모가 가장 크다는 것은 동아시아의 군사예산 규모가 제일 클 수 있다는 것을 말한다. 경제력의 이동은 지역 내부에서도 일어나고 있다. 가장 대표적인 예는 동북아지역의 중국이다. 중국의 부상은 무엇을 의미하는가?

베스트팔렌 체제를 기준으로 전제하고 중국의 장래를 생각하면 중국의 부상은 그 과정이 아무리 평화로웠다고 하더라도 어떤 단계에 이르면 중국은 영토적 민족국가로서 '힘'에 의한 지위와 영향력 행사를 기대할 것이 확실하다. 그러나 베스트팔렌 모델이 변화하는 환경 속에서도 아무런 변화와 조정 없이 국가의 기능이 있고 그대로 연속된다는 보장은 없다.

실은 이미 국가의 성격과 지위에 많은 변화가 일어나고 있다. 우선 국가의 주권은 이미 상당 부분 신화로 변질되었고 과거 국가의 주권의 이름으로 집행되던 결정(*decision*)들은 시장이라는 민간기구에 의해서 만들어지고 있다. 오늘의 국가는 더 이상 베스트팔렌에서 생각했던 국가가 아니다.

전통적으로 국가의 주권은 국가의 내부 문제에 대해서는 아무도 절대로 간섭할 수 없다는 규범을 뜻하는데 21세기에는 인도주의적 목적을 위해 강제로 개입할 수 있다는 개념이 받아들여지고 있다.

2000년 유엔이 밀레니엄 정상회의에서 전통적인 내정 불간섭의 독트린을 포기하고 보편적 인도주의 또는 보편적 규범에 따라 소말리아, 타히티, 보스니아 그리고 코소보에 개입했고 동티모르 개입에는 한국도 참여했다. 앞으로도 인도주의적 개입의 문제는 계속 제기될 수 있다. 특히 북한이 인도주의적 개입의 대상이 된다면 한국은 매우 어려운 입장에 놓이게 될 것이다.

국제관계에서 이상주의와 현실주의 문제는 가장 어려운 문제 중의 하나이다. 인도주의적 개입은 이상주의적 동기에서 출발하고 있다면 내정불간섭을 주장하는 동기는 현실주의에서 나오고 있다. 현실주의자의 입장에서 보면 아무리 인도주의적 동기가 순수하다고 하더라도 막강한 군사력을 소지하고 있는 나라에 개입하는 것은 이상주의자 자신도 불가능하다는 것을 인정하지 않을 수 없는 것이다. 결국은 이상주의자도 현실을 무시할 수 없는 것이 현실이다.

현실주의도 한계가 없는 것이 아니다. 국가의 기능과 성격이 많이 달라지고 있는데도 변화를 인정하지 않고 국가의 주권만 주장한다면 이미 주권의 성격에 변화가 일어나고 있다는 사실을 인정하지 않는 비현실주의자가 된다는 아이러니도 있다.

균형의 전략은 전통적인 이상주의와 현실주의의 토론에서도 균형을 유지한다. 그러니까 이상주의와 현실주의는 단순하지 않은 국제관계를 접근하는 데 있어 서로 상대적 타당성을 인정하는 동시에 그 한계점도 인정하는 것이 필요하다고 생각한다.

결론적으로 균형의 전략 개념을 다음과 같이 요약하고자 한다.

① 동북아지역의 안정은 한국의 평화와 번영의 필수적 조건이 된다.
② 동북아지역의 안정을 위해서는 세력균형의 체제가 적합하고 미국은 균형자로서 안보역할을 계속해야 한다.
③ 동북아지역의 안보협력을 위해서는 지역안보 기구의 제도화가 필요하다.
④ 한국의 안보외교는 지역 세력균형을 안정화하는 노력해야 한다.
⑤ 한국은 미국이 동북아 세력균형을 위해 '균형자' 역할을 하도록 설득 및 지원하는 것이 필요하다.

⑥ 한국은 지역 내의 세력균형의 안정을 위해 모든 지역의 국가와 상호신뢰를 위한 외교를 추진하고 4강대국과 한반도 장래문제와 지역의 안정을 위한 전략적 대화를 할 필요가 있다.
⑦ 국가의 주권과 인도주의적 개입의 문제에 대해서는 균형있는 자세를 유지하는 지혜가 필요하다.
⑧ 세계화는 한국 외교의 가장 중요한 환경 변화인바, 적극 대처함으로써 동북아에서 '실패한' 국가가 되지 않도록 장기적 안목을 가지고 세계화에 동참해야 한다.
⑨ 균형의 전략은 외교와 더불어 국내 권력구조와 국민의 의식구조까지도 균형의 전략과 일관될 때 효과적이다.

이 글에서 필자는 급변하는 국제질서의 전환시대에 대한민국은 어떤 전략을 추구해야 하는가 하는 문제를 제기하고 동북아지역에서는 세력균형체제가 바람직하다는 결론을 제시했다.

그러면 세력균형체제는 동북아지역의 평화와 안정을 보장할 수 있다는 뜻인가 하는 문제가 제기될 수 있다. 이 문제에 대한 답은 명백하게 부정적일 수밖에 없다. 역사적으로 세력균형체제가 항구한 평화를 보장하지도 않았고 때로는 오히려 긴장을 고조시키고 분쟁을 도발하는 경우도 있었던 것을 기억한다.

동북아지역에 세력균형이 적합하다는 판단은 세력균형체제의 모델이 평화를 보장하기 때문이 아니라, 세력균형체제에 대안적 국제체제 모델 (예를 들면, 헤게모니체제) 등은 한국의 입장에서 보았을 때 세력균형체제보다 훨씬 더 부적합하다는 관찰에 기초하고 있다.

이상주의자들은 세력균형체제의 한계와 결함을 지적하면서 세력균형체제를 거부하고 세계평화를 위해 보다 완벽한 체제를 향해 도약할 것을 주장하고 있다. 하지만 적어도 현상(*status quo*)은 재앙을 초래하지는 않는다는 현실주의자의 입장에서 보면, 우리가 알고 익숙해 있는 현상을 포기하고 재앙을 초래할지도 모르는 미지수의 이상주의적 개념을 향해 비약한다는 것은 도덕적으로도 무책임하고 성숙하지 못한 태도라고 말하지 않을 수 없다.

물론 현실을 무시할 수 없다는 이유를 내세워 모든 변화를 거부하고 불안정한 세력균형체제에만 연결되어 있는 것은 바람직한 자세가 아니다. 동북아지역의 국제관계는 제도화의 노력이 더욱 필요하고, 힘의 균형에 있어서도 힘의 개념을 단순히 폭력적 관계로만 이해해서는 안 되며 이른바 '부드러운 힘'(*Soft Power*)의 역할이 얼마나 중요한 것인가 하는 점을 기억해야 한다. 그러나 동시에 '부드러운 힘'도 힘은 힘이라는 사실을 망각해서는 안 된다. 국제관계에 있어서 '힘'의 역할은 절대로 필수적이다. 동시에 군사력과 정치적 영향력 사이에는 상당한 간격이 있다는 점도 명심해야 한다.

우선 우리는 '힘'의 역할과 배분 그리고 앞으로 전환가능성 등의 문제들에 대한 깊은 성찰과 명상이 필요하다. 힘의 지정학적 분배현상에 기본적 변화가 나타날 때에 우리의 대응전략은 무엇이어야 하는가 하는 문제를 생각하지 않을 수 없다.

궁극적으로 균형의 전략은 한국과 인접국가들 사이의 관계, 특히 힘의 관계를 재조정하는 것을 의미하는데 이 글에서는 전술적 문제들에 대해서는 언급하지 않았다. 구체적인 전술적 정보에 정부관료들은 접근이 가능하지만 민간인 학자의 경우에는 전술적 정보는 없이 추측과 가정에 기초한 분석 아닌 분석을 내놓아야 하는 경우가 많다. 따라서 최근에 진행되고 있는 한-미동맹관계와 6자회담 등에 관한 논의들은 전술적 최신정보를 갖고 있지 않는 민간인의 입장에서는 침묵을 지키는 편이 현명할 수 있다고 믿고 이 글에서는 일절 시도하지 않았음을 밝혀둔다.

4 지역균열의 해소와 균형정치

선거구제 개편 논의를 중심으로

박찬욱

1. 서론

이 글의 목적은 현재 한국에서 '균형정치'의 구현을 어렵게 하는 지역균열구조의 문제에 대한 인식을 환기하고 이를 해소하기 위한 처방의 하나로서 강구되는 국회의원 선거구제의 개편에 대해 논의하는 것이다.

우선 바람직한 정치로서 실현하고자 하는 균형정치의 의의를 생각해보겠다. 그리고 선거에서 노정되는 지역균열구조의 양상이 과연 심각한 것인지, 또한 지역균열구조가 어떻게 균형정치의 구현을 가로막는지를 살펴본다. 아울러 국회의원선거구제가 지역균열구조의 완화에 기여할 수 있는 중요한 요인의 하나라는 관점을 정립할 필요가 있다.

이와 같은 예비적 논의를 바탕으로 현행 국회의원 선거구제가 왜 지역균열구조를 해소하기보다는 오히려 고착시키는 방향으로 기능하고 있는지를 분석한다. 나아가서 지역균열구조의 완화를 위해 정치권에서 논의되고 있는 주요 선거구제 개편안의 특성과 장단점을 따져본다. 그렇게 되면 지역균열구조의 해소에 이바지할 뿐만 아니라 궁극적으로는 균형정치 실현의 목표에 비추어 선거구제 개편안의 우열을 가릴 수 있을 것이다.

마지막으로, 이 글의 뒷부분에서는 개선된 선거구제를 적용하여 실시한 선거 이후에 국회와 대통령이 상호 견제와 균형을 유지하면서 효율적이며 책임질 수 있는 국정을 운영하려면 정당간에 연합정치가 원활하게 전개되어야 함을 강조하게 될 것이다.

2. 기본개념과 문제의식

1) 균형정치

이 글에서 필자는 균형정치 개념을 수용하여 바람직하다고 보는 정치의 상태를 서술한다. 균형 잡힌 정치, 균형 있는 정치를 실현하자는 것인데 정치학적 관점에서 균형은 권력의 균형이 그 핵심이 된다. 즉 균형정치는 공적 권력이 수반되는 상호작용에 있어서 개인, 집단이나 기관 사이에 어느 한 편의 권력이 다른 편의 권력보다 지속적으로 우위를 점하여 한쪽으로 쏠려 치우치게 되지 않는 상태라고 할 것이다. 균형정치는 권력의 행사주체간에 일정 기간에 걸쳐 전개되는 상호작용을 가리키기 때문에 결코 변화가 없는 정태적 상태를 말하는 것은 아니다. 다만 궁극적으로는 안정추구적인 가치정향이 전제되고 있지만, 그 안정은 변화하는 가운데 이루어지는 동태적 안정이다.

제도는 상호작용의 규칙을 제공하여 행위자들을 유인하고 때로는 억제한다. 그렇기 때문에 공적 권력을 창출하고 행사하는 정치에서 균형을 실현하려면 그 목적에 적합한 제도를 설계하고 행위자들이 그 방향으로 갈 수 있도록 운용하는 것이 중요하다. 민주주의 정치는 선거를 통해 공적 권력이 창출되기 때문에 선거제도의 중요성을 제대로 인식해야 한다. 균형정치 실현을 위한 제도적 원리로서 첫째, 선거는 경쟁하는 정치세력의, 좀더 구체적으로는 정당의 공정한 대표(*fair representation*)와 동시에 대표자 개인과 집단이 일반 유권자와의 관계에서 갖는 '수직적 책무성'(*vertical accountability*)을 확보하여야 한다. 여기에서 수직적이라는 표현은 뒤에서 언급될 '수평적 책무성'과 구분하여 쓰기 위함인데 위계적이고 권위적인 관계를 의미하는 것이 아니다. 오히려 수직적 책무성은 정치엘리트가 국민에 대하여 책임을 지는 민주적인 것이다. 국회의원 선거와 관련하여 볼 때 공정한 대표는 정당이 선거에서 획득하는 득표율과 의석률 간의 비례성에서, 수직적 책무성은 현직 의원이나 집권정당이 수행한 정책적 성과에 대하여 심판하고 문책하는 것에서 확인된다. 선거구제 개편을 통해 지역균열을 해소하는 것은 대표의 공정성을 실현하는 가운데 가능해지는데 이때에도 수직성 책무성의 원리가 동시에 관철되어야 한다. 대표의 공정성과 수직적 책무성이 같이 구현되어야 양질의 민주정치를 운영할 수 있는 것이다.

선거를 통해 공적 권력을 행사할 수 있는 정당성을 부여받은 대표자 개인과 집단은 그 권력을 토대로 공공정책을 심의, 형성, 집행하며 국정을 운영하게 된다. 어느 일방이 권력행사에 있어서 지속적으로 고정된 우위를 보이지 않는 균형정치는 국정운영과정에서 정당간 상호 조정·타협·합의하고 상생하는 방식(*accommodative political style*)으로써만 달성될 수 있다. 이런 맥락에서 균형정치를 실현하는 두 번째 제도적 원리로서 국정운영기관간의 견제와 균형(*checks and balances*)을 언급하게 된다. 권력은 견제되지 않을 때에 자의적으로 행사될 우려가 있고, 그 결과 정책의 유동성과 불안정성이 초래된다. 이 때문에 몽테스키외나 매디슨이 주창한 권력분립 및 견제균형의 원리나 국정운영기관간의 수평적 책무성(*horizontal accountability*) 개념이 절실히 요구되는 것이다. 이는 입법, 행정, 사법 3부간의 견제와 균형을 가리키는데 국정운영에서의 일상적 상호작용은 입법부와 행정부간에 가장 빈번하게 전개되기 때문에 실제에 있어서는 이 양부간의 견제와 균형이 특히 많은 주목을 받는다. 이 원리를 확대하여 적용하면 입법부 내부에서의 양원간, 그리고 중앙정부와 지방정부간 권력 배분을 통한 분립과 협조도 여기에 해당된다.

균형정치를 실현하는 세 번째 제도적 원리로는 구심적 합의(求心的合意, *centripetal consensus*)를 제시한다. 이 원리는 국정운영의 성과에 있어서 효율성(*performance efficiency*)을 확보하기 위해 긴요하다. 권력이 분산되어 상호 견제하는 가운데 정치행위자들이 협상하고 합의하도록 해야 하지만, 과도한 분권화는 결코 바람직하지 않다. 국정운영은 효과적이어야 하고 환경이 변하여 새로운 정책수요가 발생하면 이에 적절히 대응하는 정책적 유연성이 요구된다. 이 경우 권력이 과도하게 분산되어 있다면 정책과정에서 의사결정을 위해 투여되는 여러 형태의 비용이 증가하고 시간적 지체로 말미암아 대응의 적기를 놓치게 된다. 균형정치의 관점은 권력집중이 지나친 경우에 분권화를 지향하지만 권력분산이 과도한 경우에는 집권화가 필요하다는 점을 절실히 인식한다. 즉 균형정치는 집권화와 분권화의 적정 수준을 모색하는 정치이다(MacIntyre, 2003 참조).

위의 세 가지 제도원리를 실천하여 균형정치를 실현하는 것이 곧 한국에서 민주주의 체제(*democratic regime*)를 공고화하는 길이 된다. 민주주의 체제는 일련의 제도들에 의하여 지탱된다. 필자는 주요 정치제도의 총체적인 설계, 편성 및 운용 모델(*institutional matrix*)로서 '구심성 합의제'(*centripetal consensus model*)를 제시한다. 이 모델은 한국이 장차 실현해야 할 규범적인 모델인데, 현 단계의 실제 모델은 승자독식 경향이 농후한 다수제로 묘사될 것이다. 앞으로 한국은 '다수제-합의제 중간형'으로 변화하고 마침내는 구심성 합의제 모델에 부합하게 되는 것이 바람직하다(유사한 논의로는 레입하트·김재한, 2001).

레입하트(Lijphart, 1998)는 민주주의 체제를 다수제와 합의제로[1] 크게 나누었는데 이러한 체제 구분은 일련의 정치제도가 어떻게 편성되고 운영되며 어떠한 총체적 성격을 갖는가에 바탕을 두고 이루어졌다고 볼 수 있다. 다수제 민주주의는 최소규모의 다수자(일반적으로 단순과반수이지만 때로는 상대적인 단순다수)에 권력을 집중시켜 효율성을 극대화할 수 있도록 일련의 정치제도를 편성하고 운용하는 반면 합의제 민주주의는 소수자의 권익을 보호하기 위해 권력을 분산하고 가능한 최대의 다수(단순과반수를 상회하는 특별과반수, 때로는 만장일치)가 권력을 공유할 수 있도록 일련의 정치제도를 편성하고 운용한다. 즉 집행

---

1) 여기서 합의제(合意制)는 정치체제 수준의 분류범주이다. 이보다 다소 낮은 수준의 정부형태(통치권력구조) 수준에서 규정되는 집단합의제(集團合議制, *collegial system*)는 스위스가 대표적인 사례인데 대통령제, 의원내각제, 이원집정부제 가운데 그 어느 것에도 속하지 않는다.

부-정당 차원에서 다수제와 합의제 요소의 구분은 ① 일당다수 내각에 집행권 집중 아니면 복수정당 연합내각에 의한 집행권 공유, ② 입법부에 대한 집행부 우위 아니면 양부간 균형, ③ 양당제 아니면 다당제, ④ 단순다수제 선거제도 아니면 비례대표 선거제도, ⑤ 이익집단간 다원경쟁체제 아니면 타협과 협의를 위한 코포라티즘(*corporatism*)이다. 단일(단방)-연방 차원에서는 ① 단일제 아니면 연방분권체제, ② 단원제 또는 비대칭적 양원제 아니면 대칭적 양원제, ③ 개정이 용이한 연성헌법 아니면 개정절차가 복잡한 경성헌법, ④ 법원의 위헌법률심사권 부재 아니면 그 권한 부여, ⑤ 중앙은행 독립성 부재 아니면 독립적 중앙은행 존재이다.

한국은 현재 다수제에 속한다. 집행부-정당 차원에서 집행권은 일당으로 구성되고 대통령을 중심으로 내각에 집중되어 있다. 노무현 대통령 시기에 제왕적 대통령제는 약화되었으나 국회의 정책기능은 행정부에 비해 비대칭적인 열세에 처해 있다. 민주화 이후 정당체계는 외양은 다당제 양상이지만 정치경쟁은 여야 양극구도로 전개되고, 선거제도에 있어서 다수제 요소가 비례적 요소를 압도하고 있다. 이익집단정치에서는 노사정협의가 이루어지지 못하고 있다. 단일-연방 차원에서도 중앙-지방 정부간 관계는 단일제 중앙집권제로서 다수제 성격이 지배적이다. 다만, 경성헌법이나 위헌심사권은 예외적으로 합의제적 요소와 부합한다. 중앙은행인 한국은행의 독립성이 강화되는 추세이기는 하지만 미국의 연방준비제도, 독일의 도이체방크, 스위스 연방은행에 비해 자율성 전통은 아직 일천하다.

레입하트(1977)는 또한 일련의 정치제도를 편성하고 운용하는 데 초점을 맞추어 민주주의체제의 한 유형으로 협의제 민주주의(*consociational democracy*)를 규정하기도 하였다. 이를 한국정치에서 드러난 지역균열구조의 해소를 위한 모델로 삼아야 한다는 주장이 있다(대표적으로 임혁백, 1994 ; 선학태, 2005). 이 모델은 이질적 다원주의 사회에서 소수자 집단의 권리를 최대한 보장하면서 갈등을 관리하기 위한 일련의 정치제도에 의하여 유지된다. 즉 한 국가를 구성하지만 양립할 수 없는 이익과 의사를 표출하는 상이한 민족, 종족, 언어, 종교 등 문화적 부문집단(*segmental group*)이 각자의 자율성을 향유하면서 권력을 공유하도록 제도화하여 기능 하는 민주체제이다.

협의제의 네 가지 제도적 구성요소는 첫째, 대연합으로서 거국내각과 같이 여러 부문집단이 권력을 공유하는 집행부를 말한다. 이는 단순히 대정당간의 연합에 그치는 것이 아니라 소정당을 포함하여 주요 정치세력을 망라하는 과대규모 승리연합이 지배하는 것을 말한다. 또한 여기서 주목할 점은 이런 대연합이 위기상황 등에서 잠정적으로 구성되는 것이 아니라 일상화되어 있다는 점이다. 둘째, 부문집단의 권리와 특성을 보존하기 위한 자율과 자치가 제도화되어 있으며, 셋째, 부문집단의 권리를 최대한 보장하는 상호거부권이 또한 제도화된다. 이러한 둘째와 셋째 요소는 부문집단이 교육과 문화 영역의 정책에 있어서는 절대적 거부권, 사실상의 주권을 행사한다고 해도 과언이 아니다. 넷째, 공직자 선출과 임용, 그리고 공공재원 배분에 있어서 부문집단간의 균형을 유지하기 위한 비례성의 원리가 제도적으로 구현된다. 협의제의 이런 제도적 들은 다수제의 경우와는 상반되는 것이며, 합의제의 유사한 제도적 요소들이 특수한 형태로 발전된 것들이다. 이 점에서 필자는 협의제를 '원심성 합의제'(*centrifugal consensus model*)라고 규정하고자 한다. 이는 종족, 언어, 종교, 계급 등 사회적 기반 측면에서 이질성과 분열의 정도가 매우 심하여 균열구조가 고착되었다고 볼 수 있는 이질적 분열사회에서 정치엘리트가 상당한 정도의 권력분산을 토대로 타협하고 통합하는 민주체제이다. 정치엘리트 수준에서 통합지향적 행태가 현저하지만 대중 수준에서는 복잡다기하게 심화된 균열구조를 발견할 수 있다. 네덜란드, 벨기에, 스위스, 오스트리아 등이 원심성 합의제 국가들이다.

한국에서의 지역균열구조를 해소하기 위해서 협의제의 기본 원리와 제도적 요소들 가운데 일부를 채택할 수는 있을 것이다. 한국은 역사적으로 공권력의 기능적, 지리적, 정파적 배분에 있어서 어느 일방으로 집중되는 현상이 있었기 때문에 권력공유, 정치적 대표와 자원배분에 있어서의 균형, 하위집단의 자율성을 상당한 정도까지는 구현해야 한다. 이를테면, 권력의 핵심에 해당하는 공직 인사에서 비례성의 원리를 존중하는 지역안배를 고려함이 마땅하다. 이 글에서 후술하는 바와 같이 국회의원 선출에 있어서도 비례대표제 요소를 강화하는 개선이 요구된다.

그러나 필자는 한국의 민주주의를 공고화하기 위한 정치제도 모델로서는 협의제(필자가 말하는 의미에서의 원심성 합의제) 보다는 구심성 합의제가 바람직하다고 파악한다. 구심성 합의제는 원심성 합의제의 경우와 비교해 볼 때 사회적 기반의 이질성과 분열의 정도가 덜 심하다. 구심성 합의제는 다수제에 비하여 훨씬 권력분산이 이루어졌으나 원심성 합의제보다는 덜 그러하다. 스웨덴, 이탈리아, 미국, 독일, 캐나다, 오스트레일리아 등이 구심성 합의제 국가들이다.

협의제를 모델로 하여 이 요소들을 한국정치에 본격적으로 적용해야 한다는 주장은 과잉처방으로 판단된다. 우선적으로 상기할 것은 협의제란 문화적 부문집단간에 타협이 절망적인 이질적 분열사회에서 통합을 추구하는 일련의 정치제도들을 망라하고 있다는 점이다. 따라서 시민사회 내에 종족, 종교, 언어, 지역적 정체성으로 명료하게 구분된 부문집단의 존재를 확인하고 인정한다. 특정 부문집단은 영구적인 소수자 집단으로 낙인찍히는 것과 같다. 집단간 장벽을 허물기보다는 더 강고하게 만든다. 정치엘리트는 자신이 속한 부문의 지지만이 필수적이며 특정 정책영역에서 그 집단의 권익을 관철하는 것이 근본 임무이다. 협의제는 대중 수준에서는 균열구조를 극복할 수 없다고 전제하고 엘리트간 상호작용과 타협에 의존하여 운영된다. 스위스에서와 같이 협의제가 성공하려면(안성호, 2001 참조) 엘리트 내부에 타협하는 전통이 이미 뿌리깊게 정착되어 있어야 한다. 협의제 성공은 주로 유럽의 강소국에서 찾을 수 있는데 그렇다고 이것이 비방의 묘약은 아니다. 북아일랜드, 레바논, 사이프러스, 나이지리아 등에서 협의제 실험은 실패하기도 하였다. 엘리트 사이에도 적대감이 강한 사회에서는 균열구조가 오히려 악화된다. 또한 협의제는 의원내각제나 집단합의제 정부형태를 갖게 되는데 집행권 집중을 원칙으로 하는 대통령제와는 부합하지 않는다(협의제에 대한 일반적인 비판으로서는 Horowitz, 2000).

한국은 비교론의 관점에서 보면 본질적으로 매우 동질적인 사회이다. 호남인이나 영남인은 모두 일차적으로 한국인으로서의 정체성을 갖고 있다. 대연합에 기초한 정치적 지배가 일상화되거나 소수자 집단의 거부권이 언제나 수용되면 정치의 비효율성, 현상유지적 경향 및 교착상태를 가져올 가능성이 크다. 이를테면, 미국의 남부가 노예제 폐지에 거부권을 행사하는 것을 인정받게 되면 그 결과는 어떠할 것인가. 고위공직인사나 예산배분의 일체에 있어서 비례성을 완벽하게 관철하는 것이 능사는 아니다. 능력 있는 인재의 적재적소 배치, 자원의 효율적 배분이 무시될 수가 없다.

한국사회의 균열구조를 완화하거나 해소하는 것은 구태여 협의제가 아니더라도 구심성 합의제를 모델로 삼아 가능하다. 대통령제 정부형태를 운영하는 경우에도 구심성 합의제를 실현할 수 있다. 한국 민주정치의 발전을 위해서는 유럽의 강소국 이전에 다수제 국가에 속하지만 권력분산을 위한 개혁이 추진된 국가(영국, 뉴질랜드), 다수제-합의제 중간형 국가(일본, 프랑스), 더 나아가서는 구심성 합의제 국가(스웨덴, 독일, 미국, 오스트레일리아, 캐나다, 이탈리아)의 정치제도를 살펴보는 것이 우선적이다. 김대중 정부가 등장하기 전에 호남주민 집단을 영구적 소수자로 보는 시각이 없지 않았고 이런 비관적 판단으로 말미암아 협의제를 모델로 상정하였을 수 있다. 그런데 그와 같은 주장은 더 이상 설득력을 갖지 않는다고 여겨진다. 한국사회에서 지역균열을 포함한 사회균열의 관리는 현재의 다수제를 다수제-합의제 중간형으로 우선 개선하고 점차 구심성 합의제에 이르는 경로를 거쳐 실행하는 것이 마땅하다. 입법부와 집행부 관계의 변경, 양원제 채택 등을 통한 분권화 처방은 헌법 개정을 거쳐야 하기 때문에 단기적으로 가능하지 않으나 국회선거구제 개편, 사법권 강화, 지방자치 확대 등은 법률개정 수준에서 실현할 수 있다. 비교적 용이하게 실현 가능한 조치를 우선적으로 마련하고 실행하여 한국민주주의가 구심성 합의제 모델에 조금이라도 더 근접하도록 촉진해야 한다.

2) 지역균열구조

이 글에서 균열(*cleavage*) 개념은 분열(*division*)이나 갈등(*conflict*) 개념과 마찬가지로 사회 구성원들이 서로 반목과 대립의 상호작용 관계를 형성하여 사회통합을 저해하는 문제상황을 가리킨다. 그런데 균열은 어떤 배경요인에 비추어 구성원들이 갈라진 상태를 의미하는 분열을 전제하면서도 이보다는 더욱 심각한 현상이다. 또한 균열은 구성원들간에 목표나 이해가 상충하여 대립을 빚는 갈등에 속하는 현상인데 그 가운데 강도나 심각성의 수준이 대체로 높은 상태를 의미한다. 균열 현상의 특징은 우선 복수로 분열된 집단의 각각에서 구성원들이 정체성(*identity*)을 공유하고 있다는 점이다. 이러한 집단적 정체성은 사회균열의 발생과 지속 조건이 된다. 객관적으로 분열되어 같은 집단에 속하는 개인들이 집단적 정체성이라는 의식적인 조건을 갖고 있지 않다면 그 분열은 균열로 변형되지 않는다. 더 나아가서 균열은 갈등이 상당한 기간 동안 존속되는 것이고 그에 따라 개인들이 조직화되는 것을 또 다른 조건으로 한다. 즉 균열은 갈등의 조직적 표출인 것이다. 정치적 의사를 형성하고 동원하는 정당은 사회균열을 기반으로 하게 마련이다. 구조화된 사회균열, 즉 사회균열구조는 정당체계를 형성하고 유지하는 중요 독립변인이다. 주지하다시피, 립세트와 로칸(Lipset and Rokkan, 1967)은 근대 이후 서유럽 국가들에서 중심-주변, 교회-국가, 농촌-도시와 자본-노동의 네 가지 균열구조가 정당체계에 어떻게 투영되어 왔는가를 심층적으로 분석하였다.

사회균열이라는 문제상황의 완화 또는 해소가 정치의 과제임은 물론이다. 흔히들 분열, 갈등과 균열이 정치의 원료라고까지 말한다. 이런 관점에서 보면 정치는 곧 균열정치(*cleavage politics*)라고 해도 과언이 아니다. 사회균열에 대처하는 방식에서 권위주의 정치와 민주주의 정치의 차이가 나타난다. 권위주의 정치는 사회균열을 은폐하고 억압하기 일쑤이다. 그런 정치에서는 사회균열이 일시적으로 봉합되는 듯이 보이지만 심화되고 마침내는 집단적 폭력을 분출시킬 가능성이 크다. 반면, 민주주의 정치에서는 사회균열과 갈등이 어느 정도 표출될 수 있는 제도적 통로를 마련하되 당사자 집단의 참여와 대표를 통해서 그 이해관계와 정체성의 문제를 정책과정에서 관리하여 첨예화되지 않도록 한다. 따라서 민주주의 정치가 권위주의 정치보다는 용이하게 사회통합에 기여하게 된다. 이를테면, 민주주의 정치에서 제대로 된 선거는 의례적 절차에 그치지 않고 사회균열을 문제로 인식하고 실질적으로 완화하거나 해소하는 효과를 창출함으로써 양질의 정치에 공헌하게 된다. 한국의 선거가 이런 기능을 성공적으로 수행하게 된다면 한국 민주주의 정치의 공고화를 가속시키는 것이다.

오늘의 한국정치가 어떤 종류의 사회균열구조를 가장 시급하게 풀어야 할 것인가에 대하여 상이한 견해가 있을 수 있다. 이 글은 지역균열구조에 직접 연관되는 주제를 다루게 되지만 현재 한국사회에서 구조화되어 존재하는 균열이 지역균열에 그치지 않는다는 것을 충분히 의식하고 있다. 심화되고 있다는 양극화나 경제의 안정적 발전을 가로막는 노사갈등에서 나타나는 계급 또는 계층 균열의 문제도 심상치 않은 것이다. 그런가하면 이념을 달리하고 세대가 다른 개인 내지 집단간 균열 현상도 무시하기 어렵다. 이런 여러 종류의 균열은 어느 정도 서로 중첩되어 있기도 하면서 정치가 동시적으로 대처해야 하는 과제로 대두되고 있다. 필자는 한국사회의 이러한 복합적 균열구조를 인식하는 가운데 지역균열구조의 심각성을 외면해서는 안 된다는 입장에서 이 글에 임하고 있다.

사회균열구조가 생성, 심화된 원인은 다면적이고 그 처방 또한 다각적이어야 한다. 특정 지역의 주민들이 소속 지역과 동일시하는 정서와 의식을 발전시키는 것은 자연스러운 일이다. 하지만 이것이 다른 지역 주민들과의 대립적 관계로 발전하면서 지역균열이 시작된다. 즉 지역균열은 사회 구성원들이 지역을 준거로 하여 내집단과 외집단을 구분하고 내집단에 대해서는 호의적이지만 외집단에 대해서는 왜곡된 편견과 고정관념을 형성하고 배타적을 대하는 태도로부터 출발한다. 출신지가 다르다고 신뢰하지 못하고 동업은 물론 결혼 상대로까지도 배제하는 것이 그것이다(사회심리와 생활문화에 있어서 지역균열 문제에 관해서는 한국심리학회, 1988 ; 한국사회학회, 1990 참조). 이러한 사회심리적,

문화적 요인에 더하여 선거에서 승리하기 위하여 특정 지역을 기반으로 집중적으로 지지를 유도하거나 공직인사에 있어서 출신지에 따른 차별을 하거나 지역적 차별을 가져오는 개발정책을 추진하는 것과 같은 정치권력적 요인이 작용하여 지역균열은 심화된다. 따라서 지역균열을 심도 있게 다루려면 정치, 경제, 사회, 문화 각 영역을 두루 살펴보지 않을 수 없다.

하지만 이 글은 지역균열 전반을 다루는 것이 목적이 아니고 선거와 정당 정치에서 현저하게 표출되는, 다시 말해서 정치화된 지역균열구조에만 초점을 맞춘다. 지역균열구조는 학술적 용어이고 일상적으로는 지역구도라는 말로 통용되기 때문에 이 글에서는 이 두 표현을 상호 교환적으로 쓰고자 한다. 정치에 있어서 지역구도는 선거결과가 후보자나 정당이 각별한 연고가 있는 특정 지역에서 몰표를 받지만 다른 특정 지역에서는 매우 저조한 수준의 득표를 하는 데에서 드러난다. 이는 유권자가 자신의 출신지를 배타적인 준거로 삼아 그 지역과 인연이 깊은 후보자나 정당을 지지하는 지역주의 투표와, 정당 및 후보자가 그와 같은 지역주의 투표를 유도하는 전략을 구사하면서 선거운동을 벌이고 선거 이후에는 연고지역을 볼모 삼아 권력 게임을 펼치는 지역할거의 결과이다. 지역구도가 여러 영역에서 존재하기 때문에 그 진단과 처방이 다면적이어야 함에도 불구하고 정치화된 지역구도에 우선적으로 초점을 맞추는 것은 의미가 있다. 정치 영역 밖의 지역구도는 결국 정치 영역 안으로 들어와 자리 잡게 되기 마련이다. 선거와 정당 정치, 그리고 국정운영은 그것이 어떻게 이루어지는가에 따라 비정치 영역에서의 통합을 촉진하는 '약'의 구실을 하기도 하지만 오히려 비정치 영역에서의 통합을 저해하는 '병'을 줄 수도 있다. 정치가 어떻게 전개되는가하는 것이 다른 영역에서 노출되는 균열을 억제 또는 증폭시키는 독립변인적 효과를 갖고 있는 것이다.

한국의 국민은 단일의 종족과 언어집단으로 구성되어 있고 종교의 다양성에도 불구하고 그로 인하여 정치적으로 분열되어 있지 않다. 그렇기 때문에 출신지에 따른 편견과 배타의식이 발현되는 지역균열이 존재한다고 하여도 극복하기 어려운 숙명적인 것이라고 할 수 없다.

한 국가의 국민이지만 피부색과 언어는 물론 종교도 판이한 이질적 하위문화 집단으로 갈라져 있는 경우와 비교하면 한국의 지역균열구조는 완화 또는 타파하기가 상대적으로 용이하다. 아프리카의 르완다, 앙골라, 에티오피아, 수단을 비롯하여 북아일랜드, 보스니아의 코소보, 러시아의 체첸, 스리랑카의 타밀 등에서는 이질적인 종족이나 종교 집단이 각기 나름의 지역적 정체성을 발전시켜 균열이 초래하고 폭력사태와 내전으로 치달았다. 선진국에서도 스페인의 바스크와 카탈로니아, 캐나다의 퀘벡에서와 같이 일부 지역에서 정치적 분리주의가 강고한 사례가 없지 않다.

종족, 언어, 종교 및 지역 공동체간, 뿐만 아니라 사회경제적 계급간의 알력이 심한 외국과 비교할 때에 한국의 지역균열이 매우 절망적인 수준으로 심화될 것으로 보이지는 않는다. 한국의 지역균열구조는 숙명적인 것이 아니며 지속되더라도 의식적인 노력을 통해서 온건한 수준으로 관리될 수 있을 것으로 생각한다. 그렇지만 민주정치의 공고화를 가속해야 하는 한국에 있어서 정치화된 지역균열구조의 병폐를 외면해서는 안 될 것이다. 시민사회 내부의 지역균열이 선거무대에 표출되는 것은 어느 정도 불가피하나 선거정치가 이를 해소하기보다는 악화시키는 방향으로 작용한다면 심각한 문제가 아닐 수 없다. 실제로, 지역균열구조가 다른 사회균열구조를 압도하면서 정책경쟁이 아니라 비이성적인 대결을 초래하고 있다. 선거에서 표출되는 지역균열은 "지역민간의 감정을 악화시킴으로써 사회통합을 저해하고 정치체제의 민주화에 대한 합의를 분열시켜 민주화의 진행을"(이갑윤, 1998: 16) 가로막는다. 지역균열구조가 선거결과를 크게 좌지우지하는 정치에서는 "지역주의 선거연합을 이용해 권력을 획득, 유지, 확대하려는 정당지도자들의 선택에 따라 기존정당의 분열과 통합이나 신생정당의 등장과 소멸이 나타나게 되고, 정책대안이나 이슈를 제기하지 않아도 지역주민의 지역주의적 정서에 의존하여 정당에 대한 지지를 조달할 수 있으며, 정당지도자들이 출신지역 주민들의 지지를 수단으로 소속의원들에 대해 자의적인 권력을 행사"하게 되기 때문이다(이갑윤, 1998: 15). 요컨대, 선거와 정당 정치에서 노정되는 지역균열은 비이성적 대립을 불러와서 사회분열을 심화하고 사회적 생산성의 저하를 가져온다. 권력경쟁에서 어느 편이 이기든 경쟁 당사자들 모두에게 상처만 남기는 소모적인 감정싸움을 한다. 이런 선거에서 창출된 정치권력의 정당성은 태생적으로 한계를 갖게 되고, 정치지도자는 국민의 지도자로서의 위상을 확보하기가 쉽지 않다.

지역균열구조의 심화는 균형정치의 전개를 어렵게 만든다. 지역주의 투표는 지역주민이 특정 정당을 불균형적으로, 그리고 배타적으로 지지하는 것이다. 그런 지역에서 지역 기반이 약한 정당을 선택한 유권자의 참여는 효력을 잃고 그의 지지는 사표가 되어 선거결과가 민의를 왜곡되게 반영한다. 지역주의와 지역할거가 있는 상황에서 정당간 경쟁이 실종된다. 참여, 대표와 경쟁에 큰 제약이 가해지는 선거는 진정한 의미의 민주적 선거가 아니다. 지역균열구조가 압도적으로 영향을 미치는 선거에서는 현직자의 정책수행 성과에 대한 심판이 제대로 이루어지지 않아 수직적 책무성을 확보하기가 어렵다. 투표선택이 지역기반에 좌우되기 때문에 정책경쟁은 당초부터 의미를 갖지 못한다. 정당이 선거에서 정책으로 승부를 건다고 기대하는 것이 어리석은 노릇이다. 특정 지역에 연고가 강한 정당의 공천을 받는 것으로 이미 당선이 확실시된다. 특정 지도자와 강하게 동일시되는 인기있는 지도자가 이끄는 정당에서는 그에 대한 비판과 도전이 어려워 정당 내부에서는 민주주의가 구현될 수 없다. 특정 지역에 강한 지지기반을 갖고 있는 정당은 그 지역을 넘어서 지지를 확대할 유인이 적고 그렇게 하기에 난관이 많다. 지역주민의 배타적 지지를 업은 정당이 다른 정당을 상대하여 타협적이 될 유인도 약하다. 수평적으로도 정치적 책무성이 실현되는 것이 무망하다. 결국, 정치에서의 지역균열구조가 제대로 해소되지 않으면 민주주의는 위기에 봉착한다(최영진, 2002 ; 노무현 대통령의 2005년 7월 28일자 "당원들에게 보내는 편지" 참조).

3. 유권자의 지역주의 투표와 정당의 지역할거

유권자의 지역주의 투표와 정당의 지역할거는 이미 민주화 시기 이전에 배태되기 시작했다. 1963년의 5대 대선에서 박정희, 윤보선 후보에 대한 집중적인 지지가 남북으로 갈리는 현상이 나타났다. 1967년의 6대 대선에서 영남 유권자들은 6대에서와 같이 박정희 후보에 많은 지지를 보냈지만 많은 수의 호남 유권자들은 5대 대선과 달리 박정희 후보로부터 윤보선 후보로 지지를 선회하였다. 박정희 정부의 개발정책은 영남에 집중적인 혜택을 제공하여 호남 지역과의 격차를 가져왔던 것이다. 6대 대선에서는 이와 같이 영호남간에 지지 패턴의 차이가 있기는 했지만 동서분할이라고 부를 만큼 완연하지는 않았다. 1971년의 7대 대선에 와서 영남 출신 박정희 후보와 호남 출신 김대중 후보의 대결이 이루어지면서 영호남 균열의 징후가 확연해졌다. 하지만 민주화 이전의 선거에서 지역구도는 대선에 국한되었다. 당시에는 지역균열보다 산업화 대 민주화와 같은 쟁점이 더욱 부각되어 여촌야도와 같은 지지패턴을 표출하였다. 그리고 지역할거 정당체계가 확립되지도 않았다.

지역균열과 관련하여 1980년 5월의 광주항쟁의 영향을 간과할 수 없다. 그 이후 호남 유권자들의 한(恨)과 심리적 박탈감이 심화되었던 것이다. 민주적 개방이 시작되면서 선거에서 국민통합을 심각하게 우려할 만한 지역구도가 확대 재생산되게 되었다. 민주화 이후에는 국가선거인 대선과 총선은 물론 지방자치단체의 장과 의원을 선출하는 지방선거에서도 지역구도가 언제나 드러났다. 1960년대에 등장하기 시작한 영남 유권자의 지역주의 투표성향은 더욱 강해졌고, 1980년 5월의 상처를 간직한 호남 유권자들은 김대중과 그의 정당에 대한 무조건적인 지지를 보였다. 민주화 쟁점이 약화되면서 지역구도를 위축시킬 만한 다른 쟁점이 대두되지 않았다. 지역구도는 영호남 대결을 근간으로 하여 심화되었지만 충청권 주민도 자기 지역에 연고를 두는 정당의 출현과 더불어 지역주의 투표성향을 보였다.

정치체제의 민주적 이행 이후 선거결과에서는 유권자가 자신의 출신지와 연고가 깊은 특정 후보자나 그가 주도하거나 또는 소속한 정당에 편중하여 지지하거나 극도로 배격하는 현상이 지속적으로 나타났다. 전두환 정부시기 말 민주항쟁 이후 최초로 치러진 13대 대선에서 지역구도는 매우 극적으로 표출되었다. 영남, 그 가운데 대구·경북 출신이 주도하는 신군부는 집권과정에서 광주 시민의 민주화 운동을 잔혹하게 진압하여 호남 주민들의 집단적 피해의식을 내면화시켰다. 호남인에게 13대 대선은 신군부 잔재세력에 대한 심판의 계기로 인식되지 않을 수 없었다. 13대 대선 직전에 주요 정당들은 이미 4당할거 체제를 형성하고 있었다. 신군부 세력의 경북출신 노태우 후보가 민주정의당(민정당)을 이끌었고, 민주화 투쟁을 선도하던 경남출신 김영삼 후보와 호남출신 김대중 후보는 야당후보 단일화를 이루지 못하고 제각기 통일민주당과 평화민주당(평민당)의 지도자로 갈라섰다. 한편 1961년 군부개입을 주도하고 박정희 대통령 시기의 지도적 인물이었던 김종필 후보가 공화당을 복원하여 대통령 선거에 나섰다. 이런 경쟁구도에서 각 정당의 선거운동은 노골적으로 지역주의 투표를 유인하는 전략에 바탕을 두고 있었다. 이 선거에서 노태우 후보는 대구에서 약 71%, 경북에서 66%를 얻어 대구·경북 지역을 석권하였다. 김영삼 후보는 부산에서 56%, 경남에서 51%를 얻어 지역적 기반을 과시하였다. 김대중 후보는 광주에서 94%, 전북에서 84%, 그리고 전남에서 90%를 득표하여 가장 집중적인 지역주의 투표의 수혜자가 되었다. 마지막으로, 김종필 후보는 충남에서 45%의 가장 높은 득표율을 기록하였다.

13대 대선이 약 4개월 경과되고 나서 1988년 4월 13대 국회를 구성하기 위한 총선이 실시되었다. 여기서 각 정당의 시도별 득표율은 대체로 13대 대선의 결과와 유사한 패턴을 보였다. 물론, 각 정당이 얻은 의석수를 볼 때에, 지역할거 정당체계의 양상이 더욱 선명하게 된다. 민정당은 대구에서 모든 의석을 석권하고 경북에 할당된 의석수의 81%를 차지하였다. 평민당은 호남지역의 38개 의석 가운데 37석을 얻었다. 민주당은 부산의 모든 의석을 휩쓸었고, 공화당은 충남의 지역구 의석 가운데 94%를 획득하였던 것이다.

13대 국회가 구성된 이후 2000년 4월 16대 총선까지의 선거와 정당정치는 김영삼, 김대중, 김종필 3김의 향배에 따라 구도의 양상은 변화했지만 근본적으로 지역균열 정치(*politics of regional cleavage*)였다. 1990년 초 민정·민주·공화 3당이 민주자유당(민자당)으로 통합하고 평민당은 신민주연합, 그 다음에는 민주당으로 변모하여 권력경쟁이 종전의 4당할거 구도에서 호남 대 비호남 구도로 바꾸어졌다. 1992년 3월의 14대 총선과 12월의 14대 대선에서 정주영의 통일국민당(국민당)이 제3당으로 등장하였으나 호남 대 비호남의 2분구도는 여전했다. 14대 대선 이후에 국민당이 와해되어 이러한 구도는 좀더 선명해졌다. 그 후 1995년 3월에 와서 김종필이 민자당을 이탈하여 자유민주연합(자민련)을 창당하고 8월에는 14대 대선 패배로 정계를 은퇴했던 김대중이 복귀하면서 민주당에서 새정치국민회의(국민회의)가 갈라나왔으며, 12월에 민자당은 신한국당으로 개명하였다. 1996년 1월에 민주당은 시민운동세력과 더불어 통합민주당을 탄생시켰다. 1996년 4월의 15대 총선에서 신한국당은 영남, 국민회의는 호남, 자민련은 충청지역을 기반으로 그 위세를 당당히 유지했으나 지역기반이 없는 통합민주당은 교섭단체를 구성하지 못할 정도로 왜소화되었다. 1997년 12월의 15대 대선에서 신한국당은 이회창이 후보자로 지명된 이후 한나라당으로 개명했는데, 당내 경선에 패배한 이인제가 탈당해 국민신당을 결성하고 독자 출마하여 분열되었다. 반면 야권에서 자민련의 김종필은 국민회의의 김대중과 연합하여 정당간 권력교체를 가져오는 데에 크게 기여하였다. 지역구도는 호남과 충청 대 영남의 동서분할 양상을 나타냈다. 2000년 4월의 16대 총선에서 자민련을 지지하는 충청 유권자의 지역주의 투표성향은 약화되었지만 호남과 영남유권자의 지역주의 투표는 여전히 뚜렷했다. 특히 한나라당은 영남에서 65석 중 64석을 휩쓸 정도로 득표할 수 있었다. 종전에 권력으로부터 소외되던 호남 출신의 김대중 대통령이 탄생하면서 호남의 한이 극복되고 지역균열은 완화될 것으로 기대되었지만 현실은 그와 반대였다(손호철, 1999: 289~290).

16대 대선과 17대 총선에서도 호남 및 충청 대 영남의 동서분할 구도가 사라지지 않았다. 16대 대선에서도 한나라당은 영남지역을 기반으로 하는 정당으로 각인되어 있었다. 한나라당의 이회창 후보는 이미 15대 대선에서 자신의 출신지가 아닌 영남에서 강력한 지지를 받았다. 민주당의 노무현 후보는 출신지가 영남이었지만 소속 정당으로 말미암아 영남 유권자들로부터 많은 지지를 얻기가 어렵고 호남에서는 집중적인 지지를 확보할 것이 이미 선거 전에 예상되었다. 노 후보는 당내 경선 과정에서 그 내부의 기반이 취약한 영남 출신이었기에 오히려 민주당의 대선 승리에 유리하다고 보는 호남의 민주당 지지자들로부터 뒷받침을 받았다. 충청 유권자들은 그 지역 출신인 이 후보보다는 노 후보에게 표를 더 주었다. 15대 대선에서 충청 유권자들은 김종필과 연합한 김대중 후보를 더욱 지지했는데, 16대 대선에서는 행정수도를 충청지역으로 이전하겠다는 공약이 가져올 개발이익에 대한 기대로 인하여 노 후보를 강력히 지지했다.

물론, 16대 대선에서 지역구도가 약화될 조짐을 조심스럽게 점쳐 볼 수 있었다. 13, 14, 15대 대선에서는 유권자들에게 강한 지역적 정체성을 불러일으키는 3김 중 적어도 1인이 후보자로 출마했다. 그런데 16대 대선에서 이회창, 노무현 후보는 모두 자신이 출신지역은 물론 다른 특정 지역과의 연고가 강한 인물은 아니었기에 유권자의 지역주의 투표는 종전에 비하여 지역정체성보다는 이해관계를 둘러싼 전략적인 계산을 반영하는 성격이 두드러졌다. 영남과 호남 유권자들이 각각 좋아하지 않는 정당의 집권을 막기 위해 자기지역 출신이 아닌 후보자라도 지지했다는 점이 주목된다(김용호, 2002 ; 강원택, 2003a ; 손호철, 2003). 또한 16대 대선 결과에 반영된 세대균열이 지역균열을 착종하면서 약화시킬 가능성이 엿보였다. 20대와 30대 연령층에서 노무현 지지율은 이회창 지지율을 압도하였고 50대 이상에서는 이회창 지지율이 노무현 지지율보다 높았다. 40대는 초반과 후반이 서로 반대 방향으로 상쇄하여 두 후보에 대한 지지율이 엇비슷하였다. 두 후보의 개인적 특성이 대조적이었다는 점이 세대균열의 명료한 표출을 가능하게 한 중요 조건이었다. 즉 두 후보자간에는 연령, 변화지향성, 미국과 북한에 대한 태도, 이념성향, 가치관 및 이미지 등에 있어서 현저한 차이가 존재했다(박찬욱, 2003 ; 강원택, 2003b ; 온만금, 2004).

2004년 4월의 17대 총선에서 열린우리당(우리당)은 대구와 경북에서, 그리고 한나라당은 광주와 전북과 전남에서 1석도 얻지 못했다. 지역균열구조의 엄존이 확인되었다. 그 가운데 우리당이 부산과 경남에서 소수지만 의석을 얻었다. 충청 유권자들은 자민련을 외면하고 우리당을 전폭 지지했다. 이것은 탄핵을 받은 노 대통령의 복귀와 행정수도 이전을 기대하는 이해타산과 관련이 깊다고 보여진다. 호남에서 노 대통령에 대한 탄핵을 강하게 반대하는 유권자는 민주당 대신에 우리당을 지지했다. 아울러 세대균열의 영향력도 확인되었다. 이런 점에서 지역구도의 완화 가능성을 조심스럽게 전망하는 분석가들이 있다(이를테면 박명호, 2004 ; 윤종빈, 2004). 그렇지만 그러한 분석가들조차 16대 대선에서나 17대 총선에서 새로운 변화는 매우 제한적 범위에 국한되었고 지역균열구조의 와해를 말해주는 유권자 정렬의 해체(*dealignment*)나 재편(*realignment*)이 선명하게 일어나지 않았다는 주장(이준한·임경훈, 2005 ; 강명세, 2005)에 대체로는 수긍한다. 영남 대 호남의 균열구조는 이것의 완화나 해소를 위한 의식적 노력이 경주되지 않을 경우 앞으로도 상당한 기간에 걸쳐 선거에서 유권자의 선택행위와 정당의 지지동원에 결정적인 영향력을 미칠 것으로 보인다.

선거과정에서 심각하게 드러나는 지역균열구조의 생성과 심화 원인에 대한 논의가 분분하다. 많은 분석가들은 복합적인 원인을 제시하는 것이 보통인데 가장 중요한 원인을 무엇으로 보는가에 따라 몇 가지 설명으로 나눌 수 있을 것이다.

첫째, 정치경제론적 설명으로서 불균형 발전과 차별적 인사정책 등으로 누적된 지역간 불평등구조에서 정치화된 지역균열구조의 원인을 찾는다. 산업화 과정에서 영남 지역은 장기적으로 혜택을 받고 호남은 그러한 혜택에서 배제되어 왔다. 따라서 영남과 호남의 갈등과 균열은 경제적 격차에서 비롯되는 것이며 지배블록과 이로부터 소외된 집단간의 알력이기도 하다(이를테면 손호철, 1990). 정치적으로 표현되는 지역균열을 이렇게 이해하게 되면 김대중 대통령 집권 이전의 호남 지역주의는 소외집단이 당연히 또는 정당하게 가질 수 있는 것으로 규정되는 반면에 영남의 지역주의는 수혜집단이 가질 수 있는 작위적인 허위의식으로 파악되기도 하였다(최장집, 1991). 황태연(1996)은 영남의 지역주의를 패권적 지역주의, 호남의 지역주의는 저항적 지역주의로 부르기도 하였다. 여하튼 이 경우에 지역균열구조는 사회경제적인 영역에서의 실질적인 민주화를 통해서 해소될 수 있다.

둘째, 심리문화적 설명으로서 지역균열구조는 특정지역의 주민들이 오랜 시간에 걸쳐 내면화한 집단적 정체성의 발로라고 본다. 지역정체성은 "특정 지역집단 구성원들이 해당 집단의 구성원이라는 이유로 정치적 배제와 박탈을 경험하면서 자신들의 지역집단을 일종의 운명공동체로 간주할 때 형성"된다(최영진, 1999: 136). 이것이 선거에서 유권자의 이념적·실천적 준거로 작용하여 지역주의 투표가 이루어진다는 것이다. 이러한 정체성은 자연스럽게 이루어진 것이지만 다른 지역 주민에 대한 지속적인 배제와 차별로 연결될 경우에 병폐를 낳게 된다. 이것은 친구, 이성, 동업자 등의 사회적 관계에서 시작되어 선거에서는 지역주의 투표로 이어진다(이남영, 1998).

셋째, 정치 제도와 과정의 관점에서 지역균열구조에 대한 다양한 설명이 주어진다. 이러한 설명을 다시 여러 갈래로 나누어 정리할 수 있다. 우선, 합리적 선택이론은 미시적 수준에서 유권자의 지역주의 투표는 그가 이해관계를 능동적으로 인식하고 자신의 이익실현 목적에 부합하는 선택행위를 하는 것으로 본다(김재한, 1998 ; 조기숙, 2000). 이러한 행위론은 유권자의 선호를 주어진 것으로 간주하는데 정치경제적 구조의 관점에서 지역균열을 파악하는 것과 꼭 상반되는 것은 아니다. 왜냐하면 합리적 선택이론가는 그런 구조가 개인의 선호를 형성하는 데 영향을 준 것을 부인하지는 않기 때문이다. 다만, 이 행위론은 유권자를 구조적 조건에 의하여 규정되는 피조물로서만 이해하지 않는다. 유권자들은 자기지역 출신의 지도자나 여기에 기반을 둔 정당이 집권하거나 강력할 때 자신의 지역과 나아가서는 자신이 재화의 분배와 인사 정책에 있어서 이득을 극대화할 것이라고 기대하여 지역주의 투표를 한다는 것이다.

그 다음, 유권자 행위에 관한 설명과 상호보완적으로, 또는 적어도 상호배제적이지 않은 방식으로 정당과 후보자에 초점을 맞추는 설명이 있다. "객관적 차별이 존재한다고 해서 자동적으로" 지역주의 투표로 연결되는 것이 아니라 "객관적 조건과 (유권자의) 투표를 매개하는" 정당과 후보자에 대한 지지의 "동원이 필수적으로 존재해야" 유권자의 지역주의 투표가 이루어진다는 것이다(조기숙, 2000: 122). 선거에서 정당과 후보자는 상황에 따라 또한 능동적으로 강도를 달리하여 지지 동원 전략을 구사할 수 있다. 정책이나 다른 쟁점의 득표력이 약화될수록 지역주의에 호소하는 전략이 활용된다(김재한, 1998: 109~125). 그리고 정치적 생존이 위협을 받을 정도로 긴박한 선거상황일수록 지역기반에 호소하는 지지동원 전략이 긴요해진다.

또한 한국 정당정치 과정에 있어서 정당의 성격, 정책쟁점의 영향력 부재 등에 비추어 지역주의와 지역할거를 설명하기도 한다. 이를테면, 한국정당이 대표하는 이념적 스펙트럼은 협애하며 굳건한 사회적 기반을 결여하고 있기 때문에 선거에서 유권자가 선택할 만한 대안을 제시하지 못하고 있다는 것이다(박상훈, 2001). 이런 상황은 분단에서 비롯되었고, 민주화 이후에는 종래의 민주화 대 산업화의 쟁점구도가 약화되고 지역균열구조가 부상되었다. 아울러 인물중심의 정당정치는 반독재 운동에서 긴밀한 협력을 해오던 김영삼, 김대중 양김이 민주화와 더불어 분열한 것에서 여지없이 드러나는데 이것이 지역균열구조를 심화시켰다(노병만, 1998: 75)는 것이다.

선거제도론의 입장에서는 소선거구가 압도적인 비중을 갖는 국회의원 선출제도로 말미암아 유권자의 지역주의 투표와 정당의 지역할거가 증폭 또는 조장되는 점에 주목한다. 득표율과 의석률의 불비례성 수준이 매우 높은 선거구제는 특정 정당이 각별한 연고를 갖는 권역에서 의석을 거의 배타적으로 획득하도록 도움을 주기 때문이다. 지역기반이 강한 정당일수록 소선거구 단순다수제에 대한 애착이 강하다. 득표가 의석으로 전환될 때에 특정지역에서 거의 배타적으로 의석을 석권할 수 있기 때문이다. 또한 다수제는 비례제에 비하여 그 제도 자체가 정책경쟁보다는 인물경쟁을 유도하는 점도 있다(이를테면, 김재한, 2001: 178~193 ; 박찬욱, 2000b).

지역균열구조의 생성과 심화를 가져오는 원인이 이와 같이 복합적이기 때문에 지역균열 해소를 위해서는 다각적인 처방과 대책이 필요하다. 그리고 그 가운데 중요도가 어떻게 부여되는가에 따라서 처방의 우선순위도 달리 정해질 것이다. 지역균열구조의 해체를 위한 전략에서 경제사회적 조건이 강조되면 지역간 균형발전, 계층간 불평등을 시정하는 경제적 민주화, 공직인사의 형평성 등에 초점을 두게 된다. 심리문화 차원에서는 지역적 편견을 불식하는 교육과 사회화, 생활문화에서 지역차별 의식과 관행의 철폐, 시민사회가 주도하는 지역간 교류 등을 촉구할 수 있다. 정치 제도와 과정의 측면에 눈을 돌리면 정당이 유권자에게 선택 대안을 제시할 수 있도록 그 환경적, 내부적 조건을 변화시켜야 하고, 정당이 정책쟁점을 개발하여 유권자에게 지지를 호소하도록 촉구해야 하며, 선거제도가 지역균열을 악화시키지 않도록 개선해야 할 것이다. 이 글은 앞서 밝힌 바와 같이 다양한 처방을 다루는 것이 목적이 아니라 국회의원 선거구제가 지역균열구조의 완화에 현시적인 중요한 영향을 준다는 관점에서 선거구제 개편의 의의를 부여하고 그 개편안을 상세히 논의하는 것이다.

4. 국회의원선거구제 개편의 방향

1) 현행 국회의원선거구제

선거제도의 정치적 효과에 관한 연구는 많이 축적되어 있다. 듀베르제(Duverger, 1954)는 의석배분 및 당선결정 방식이 정해지면 인위적 조작이 없이도 이에 따라 선거의 최종결과가 일정 방향으로 정해지는 기계적 효과가 있음을 지적했다. 아울러 그는 정당, 후보자와 투표자가 선거제도의 기계적 효과와 이에 대한 다른 행위자의 반응을 일정 방향으로 기대하게 되는 심리적 효과도 언급하였다. 듀베르제 이후 수많은 연구가들이 선거제도의 이러한 효과에 대한 논의를 발전시켜 왔다(예를 들어, Cox, 1997 ; Farrell, 2001 ; Lijphart, 1994 ; Rae 1967 ;

Taagepera and Shugart, 1989 ; Renolds et al., 2000 ; 한국의 경우 대표적 연구를 예시하면 심지연·김민전, 2002 ; 정준표·정영재, 2005 등).

사회균열구조의 존재양태와 함께 선거제도의 선택이 정당간 세력관계, 즉 정당체계를 형성한다. 어떤 선거제도는 대표의 공정성을 최대한 확보하여 소정당에게도 정치적으로 대표할 수 있는 기회를 열고 그 권익을 보호하며 집권당에 대한 견제를 매우 용이하게 한다. 한편 다른 어떤 선거제도는 정당체계를 단순화하고 가장 큰 정당의 의석을 극대화시켜 입법을 포함한 국정의 효율성이나 집권당의 수직적 책무성을 제고하는 데에 기여할 수 있다. 그런데 대표의 공정성 확보 및 소수자 권익의 보호라는 일방의 목표와 다른 한편에 있는 정책수행의 책무성 및 효율성 제고라는 목표는 어느 하나만을 극대화하려는 경우 다른 하나의 실현이 어려워지는 상쇄적 교환관계(*trade-off*)를 갖고 있음을 균형정치의 관점에서 파악해야 한다.

선거제도는 사회 갈등과 균열을 관리하는 데에도 영향을 준다. 우선, 선거제도의 공정성에 대한 인식이 갈등과 균열 현상을 축소하는 데에 필수적이다. 그리고 소수자 집단의 정치적 대표를 의미 있는 정도로 활성화하는 것이 갈등과 균열의 관리에 기여함은 물론이다. 특정 지역에서 지지기반이 약한 정당의 득표가 사표화할 가능성을 줄이고 그 정당의 정치적 대표를 제고시키는 것이 지역균열구조의 완화에 순기능적인 역할을 하는 것이다. 또한 정당이 그 협애한 핵심 지지기반에 얽매이지 않고 폭넓게 지지를 호소하려는 유인을 제공하는 선거제도가 갈등과 균열의 완화에 도움이 될 것이다. 즉, 특정 지역의 관심사에만 초점을 맞추지 않고 이를 넘어서 전국적으로 가치, 이념, 정책을 추구하는 정당이 정치적으로 용이하게 진출하도록 만드는 제도가 지역균열구조의 해소에 공헌하게 된다. 따라서 사회균열을 완화하는 선거제도를 구상하려는 경우 그 균열집단의 수준에 머물지 않고 전체적인 또는 전국적인 수준에서 제도의 효과를 파악하는 균형적 관점도 요구된다.

이 글에서는 국회의원 선거제도를 설계함에 있어서 선거구당 선출정수를 얼마로 하며 어떤 의석배분방식을 적용할 것인가를 주로 다루기 때문에 선거제도 가운데에서도 선거구제 측면이 집중적으로 다루어진다. 17대 국회의 의원정수는 299인인데, 그 가운데 243인은 선출정수 1인의 소선거구에서 단순다수제가 적용되어, 나머지 56인은 전국구 정당명부 비례제에 의하여 선출되었다. 유권자 1인은 소선거구 단순다수제 선거에서 후보자 1인에게 기표하는 후보자투표와 전국구 비례제 선거에서 정당명부를 선택하는 정당투표를 각각 1표씩 행사한다. 이 두 가지 선거는 서로 유기적 관련 없이 결합되어 의석배분이 이루어진다. 이러한 제도는 2표혼합제인데 더 좁혀 말하면 그 중에서도 2표병립(竝立)제(*mixed-member majoritarian system*; *parallel system*)이다. 일본이 1994년에 중의원선거제도개혁의 일환으로 이 제도를 도입하였다.

17대 총선에서 2표병립제는 유권자가 소선거구 선거(권역과의 혼동을 피하기 위해 지역구 선거 대신 소선거구 선거라고 명시)에서 지지한 후보자의 정당과 다른 정당을 비례제 선거에서 선택하는 분할투표의 가능성을 열어 놓았다. 실제로, 소선거구 선거에서 2석을 얻은 민주노동당(민노당)이 8석의 비례의석을 더 획득할 수 있었던 것은 이 제도에 힘입은 바가 적지 않았다(박찬욱, 2005). 하지만, 17대 총선에서 2표병립제가 제3당 이하 정당의 대표성을 크게 제고시켰다든가 더 나아가서는 지역균열구조가 선거결과에 미치는 영향을 상당히 완화시켰다고 판단하기는 어렵다. 한국의 2표병립제에서는 의원정수의 18.7%만이 비례제에 의하여 충원된다. 2표병립제가 적용되는 러시아하원 선거의 경우 의원정수 450석의 50%에 해당하는 225석이, 일본중의원 선거에서는 의원정수 480석 중 37.5%인 180석이 비례의석이다. 한국의 2표병립제에서는 소선거구 다수제 의석의 비중이 상대적으로 과다한 편이며, 이로 인하여 비례제보다 다수제의 효과가 훨씬 강하게 나타나게 된다.

소선거구 단순다수제가 정당이 얻은 득표율과 의석률의 비례성에 비추어 대정당 편향의 왜곡이 가장 심하다는 점은 잘 알려져 있다. 이 제도하에서는 특정 지역에서 집중적이고 강한 지지기반을 갖는 정당이 의석을 석권하고 지역적 맹주의 역할을 할 가능성이 확대된다. 소선거구 단순다수제는 민주적 이행 이후 선거에서 선명히 드러나는 유권자의 지역주의 투표와 정당의 지역할거를 조장하였음을 부인하기 어렵다. 지역구도와 다수제가 서로 상승작용을 하여 선거결과를 낳았기 때문에 다수제의 단점은 강하게 드러난 반면 그 장점은 제대로 보여주지 못한 점이 있다. 즉 소선거구 단순다수제는 정당체계를 단순화하여 양당제를 유도하는 경향이 있지만 13대 총선 이후 단지 한 차례 17대 총선에서만 우리당이 의석과반수를 약간 상회하고 원내정당체계가 양당제에 근접한 결과가 나타났다. 지역적 기반이 강한 제3, 4당이 존재하는 경우 어느 정당도 과반수 의석을 차지하지 못하게 되고 원내정당체계가 다당화하게 되는 것이다. 지역구도를 완화하려면 특정 지역에서 지지가 약하여 소수자 위치에 있는 정당도 의석을 확보할 수 있도록 득표율과 의석률의 비례성을 제고해야 되기 때문에 비례제를 강화하는 것이 순리이다.

그런데, 필자는 소선거구 단순다수제의 폐기와 비례제를 전면적으로 도입하자는 주장을 결코 하지 않는다. 대표의 공정성을 강화하는 동시에 정치적 책무성과 정책수행의 효율성을 유도해야 한다는 균형정치의 관점에서 소선거구제의 장점을 무시할 수 없기 때문이다. 선거법 위반에 대한 재판과 재·보선을 치르면서 17대 국회에서 우리당이 결국에는 의석과반수를 상실하게 되었지만 17대 총선에서는 국회의 대통령에 대한 탄핵이 압도적인 쟁점으로 대두되고 소선거구제의 효과가 작용하여 그러한 선거결과를 얻을 수 있었다. 2005년 9월 11일의 일본 중의원 선거에서 고이즈미 총리의 자민당이 480석 중 296석(61.7%, 소선거구 216석과 비례선거구 77석)을 얻어 단독으로 안정과반수를 확보한 것도 우정 민영화와 같은 개혁쟁점과 더불어 소선거구제의 효과로 인한 것이다.[2] 이 글의 뒷부분에서 책임정치와 국정운영의 효율성을 고려하는 균형정치의 관점에서 선거구제 개편안을 본격 분석한다.

현행 국회의원선거구제의 골격 자체는 제대로 짜여 있다고 본다. 그

2) 자민당은 소선거구 단순다수제 선거에서 전국적으로 47.8%의 득표율을, 민주당은 36.4%의 득표율을 기록하였다. 비례선거의 경우에 자민당은 38.2%, 민주당은 31.0%를 득표했다(《아사히신문》 2005.9.13: 1, 5).

러기에 이에 대한 개편안은 현행 제도의 기본 성격을 유지하는 방향으로 강구할 때에 국민의 공감을 얻을 수 있고 정당간 합의도 용이하다고 본다. 사실, 13대 총선 이래 16대 총선까지는 비례제가 실질화되지 못하고 소선거구 단순다수제라고 간주해도 무방한 1표병립제가 운용되었다. 이것이 2표병립제로 되기까지에는 시민사회의 지속적인 개혁운동이 있었다. 2003년 2월 17일로 거슬러 올라가면, 국회의원 60여명과 당시 국회에 진출하지 못한 민노당과 개혁국민정당의 주요 당직자 17명, 주요 시민사회단체 대표자 70여명, 학계와 법조계 인사 30여 명이 추진위원으로 참여하는 정치개혁추진 범국민협의회가 발족되었다. 이 기구가 입법청원을 위해 같은 해 4월과 6월 2차에 걸쳐 합의사항을 도출한 바에는 비례의석의 비중이 확대된 2표병립제를 추진한다는 것이 포함되었다. 한편 2003년 11월 국회의 정치개혁 특별위원회 산하에 자문기구로서 정당, 학계, 시민사회단체 등의 인사 11인으로 구성되는 범국민 정치개혁협의회가 설치되었다. 이 기구가 같은 해 12월 8일 발표한 개혁안에는 의원정수를 299인(당시에는 273인)으로 확대하고 이 가운데 199인은 소선거구 단순다수제로, 나머지 100인은 전국구 정당명부 비례제에 의해 선출하는 방안이 포함되었다. 또한 유권자는 소선거구선거와 비례선거에서 각각 1표씩 행사하게 되었다. 하지만 국회에서는 정당간 합의를 이루지 못하다가 17대 총선을 한 달 앞둔 2004년 3월 12일에 가서야 현행 제도를 포함한 공직자선거법의 개정안을 통과시켰다.

2표혼합제에는 (2표)병립제와 (2표)혼합비례제(*mixed-member proportional system*)가 있다. 후자는 우선 각 정당의 의석수가 비례선거의 정당투표 득표율에 의거하여 할당되고, 정당별로 전국 또는 하위선거구 단위에서 다수제 선거에서 얻은 의석수를 제하고 남은 수만큼의 비례의석이 배정된다. 즉 다수제와 비례제가 유기적으로 결합되어 있는 제도로서 독일식 2표제 또는 2표병용(倂用)제라고도 지칭되는데 1990년대에 와서는 뉴질랜드, 이탈리아 등의 국가에서 채택되었다. 2표혼합제를 집중적으로 연구한 슈가트와 워텐버그(Shugart and Wattenberg, 2001)에 의하면 정당체계를 단순화하면서도 소정당의 대표성을 제고하는 이 제도가 21세기의 선거제도로서 긍정적으로 평가된다. 요컨대, 한국의 현행 국회의원 선거구제의 기본 틀은 시대적 흐름에 부합한다.

2) 선거구제 개편안 평가

이제 선거구제 개선안을 모색하기로 한다. 여기서 검토되는 안은 우리당 부속 열린정책연구원에서 지역구도 완화라는 목표에 초점을 두고 모의실험(*simulation*)을 거쳐 당 지도부에 제출한 방안이다. 필자는 우리당과 공식적 관계를 유지하고 있지 않으며 이 글에서 정파적 이해관계를 관철하려는 의도가 전혀 없다. 다만, 후술되는 네 가지 개편안이 모두 2표혼합제의 틀 안에서 마련된 것이며 그 가운데 세 가지는 필자가 종전부터 일관되게 국회의원선거구제 개선방향으로 생각해오던 바와 부합하기에 논의의 가치가 충분하다고 판단하였다.[3)]

위의 개편안 가운데 제 1안은 '도농복합 선거구제'로 알려져 있는데 정확히 표현하면 '중소선거구 권역별 비례병립제'정도가 될 것이다. 제 2안은 '권역별 일률배분 비례제'라고 일컬어졌는데 '소선거구 권역별 일률배분 비례병립제'라고 할 것이다. 제 3안은 '권역별 제한비례제'라고 불리었는데 '소선거구 권역별 비례병립제' 또는 '일본식 병립제'라고 할 것이다. 마지막으로, 제 4안은 '독일식 권역별 비례제'라고 했는데 '소선거구 권역별 합비례제' 또는 '독일식 혼합비례제'라고도 할 수 있을 것이다.

최종적 평가에 대해 먼저 언급하자면, 제 1안에 대해서는 개선안으로 볼 수 없다는 부정적 판정을 내린다. 나머지 3개안은 모두 균형정치의 관점에서 현행 제도에 비하여 긍정적으로 진전된 개선안이라고 평가된다. 그런데 필자는 제 4안보다는 제 2안이나 제 3안을 좀더 선호한다. 제 2안과 제 3안을 놓고 볼 때에 선호도 차이는 별로 크지 않지만 구태여 상대적으로 최선을 선택하자면 제 2안을 지지한다(권역별 일

3) 필자는 선거제도 개편안 자료를 제공해준 열린정책연구원 정치행정연구실 관계자에게 감사드린다.

률배분 비례제≥일본식 병립제>독일식 혼합비례제>현행선거구제>도농 복합선거구제).

제 1안 도농복합 선거구제란 6대 광역시와 일부 도시는 중선거구, 기타 농촌은 소선거구 단순다수제를 실시하고 여기에 권역별 비례제를 결합하는 내용이다. 중선거구는 선출정수를 통상 3~5인으로 하고 유권자가 후보자 1인을 선택하는 단기비이양투표제(*single nontransferable vote system*)가 적용된다. 중선거구 단기비이양투표제는 다수제와 비례제의 이분법에서는 다수제에 속하지만 소선거구 단순다수제보다는 비례성 수준이 높아 준비례제로 따로 구분하는 학자도 있다. 일본중의원은 1994년 이전에 이 제도에 의하여 선출되었는데 이것의 정치적 효과에 대해서는 수많은 연구가 이루어졌다. 한국 국회의 경우도 유신 및 신군부지배 체제하에서 선출정수 2인의 중선거구 단기비이양투표제가 실시된 바 있다. 그런데 민주화 이후 지역균열구조의 완화를 위한 선거구제 개편에 대한 논의에서 특히 집권당의 지도부가 이 제도를 선호하여 제안하는 경우가 적지 않았다. 김대중 정부시기인 1999년 5월 중순경 국민회의와 자민련의 공동여당 수뇌가 3인 선출 중선거구 단기비이양투표와 권역별 정당명부 비례제를 병립시키는 안을 추진한 적이 있는데(《중앙일보》, 1999. 5. 20) 여권 내의 이견과 한나라당의 반대로 동년 12월에 가서 공식적으로 철회되었다(《조선일보》, 1999. 12. 11 ; 박찬욱, 2000b). 노무현 대통령은 2002년 새천년민주당(민주당)의 대선 후보시절부터 국회의원 선거구제 개편안의 하나로서 중선거구 도입을 고려했던 것으로 알려져 있다. 아주 최근에 우리당의 정치개혁 특별위원회가 중선거구를 포함한 도농복합 선거구제를 제 1순위로 추진한다는 신문기사도 있었다(《문화일보》, 2005. 9. 14). 과연 우리당이 세계에서 유례가 없는 형태의 이 제도를 추진할 것인가는 아직 확실하지 않다. 이 제도가 집권당의 지지기반을 전국적으로 확대하는 효과를 창출할 가능성은 어느 정도 있으나 야당 입장에서는 야권을 분열시키는 시도로 받아들일 공산이 크다.

부분적이나마 중선거구제 도입이 국회의원선거구제를 개선하는 것으로 보기 어렵다. 이것이 지역구도 완화를 가져오는 어느 정도의 효과를 감안하더라도 균형정치의 관점에서 긍정적으로 평가하기 어려운 것이다. 우선, 왜 도농을 구분하여 선출정수가 다른 선거구를 설치해야 하는지 설득력 있는 명분이 없다. 도농간 표의 등가성 확보를 거론하는 경우가 있는데 이를 위해 소선거구보다 중선거구가 효과적이라는 근거가 분명하지 않다. 중선거구 단기비이양투표제는 정략적 선거구 획정의 우려가 소선거구 단순다수제의 경우보다 결코 못하지 않다. 중선거구제에서는 선출정수부터 몇 인으로 할 것인가를 놓고 정략적인 할당(*magnitude gerrymander*)이 이루어진다. 광역도시인 경우 지지기반이 강한 정당은 선출정수를 가능한 한 줄여 선거구를 세분하려하고 그렇지 못한 정당일수록 선출정수를 가능한대로 늘이려고 할 것이다. 영남과 호남의 광역도시에서 지역구도가 다소 희석되더라도 기타 시와 군 지역에서는 지역주의가 확연히 표출되는 이중현상이 나타날 수 있다. 17대 총선 당시 영남의 부산, 대구, 울산 등 소선거구에서 우리당 후보자는 낙선한 경우에도 20~30%의 득표율을 보이기도 하였다. 이 정도의 득표력이라면 4~5인 중선거구에서 당선이 거의 보장된다. 한편, 호남의 광주에서 한나라당은 고작 5%의 득표도 쉽지 않았다. 이 경우에 한나라당 후보자의 당선 가능성은 아주 낮다. 우리당에서 광역도시 중선거구제를 주창하는 것이 정파적 이해에 직결되는 점이 분명하다. 일방적으로 손해라고 생각할 수 있는 안을 한나라당이 수용하기가 쉽지 않을 것이다.

물론 소선거구 일색보다는 중선거구를 일부 설치하게 되면 한나라당도 호남에서 중선거구에서 당선자를 낼 가능성이 있게 된다. 하지만 이것은 어부지리의 요행일 것이다. 중선거구 단기비이양투표제에서 득표력이 약한 정당은 후보자를 내는 것이 무리수인가의 여부를 가늠하지만 지지기반이 강한 정당은 복수공천을 하게 되는데 입후보자수를 몇 인으로 할 것인지, 그리고 적정 수의 복수공천을 한 경우에도 자당의 복수 후보자간 득표율을 어떻게 가능한대로 균등화할 것인지가 선거대책의 중요 과제로 대두된다. 지지기반이 강한 정당이 후보자를 적게 내어 당선자수를 줄이거나 후보자를 많이 내어 당선될 만한 후보자까지도 낙선하는 결과가 초래될 수 있다. 이런 정당의 선거전략이 비

효과적일수록 지지기반이 약한 정당이 상대적으로 유리해진다. 예를 들어 광주의 4인 선거구에 우리당과 민주당이 각각 2인, 한나라당이 1인을 공천하고 우리당 공천심사에서 탈락한 1인이 무소속으로 입후보하였다고 가상하자. 선거결과, 우리당 후보자는 37%와 13%, 민주당 후보자는 35%와 5%, 한나라당 후보자는 6%, 그리고 무소속 후보자는 4%를 득표하였다. 이 경우 어느 누구나 20% 〔100%/(4인+1)〕 이상을 득표하면 당선이 보장되는데 우리당과 민주당 후보자 중 각 1인이 이에 해당된다. 우리당의 다른 후보자 1인은 3위 당선되고 한나라당 후보자가 6%의 득표율로써 4위 당선된다. 이것은 이 선거구에서 강한 지지기반을 갖는 우리당이나 민주당의 후보자들 상호간에 득표율의 과도한 불균형을 가져온 전략실패에서 기인한다고 할 수 있다. 중선거구의 이러한 속성으로 인하여(Cox, 1997: 240~242 ; Lijphart et al., 1986: 157 ; Lee, 1985), 소선거구에서보다는 비례성을 다소 제고하게 되고 지지가 상대적으로 약한 정당이나 무소속 후보자도 입지를 마련할 수 있다. 중선거구제의 적용 범위가 크게 될수록 정당체계의 다당화 가능성이 확대됨도 물론이다. 중선거구제와 권역별 비례제를 병행하여 실시하면 더욱 그럴 가능성은 커진다. 그런데 일본의 경험에 비추어 보면 집권당인 자민당이 정보나 재원 면에서 유리하기 때문에 비교적 효과적인 선거전략을 운영해왔으며 득표율보다는 의석률이 다소 높은 이득을 지속적으로 누려왔다. 대정당이나 소정당이 묵시적으로 누이좋고 매부좋은 식으로 중선거구제에 안주해왔던 것이 사실이다(Lijphart et al., 1986: 166). 이 제도에서 지지기반이 강한 정당이 역시 상대적으로 더 혜택을 얻는다고 해서 특정 지역에서 한 정당의 입후보자수를 제한하는 발상은 자유경쟁선거의 원리에 위배된다.

과거 일본이나 현재 아일랜드, 대만의 중선거구제는 정책정당을 육성하기에 적합한 선거제도가 아니다. 대정당일수록 복수공천을 해야 하기 때문에 공천과정에서부터 파벌간 조정이 필요하고 이 과정에서 주고받는 거래관계가 이루어진다. 복수의 후보자를 내는 정당은 정책보다는 인물 경쟁으로 가게 된다. 후보자가 정당보다는 사적 후원조직에 의존하여 선거운동을 전개하게 된다. 그리고 복수 후보자를 공천한 정당에서는 지지표가 분산되어야 하기 때문에 지명도가 낮은 후보자는 지역사업 등 비정책적 공약, 개별적 서비스나 물질적 유인을 통해 지지를 호소하게 된다. 파벌정치, 고객정치, 금권정치가 맞물리게 되는 것이다(중선거구제의 폐해에 관해서는 이경주, 2000 ; 강원택, 2005: 58~64 등 참조).

제2안, 제3안, 제4안은 필자가 열린정책연구원의 모의실험 결과를 약간의 수정만 거쳐 수용한 바를 토대로 검토하기로 한다. 17대 총선결과를 가지고 이루어진 실험적 탐구의 결과에 대해서 적절한 이해가 필요하다. 이것은 선거경쟁의 주체나 선거쟁점을 비롯한 선거상황이 동일하다고 상정하고 다른 제도를 외삽하여 그 결과를 제시한다. 그 결과는 제도의 기계적 효과가 어떤 방향으로 나타나고 각 정당이 어떻게 상대적으로 유불리함을 개괄적으로 시사해준다. 이것은 설령 개편안대로 제도가 바뀌더라도 차기 선거의 결과가 그렇게 산출될 것임을 말해주고 있지는 않다. 어떤 안이건 그대로 채택될지라도 선거상황이 변할 것임은 물론 제도 자체가 정당, 후보자, 유권자에게 주는 유인과 제약이 종전의 제도와 다를 것이기 때문에 이런 행위자의 전략이나 행태 또한 달라진다. 따라서 실험의 결과는 조심스럽게 해석되어야 한다.

제2, 3, 4안은 모두 공통된 제도적 요소를 갖고 있고 이 점은 모의실험의 기본가정으로 전제된다. 첫째, 국회의 의원정수 또는 기본의원정수(독일식 혼합비례제의 경우)는 현재보다 1인 많은 300인으로 정하고, 이는 소선거구 단순다수제로 선출하는 200인과 비례의석 100석으로 구성한다. 소선거구 의석수는 현재보다 줄고, 비례의석은 늘게 되며 그 비는 현재의 4.34 : 1에서 2 : 1이 된다. 2005년 9월에는 우리당이 소선거구를 현 수준인 243개로 유지하고 비례의석을 56석에서 97석으로 늘려 의원정수를 340인으로 확대할 것이라는 보도가 있었다(《문화일보》 2005.9.12). 필자는 원칙상 이런 확대안이 큰 무리는 아니라고 생각하고 있지만 지금으로서는 현 수준을 유지하는 것이 국민 여론에 부합한다고 할 것이다. KBS가 17대 국회의 첫 일년이 경과한 후 실시한 여론조사에 의하면 국민은 국회의 직무수행에 대하여 100점을 만점으로 할 때에 51점을 부여하였고, 응답자의 83.3%가 17대 국회는 16대 국회와 비슷하거나 오히려 못하다는 평가를 내렸다. 이런 분위기에서 의원정수의 증원은 일단 미루어야 마땅하다. 3개의 개편안은 모두 소선거구제를 일부 포함하고 있는데 소선거구제로 지역구도 완화가 어렵다는 것은 분명하기 때문에 비례제를 강화해야 한다. 그리고 지역구도 완화를 위해서는 특정 지역에서 지지기반이 약한 정당도 의석을 확보하는 것이 가시화되어야 하기 때문에 권역별 정당명부를 작성하여 비례의석을 배분하는 방안을 제시한다. 이것은 당 내부에서 권력의 분산에 기여할 수 있다. 비례의석의 수가 최소한 100석은 되어야 권역별 명부작성이 의미를 갖게 될 것이다.

둘째, 비례선거를 위한 권역은 수도권(서울, 인천, 경기), 강원·충청, 호남·제주, 영남의 4개 권역으로 한다. 권역의 수가 작을수록 각 권역에 할당되는 비례의석의 수가 많아지고 특정 권역에서 지지가 약한 정당도 의석을 확보할 수 있다. 강원과 제주 지역을 독자 권역으로 하면 할당되는 의석수가 각각 너무 적게 된다. 권역이 가능한 한 넓어야 여기서 선출되는 의원이 협애한 대표관념을 탈피할 수 있을 것이다. 지리적 위치나 주민의 과거 투표성향에 비추어 제주는 호남권, 강원은 충청권에 포함시키는 것이 무리가 없다고 본다.

셋째, 비례선거에서 의석을 할당받는 정당은 전국 유효투표총수의 5% 이상을 얻어야 한다는 봉쇄조항을 마련한다. 이는 소선거구 5석 또는 비례선거의 전국득표율 3%를 요건으로 하는 현행 봉쇄조항보다 오히려 강화된 것이다. 이 봉쇄조항은 특정 지역에서 집중적으로 표를 얻지만 전국적으로는 지지가 미미하여 지역당 성격이 아주 농후한 소정당의 출현을 억제할 목적을 갖는다. 그리고 또한 비례제 강화로 인하여 군소정당이 난립할 가능성을 차단하기 위함이기도 하다. 이 봉쇄조항을 적용하면 17대 총선의 경우 우리당, 한나라당, 민노당, 민주당 4개 정당이 의석할당정당으로서의 요건을 충족시킨다.

넷째, 개편안을 적용하는 모의실험에서 소선거구의석 200석의 권역별 분포는 17대 국회와 동일한 비율로 적용한다. 봉쇄조항을 충족시키지 못하거나 당초부터 비례의석배분에 해당되지 않는 자민련 4석(강원·충청 4석), 국민통합 21 1석(영남 1석) 및 무소속 2석(영남 1석, 호남 1석)을 포함한 7석은 고정된 것으로 간주하고 나머지 193석(1.0)을 수도권 89석(0.46), 강원·충청 23석(0.12), 호남·제주 27석(0.14), 영남 54석(0.28)으로 할당한다. 각 권역에서 정당별 소선거구 의석수 또한 17대 국회의 소선거구의석 비율에 준한다. 그런데 차기 선거에서 소선거구의 지역적 분포는 인구수에 비례하여 할당되도록 해야한다.

다섯째, 비례선거에서는 구속식(폐쇄형) 정당명부제를 활용하고 의석배분방식은 현행대로 헤어 기준수에 의거한 최대잔여방식(*largest remainder-Hare*)으로 한다. 이는 각 의석할당정당의 득표율에 비례의석 정수(=100)를 곱하여 산출된 수에 있어서 정수(整數)의 의석을 당해 정당에 먼저 배분하고 잔여의석은 소수점 이하의 수가 큰 순서대로 각 정당에 1석씩 배분(2004. 3. 12. 개정 공직선거법 189조 3항)하는 방식이다.

여섯째, 필자는 열린정책연구원의 개편안과 달리 중복입후보를 허용하지 않으며 석패율제 또한 도입하지 않는 것이 좋다고 본다. 중복입후보제는 독일, 일본, 뉴질랜드 등에서 채택되고 있다. 이는 정당의 지도부 또는 중진의원이 소선거구에서 낙선하는 경우에도 '부활당선'의 길을 열어 놓아 지도자 충원이나 국회의원의 전문성 제고에 기여하는 측면이 있을 것이다. 여야를 막론하고 현역의원들은 대체로 이를 찬성할 것이지만 기성정치인의 안주를 유도하는 편법 내지 구제조치가 될 수 있다. 신참의원의 충원을 어렵게 할 소지가 크다. 일본의 경우 후보자의 경력이나 지명도 등에 비추어 순위를 정하기 어려워 동일 순위에 복수후보를 기재하도록 하고 석패율(해당 낙선자 득표수/당선자 득표수)을 적용하여 소선거구 낙선자를 당선시키는데 중복입후보를 금지하게 되면 이 제도는 고려할 의미가 없다.

제 2안인 '권역별 일률배분 비례제'는 비례선거에서 명부는 권역별로 작성하지만 의석은 전국득표율에 따라 일률적으로 배분하는 제도이다. 구태여 모의실험을 거치지 않아도 이 제도가 지역구도를 완화하는 가시적 효과를 창출시킨다는 점을 쉽게 이해할 수는 있을 것이다. 한나라당은 호남·제주권에서의 정당투표 득표율이 턱없이 낮아도 전국

득표율이 열린우리당 다음으로 높아 비례의석을 확보하게 된다. 영남권에서는 물론 우리당이 한나라당보다 다소 많은 수의 비례의석을 얻는다. 이러한 의석배분방식은 비교론적 관점에서 특유하기 때문에 이 제도가 채택된다면 '한국식(2표)병립제'라고 칭해도 무방할 것이다.

이와 같은 의석배분방식을 둘러싼 논란이 생기고 위헌의 소지가 있다는 주장도 제기될 것이 예상된다. 비례선거에서 어느 한 권역만을 한정하고 볼 때에 정당별로 획득하는 의석수의 분포가 주민이 행사한 정당투표의 분포와 그 양태가 부합하지 않기 때문에 유권자 의사의 왜곡이 심하다는 의견이 제기될 것이다. 어떤 권역의 비례선거 결과가 당해 주민의 투표가 아닌 다른 권역의 주민의 투표에 의하여 영향을 받기 때문에 직접선거 원리에 위배된다는 주장도 있을 법하다.

권역별 일률배분방식이 비상한 것임은 틀림이 없으나 필자가 판단하기에 유권자 의사를 터무니없이 왜곡하거나 헌법에 위배되지 않는다. 이 제도에서 명부는 권역별로 작성되고 그 명부에 기재된 후보자의 당선여부가 결정되기는 하지만 그 이전에 엄연히 전국 수준에서 모든 유효투표가 집계되고 정당별 득표수의 분포가 의석배분에 그대로 반영된다. 다시 강조하자면, 전국 수준에서는 각 정당이 비례선거의 득표율에 의거하여 정해진 방식에 따라 왜곡 없이 의석을 할당받는다. 이 배분방식은 특정 지역에서 편중된 지지를 얻어 의석을 획득하는 지역당을 사실상 '차별'하게 되는데 이것은 더 차원 높은 대표의 공정성 제고, 지역구도 완화, 정책정당의 발전을 위하여 정당하고도 바람직한 것이다. 비례선거에서 구속식 명부를 놓고 선택하는 정당투표는 원리상 그 명부에 기재된 후보자의 인물됨 이전에 정당의 이념과 정책을 우선적인 근거로 하여 행사된다고 보아야 한다. 정당이 지역적 범위보다는 전국적 범위에서 적용되는 이념과 정책을 실현해야 한다는 규범적 입장에서는 비례의석을 전국득표율에 따라 배분하는 방식이 마땅한 것이다. 전국적으로 지지를 호소하여 고루 득표하는 정당에게 유리하게 작용하여 정당의 전국정당화를 촉진할 수 있다.

만약 각 권역의 비례의석을 비례선거에서의 전국득표율에 의하여 일률적으로 배분하는 것이 위헌이라고 한다면 독일식(2표) 혼합비례제는 명백하게 위헌이 아닐 수 없다. 독일 총선의 실제 사례를 들어보자. 2002년 9월 22일 실시된 15대 독일연방하원선거에서 작센-안할트주의 비례의석은 기민당 6석, 녹색당 1석, 사민당 0석, 자민당 0석, 민사당 0석으로 배분되었다. 그런데 그 주에서 집계한 정당투표 득표율은 사민당 43.2%, 기민당 29.0%, 녹색당 3.4%, 자민당 7.6%, 민사당 14.4%, 기타 정파 2.4%였다.[4] 이 주 수준에서만 보면 이러한 의석배분은 유권자의 의사를 심각할 정도로 왜곡했다고 할지 모른다. 이 선거에서 사민당은 정당투표 전국득표율과 사민당내 주별 득표수에 따라 그 주에서 소선거구 의석과 비례의석(정당명부의석)을 포함하여 8석을 할당받도록 되어 있었다. 그런데 사민당은 이미 이 주의 10개 소선거구 모두를 석권했기 때문에 주별 정당명부의 비례의석은 더 이상 확보할 수 없었고 초과의석 2석을 발생시키게 되었다. 독일제도는 정당투표의 전국득표율을 토대로 정당별 의석수를 할당하기 때문에 주 수준에 한정하면 유권자 의사의 왜곡이 심한 것처럼 나타나는 것이다. 이탈리아 하원선거의 혼합비례제에서도 총 630석 가운데 155석은 비례의석이고 이는 26개 지역별로 작성된 정당명부에 의하여 배분되는데 지역별이 아니라 전국적으로 다소 복잡한 방식으로 집계된 득표수에 의거한다. 이런 의석배분은 유권자의 의사를 왜곡하는 것이 아니라 반대로 그것을 보다 더 합리적으로 반영할 목적으로 고안되었다.

제3안은 일본식병립제로서 기본 틀로 보아 제2안과 크게 다르지 않다. 여기서 지역구도 완화와 관련하여 주목되는 규정은 한 정당이 특정 권역에서 최대로 얻을 수 있는 비례의석수는 당해 권역의 비례선거 선출정수의 3분의 2 이내로 상한을 정하는 것이다. 한 정당이 이 상한선을 초과하는 경우 그 잔여의석은 득표율에 비례하여 여타정당에 배분된다. 어느 권역에서 특정 정당이 비례선거에서 3분의 2 남짓한 득표율을 기록하는 것은 매우 드문 일이 될 것인데 이 경우 그 정당의 지역적 패권을 약화시키기 위해 이러한 조항이 긴요하다.

---

4) Margitta von Schwartzenberg, "Endgueltiges Ergebnis der Wahl zum 15. Deutschen Bundestage am 22. September 2002", Statistisches Bundesamt · Wirtschaft und Statistik 10/2002, 823~837; http://www.bundeswahlleiter.de.

제 4안은 독일식혼합비례제로서 제 2, 3안과 같이 2표혼합제에 속하지만 순수비례제에 못지 않은 수준으로 득표율과 의석률의 비례성을 확보한다. 이 제도는 당초부터 독일에 의하여 만들어진 것이다. 독일은 2차 대전 이후의 시기에 연방의회선거제도를 꾸준히 합리화해왔다. 1949년에 1표병립제를 채택하였고, 1953년에는 이를 2표병립제로 발전시켰으며, 1956년 선거법 개정을 통해 전국 수준에서 정당별 의석수가 정당투표 득표율과 비례하는 현행 (2표) 혼합비례제의 기본골격을 마련하여 1957년 선거부터 이 제도를 시행하였다. 2002년과 2005년 연방하원 선거에서 기본의원정수는 598인이었다. 독일 제도를 도입하는 경우 일반유권자의 입장에서 가장 의아하게 여기게 될 점은 초과의석이 발생하여 의원정수가 증원될 수 있으며 그 정도는 매 선거마다 달라진다는 점이다. 어느 정당(주로 대정당)이 어떤 주에서 정당투표의 전국득표율에 따라 배분될 의석수를 상회하는 수의 소선거구 당선자를 이미 확보하였을 경우에 발생한다. 할당받을 의석수를 초과했다하더라도 소선거구에서 당선의석을 모두 보유하기 때문에 초과의석(*Überhangmandate*, *overhang seats*)이 생길 수밖에 없다. 초과의석은 2002년 선거에서 5석, 2005년 9월 18일의 선거에서는 16석이 발생하였다.[5] 역시 (2표) 혼합비례제에 의해 선출되는 뉴질랜드 의회의 경우는, 의원정수는 120인으로 그리 많지 않으며 비례선거에서 전국명부를 작성하기 때문에 초과의석이 별로 발생하지 않는다. 하지만 2005년 9월 17일 총선에서는 마오리(Maori) 당이 1석의 초과의석 혜택을 입었다.[6]

---

5) 2002년 9월 22일 15대 독일연방하원 총선의 예를 들면 기본의원정수는 598석이지만 실제 의원정수는 603석이 되었다. 4석은 사민당이 당선자를 낸 함부르크 주의 1개 소선거구, 작센-안할트 주의 2개 소선거구 및 튜링겐 주의 1개 소선거구에서 발생하였다. 한편 기민당의 경우도 작센 주의 1개 소선거구에서 초과의석이 발생되었다. 2005년 9월 18일이 총선은 후보자 1인의 사망으로 연기되어 10월 1일에 실시된 작센의 주도 드레스덴 소선거구 선거로 종료되었는데 사민당은 함부르크 주의 1개 소선거구, 브란덴부르크 주의 3개 소선거구, 작센-안할트 주의 4개 소선거구와 자르란트 주의 1개 소선거구를 포함하여 9개 초과의석을 얻었고 기민당은 작센 주의 4개 소선거구와 바덴-뷔르템베르크 주의 3개 소선거구에서 7개 초과의석을 보유하게 되었다. Margitta von Schwartzenberg, "Endgueltiges Ergebnis der Wahl zum 15. Deutschen Bundestage am 22. September 2002", Statistisches Bundesamt · Wirtschaft und Statistik 10/2002, 823~837 ; http://www.bundeswahlleiter.de/bundestagswahl2005/ergebnisse/bundesergebnisse/b_tabelle_99.html ; http://www.zdf.de/ZDFde/inhalt/2/0,1872,2302210_1110000_TB,00.html.

〈표 4-1〉 모의실험결과: 정당별 의석수

(괄호 안 단위 : %)

선거구제		현 행 (17대 총선)	한국식?	일본식	독일식
전 국	계	299 (100)	300(+1) (100)	300(+1) (100)	311(+12) (100)
	소선거구	243	200	200	200
	비 례	56	100	100	100
	초과의석	0	0	0	11
열린 우리당	계	152 (50.8)	145(-7) (48.3)	146(-6) (48.7)	126* (-26) (40.5)
	소선거구	.129	105	105	105*
	비 례	23	40	41	21
	이득비	1.33	1.26	1.27	1.06
한나라 당	계	121 (40.5)	119(-2) (39.7)	120(-1) (40.0)	115** (-6) (37.0)
	소선거구	100	82	82	82**
	비 례	21	37	38	33
	이득비	1.13	1.11	1.12	1.03
민주 노동당	계	10 (3.3)	17(+7) (5.7)	16(+6) (5.3)	41(+31) (13.2)
	소선거구	2	2	2	2
	비 례	8	15	14	39
	이득비	0.26	0.44	0.41	1.01
민주당	계	9 (3.0)	12(+3) (4.0)	11(+2) (3.7)	22(+13) (7.1)
	소선거구	4	4	4	4
	비 례	5	8	7	18
	이득비	0.42	0.56	0.52	1.0

주: 자민련 4석, 국민통합21 1석, 무소속 1석을 포함한 소선거구 7석은 고정된 것으로 간주 ; 한국식?=권역별 일률배분 비례제, 일본식=일본식(2표)병립제, 독일식=독일식(2표)혼합비례제 ; 의석수 계의 우측 괄호 안 숫자는 17대 총선과 대비한 증감분 ; 이득비=의석률/득표율 ; *초과의석 7석 발생; **초과의석 4석 발생.

자료: 열린정책연구원의 자료(2005.9) 15-7 ; 일부는 필자가 재구성.

6) http://www.electionresults.org.nz/partystatus.html.

〈표 4-1〉은 제2, 3, 4안을 17대 총선결과에 그대로 적용하여 산출되는 정당별 의석수를 보여주고 있다. 제2안과 제3안의 모의실험 결과는 열린정책연구원의 자료를 그대로 활용하였고 제4안의 경우는 필자가 약간 수정하여 제시하였다. 제4안, 즉 독일식(2표) 혼합비례제의 경우 기본의원정수를 293인으로 할 때에 정당별 기본의석수는 우리당 119석, 한나라당 111석, 민노당 41석, 민주당 22석이 된다. 그런데 이 제도는 초과의석을 11석 발생시킨다. 그것은 열린우리당이 수도권에서 소선거구선거와 비례선거를 통틀어 58석이 할당받아야 하나 이미 62개 소선거구에서 당선되었기에 초과의석이 4석 발생하였다. 또한 우리당은 강원·충청권에서 1석, 호남·제주권에서 2석의 초과의석을 얻게 된다. 결국, 우리당 의석수는 126석이 된다. 한편, 한나라당은 영남권에서 45석을 할당받게 되어 있었는데 이미 49개 소선거구에서 당선자를 내어 초과의석 4석을 발생시키게 되어 결국 의석수는 소선거구와 비례의석을 포함하여 115석이 된다.

전국수준에서 의석률을 득표율로 나눈 이득비(利得比, *advantage ratio*)가 각 정당별로 어떻게 변화하는지 살펴보자. 이득비는 1에 가까울수록 선거구제가 당해 정당에 미치는 효과가 중립적이다. 1보다 작은 이득비는 그 정당이 선거구제에 의해 손해를, 그리고 1보다 큰 이득비는 이익을 보는 정도를 반영하고 있다. 대표의 공정성이라는 목표에 비추어 세 가지 안이 모두 현행 제도보다는 개선된 것임을 알 수 있다. 특히 독일식이 대표의 공정성을 현저하게 제고하며 권역별 일률배분 비례제(표에서는 한국식?)와 일본식은 이 점에 비추어 우열을 가리기 어렵다. 17대 총선에서 우리당의 이득비는 1.33으로 다른 어느 정당의 경우보다 가장 크다. 현행 제도가 우리당의 의석과반수 확보에 기여했음을 시사한다. 한나라당의 이득비는 1.13으로 이 정당도 어느 정도는 제도의 혜택을 누렸다. 대정당일수록 유리한 선거구제였던 것이다. 반면, 소정당인 민노당과 민주당은 각각 얻은 득표율에 훨씬 못 미치는 의석률을 확보하였다. 특히 제3당인 민노당의 이득비는 0.26에 그쳐 민주당의 0.42에도 미달한다. 그러나 독일식을 채택했을 경우 우리당, 한나라당, 민노당, 민주당의 이득비가 각각 1.06, 1.03, 1.01, 1.0으

〈표 4-2〉 모의실험 결과: 정당별 의석수(호남 · 제주)

(괄호 안 단위 : %)

선거구제		현 행 (17대 총선)	한국식?	일본식	독일식
권 역	계	34* (100%)	40* (+6) (100%)	40* (+6) (100%)	39** (+5) (100%)
	소선거구	34*	28*	28*	28**
	비 례	0	12	12	11
열린우리당	계	28 (82.4%)	28 (+0) (70.0%)	30 (+2) (75.0%)	23 (-5) (59.0%)
	소선거구	28	23	23	23
	비 례	0	5	7	0
한나라당	계	0 (0%)	4 (+4) (10.0%)	1 (+1) (2.5%)	2 (+2) (5.1%)
	소선거구	0	0	0	0
	비 례	0	4	1	2
민주노동당	계	0 (0%)	2 (+2) (5.0%)	1 (+1) (2.5%)	4 (+4) (10.3%)
	소선거구	0	0	0	0
	비 례	0	2	1	4
민주당	계	5 (14.7%)	5 (+0) (12.5%)	7 (+2) (17.5%)	9 (+4) (23.1%)
	소선거구	5	4	4	4
	비 례	0	1	3	5

주: 한국식?=권역별 일률배분 비례제, 일본식=일본식(2표) 병립제, 독일식=독일식(2표) 혼합비례제 ; 의석수 계의 우측 괄호안 숫자는 17대 총선과 대비한 증감분 ; *무소속 1석 포함 ; **무소속 1석과 초과의석 2석 포함.

자료: 열린정책연구원의 자료(2005. 9) 15-7 ; 일부는 필자가 재구성.

로 모두 1로 수렴한다. 한국식?이나 일본식에서 대정당의 이득비는 줄어들지만 대체로 유지되고 소정당의 이득비는 상당히 커진다. 의석률을 정당별로 비교해보자. 어느 안을 채택하더라도 우리당의 의석과반수 확보는 용이하지 않으며 특히 독일식의 경우 우리당이 17대 총선에서와 같이 경이적 약진을 하더라도 의석의 과반수를 얻기는 특히 어렵다고 보아야 할 것이다. 한나라당도 세 가지 개편안 모두 의석률이 줄게 되는데 우리당만큼 많이 축소되지 않는다. 민노당과 민주당의 경우 세 가지 제도가 모두 의석률을 증가시키는데, 독일식을 채택했더라면 민노당의 의석률이 17대 총선에서 얻은 3.3%에서 13.2%로 높아지고 독자적인 교섭단체 구성에도 문제가 없었을 것이란 점이 주목된다. 이렇게 볼 때, 민노당이 독일식 채택을 강력히 주장하고 민주당도 동조할 이유가 충분한 반면 대정당인 우리당과 한나라당이 이를 적극적으로 수용할지는 상당히 불투명할 것이다. 이 3개 개편안 가운데 어느 것을 적용할 경우에나 우리당의 손해가 상대적으로 클 것으로 예상되기 때문에, 우리당이 어느 정도의 손해를 감수하고 제도의 합리적 개선이라는 대의명분을 우선적으로 실현하고자 한국식?이나 일본식을 추진할 경우 다른 정당이 완강하게 반대할 근거는 없다고 판단된다.

지역구도 완화를 위해서는 어느 개편안이 가장 주효할 것인가? 이 물음에 답하기 위해서는 호남·제주권에서 우리당이나 민주당이 아닌 정당이 그리고 영남권에서 한나라당이 아닌 정당이 새로운 제도를 채택하게 되면 얼마나 의석률을 증가시킬 수 있는지를 먼저 살펴보아야 한다. 한나라당은 17대 총선 시 호남·제주 내에서 소선거구의석을 하나도 얻지 못하였는데(의석률 0%), 〈표 4-2〉에 따르면 한국식? 하에서는 10%(권역 선출정수 40석 중 4석)로 큰 폭의 상승을 보였고, 독일식에 의해서는 5.1%, 일본식으로는 2.5%가 된다. 민노당 역시 17대 총선의 0% 의석률이 독일식에서 10.3%, 한국식?에서는 5.0%가 된다. 한국식?과 독일식이 가시적인 지역구도 완화의 효과가 있음을 암시한다. 그 정도에는 못 미치지만 일본식 역시 지역균열구조를 어느 정도는 약화시킬 가능성이 엿보였다. 한편, 이 권역에서 우리당의 17대 총선 의석률 82.4%가 독일식에 의하면 59.0%로 직하하고 일본식

〈표 4-3〉 모의실험 결과: 정당별 의석수(영남)

(괄호 안 단위 : %)

선거구제		현 행 (17대 총선)	한국식?	일본식	독일식
권 역	계	68* (100)	83* (+15) (100)	83* (+15) (100)	88** (+20) (100)
	소선거구	68*	56*	56*	56**
	비 례	0	27	27	32
열린우리당	계	4 (5.9)	14 (+10) (16.9)	11 (+7) (13.3)	24 (+20) (27.3)
	소선거구	4	3	3	3
	비 례	0	11	8	21
한나라당	계	60 (88.2)	59 (-1) (71.1)	64 (+4) (77.1)	49 (-11) (55.7)
	소선거구	60	49	49	49
	비 례	0	10	15	0
민주노동당	계	2 (2.9)	6 (+4) (7.2)	6 (+4) (7.2)	12 (+10) (13.6)
	소선거구	2	2	2	2
	비 례	0	4	4	10
민주당	계	0 (0)	2 (+2) (2.4)	0 (+0) (0)	1 (+1) (1.1)
	소선거구	0	0	0	0
	비 례	0	2	0	1

주: 한국식?=권역별 일률배분 비례제, 일본식=일본식(2표) 병립제, 독일식=독일식(2표) 혼합비례제 ; 의석수 계의 우측 괄호안 숫자는 17대 총선과 대비한 증감분 ; *무소속 1석, 국민통합21 1석 포함 ; **무소속 1석, 국민통합21 1석과 초과의석 4석 포함.

자료: 열린정책연구원의 자료(2005.9) 15-7 ; 일부는 필자가 재구성.

과 한국식?에서는 각각 75.0%와 70.0%로 적지 않게 줄게 된다. 권역 내 제2당이며 이 지역에 기반이 강한 민주당은 17대 총선에서 14.7%의 의석률을 확보하였는데 독일식에서는 오히려 23.1%로 적지 않게, 또한 일본식으로는 17.5%로 얼마간 증가한다. 이 권역에서 의석률의 현저한 저하를 막으려는 우리당이 이해관계에 제약을 받는다면 우리당은 독일식을 적극적으로 선택하지 않을 것이다. 〈표 4-3〉의 영남권 실험결과를 보면 17대 총선 시 우리당의 권역 내 의석률 5.9%가 독일식에서 27.3%로 가파르게 상승하고, 한국식?에 의해서도 16.9%로 괄목할 만한 증가를 보여주며, 일본식에 의해서도 13.3%로 상당히 확대된다. 민노당 입장에서는 영남에서도 독일식 채택이 가장 많은 의석률 증가(2.9%에서 13.6%)를 가져오게 하며 한국식?이나 일본식 모두 의석을 종전보다는 더 많이(2.9%에서 7.2%) 확보하는 데에 도움이 된다. 민주당은 일본식을 적용할 때에 영남권에서 비례의석조차 얻기 힘들지만 한국식?이나 독일식의 경우에는 의석을 얻어 교두보를 확보할 가능성이 있다. 한편, 영남권 패권정당인 한나라당은 독일식 아래에서 의석률을 많이 낮추게 되며(88.2%에서 55.7%), 일본식이나 한국식?의 경우에 저하되는 폭은 상대적으로 적다(88.2%에서 각각 77.1%와 71.1%). 이런 점에 비추어, '영남당'이라고 할 정도로 이 지역에 기반을 두고 있는 한나라당이 독일식을 수용할 용의는 거의 없을 것으로 보인다. 종합하면, 지역구도 완화를 위해서는 세 가지 개편안이 모두 현행 제도보다는 개선된 것인데, 독일식과 한국식?이 일본식보다 훨씬 더 가시적인 효과를 창출할 것이다. 그런데 정파적인 손익에 비추어 민노당이나 민주당은 독일식을 더 선호할 것이지만 대정당인 우리당이나 한나라당이 독일식을 선뜻 채택할 가능성은 크다고 할 수 없다.[6)]

제2, 3, 4안은 모두 현행 제도보다는 득표율과 의석률의 비례성을

6) 참고로, 신명순·김재호·정상화(1999)는 14대와 15대 총선결과를 토대로 모의실험을 실시하였는데, 이 연구 역시 비례의석의 비중이 높은 제도일수록 상대적으로 규모가 작은 정당들의 의석률을 증가시키며, 독일식이 일본식보다 지역주의 선거행태를 완화하는 효과가 크다는 결론을 내렸다.

강화한다. 비례성 수준이 높은 선거구제일수록 소정당의 사표를 줄이고 대정당의 상대적 이점을 축소하기 때문에 대표의 공정성을 제고한다. 이번에는 개편안과 현행 제도의 비례성을 총체적으로 평가하기로 하자. 〈표 4-4〉는 득표율과 의석률의 불비례성을 측정하는 네 가지 지수를 도입하고 현행 제도에 의한 17대 총선의 실제 결과, 그리고 세 개편안이 모의실험에서 산출한 결과, 2005년 9월의 일본중의원 선거결과, 일본총선보다 일주일 후에 실시된 독일연방하원 선거결과에 적용하여 계산된 각종 지수값을 제시한다. 먼저 레이지수(*Rae index*)는 선거에서 0.5% 이상의 득표율 또는 의석률을 기록한 모든 정당의 득표율과 의석률 차이의 절대값을 합산하여 얻은 수치를 정당수로 나누어 구한다. 즉 공식은 $I = 1/n\Sigma|vi-si|$ 이다. 이 수치가 0일 때 제도는 어떤 정당에도 긍정적 또는 부정적 편향 없이 대표의 공정성을 유지하는 것이다. 그런데 이 지수의 값은 제도가 가장 불공평하게 작용할 경우의 상한을 정하기 어렵기 때문에 비례성편차(*Loosemore-Hanby index*) 또는 지니지수(*Gini index*)를 이용하기도 한다. 그 공식은 $D = 1/2\Sigma|vi-si|$ 로서 수치의 범위는 0부터 100까지이다. 이 지수의 내용은 과잉대표된 모든 정당 또는 과소대표된 모든 정당이 얻은 득표율과 의석률 차이를 합한 것임을 알 수 있다. 갤러거최소자승지수(*Gallagher's least squares index*)를 계산하는 공식은 $LSq=\{1/2\Sigma(vi-si)^2\}^{1/2}$이다. 마지막으로 최대편차지수는 득표율과 의석률의 절대값 차이가 가장 큰 것을 취하는 것인데, 이는 통상 대정당 가운데 어느 하나가 과잉대표되는 백분율을 반영한다(Liphart, 1994: 58~77). 이 네 가지 지수의 수치가 작을수록 비례성 수준이 높다는 것을 가리킨다.

〈표 4-4〉에 의하면, 세 개편안은 일제히 현행 제도에 비해 네 가지 지수 중 어느 것을 막론하고 불비례성 지수가 낮다. 그런데 특히 독일식이 비례성을 현격하게 제고한다. 병립제인 한국식?이나 일본식은 이 점에서 엇비슷하다. 앞서의 분석에서 드러난 점을 다시 확인시켜준다. 그런데 최근에 실시된 일본과 독일 총선결과를 대입하여 구한 지수값을 비교하는 것도 흥미롭다. 일본의 최근 총선에서 자민당의 경이적인 승리는 드물게 펼쳐지는 정치드라마의 결말이었다고 할 수 있는데 이

러한 결과는 병립제의 소선거구 요소가 상당히 높은 수준의 불비례성을 가져올 수 있음을 보여준다. 반면에, 독일의 총선결과는 네 가지 지수의 값이 모두 0에 가까운 한 자리 수에 그치고 있어 비례제가 소선거구 다수제를 압도하게 고안된 독일제도가 특히 이번 총선에서 매우 높은 수준의 비례성을 과시하였음을 보여주었다. 대표의 공정성을 극대화하는 것이 지상의 목표라면 독일식이 우수한 것임에 틀림없다.

선거는 국민의 의사를 취합하고 나아가서는 국정을 운영할 담당자와 그 세력을 등장시키는 민주정치의 메커니즘이다. 균형정치의 관점에서는 선거라는 권력창출의 무대에서 정치세력이 편파적이지 않은 규칙 아래 공정한 경쟁을 펼칠 수 있게 하는 것이 우선 중요하다. 그러한 규칙은 지역균열구조가 선거를 통해 심화·증폭되는 것을 억제시

〈표 4-4〉 불비례성과 정당체계 지수

지 수	17대 총선	17대 총선 모의실험			2005일본 중의원선거	2005독일 하원선거
		한국식?	일본식	독일식		
레이지수	5.5	4.4	4.6	1.0	6.3	0.8
지니지수	16.4	13.0	13.7	3.0	25.4	3.1
갤러거 최소자승지수	12.1	9.6	8.5	2.3	18.8	2.0
최대편차지수	12.6	10.1	10.4	2.6	23.5	2.0
선거정당 유효수	3.4	3.4	3.4	3.4	3.7	4.5
의회정당 유효수	2.4	2.5	2.5	3.1	2.3	4.1
의석과반수정당	유	무	무	무	유	무
제조과반수	유	무	무	무	유	무

주: 한국식?=권역별 일률배분 비례제, 일본식=일본식(2표) 병립제, 독일식=독일식(2표) 혼합비례제

자료: 열린정책연구원(2005. 9) 15-7 ; 일부는 필자가 재구성 ; 일본총선결과는 《朝日新聞》 2005. 9. 13, 1면과 5면 ; 독일총선결과는 http://www.bundeswahlleiter.de.

킬 수 있다. 그런데 균형정치의 관점은 여기에 머물지 않는다. 선거는 의회 내 다수세력 또는 행정부의 최고위 기관이 수월하게 구성되어 책임을 지고 효율적으로 국정을 운영할 수 있는 여건을 조성할 수 있도록 기능 해야한다. 선거가 파편화(*fractionalization*) · 분절화(*fragmentation*)된 정당체계를 형성하고 국정운영의 중심세력을 명료하게 등장시키지 못하는 상황은 균형정치를 전개시키기 어려운 것이다. 따라서 정당체계를 단순화하는 효과를 낳은 선거제도의 긍정적 측면에 주시하지 않을 수 없다.

정당의 명목적인 수효가 아니라 정당간의 상대적인 비중을 고려하는 정당 유효수로서 정당체계의 분절화를 측정할 수 있다. 선거정당 유효수($Nv = 1/\Sigma Vi^2$)는 선거무대에서 의미 있는 경쟁주체가 대체로 몇이나 되는지를, 의회정당 유효수($Ns = 1/\Sigma Si^2$)는 원내에 어떤 경쟁구도가 형성되는 지를 말해준다. 선거를 통해 선거정당 유효수가 이보다 적은 의회정당 유효수에 이르게 되는 것이 정당체계의 단순화이다. 〈표 4-4〉를 보면 17대 총선에서 선거정당 유효수는 3.4이었는데 원내정당체계는 양당제에 가깝게(2.4) 어느 정도 단순화되었다. 한국식? 이나 일본식을 채택하는 경우에도 이 점에서는 비슷한 결과가 나타날 것이 예상된다. 그러나 독일식으로 선거를 치렀다면 민노당이 지금보다 강화된 입지를 갖추고 완전한 3당제가 되었을 것이다. 정당체계를 단순화하는 효과에 있어서 일본식과 독일식의 차이는 최근 양국의 총선결과에서 역력히 나타난다. 일본의 경우는 당초부터 선거경쟁구도가 독일보다 얼마간 단순하기는 했지만 양당제에 근접한 결과가 나타났고 독일에서는 선거에서의 다기적인 경쟁구도가 의회에 그대로 투영되어 4당구도가 형성되었다. 또한, 의석과반수 정당이 출현하는가의 여부를 보면 한국과 일본의 현행 제도는 실제로 그런 정당을 등장시켰으나 3개 개편안은 17대 총선결과에 적용해 볼 때에 그런 정당을 출현시키지 못했다. 최근의 일본 총선에서는 자민당이 단독으로 의석과반수를 얻었으나 독일 총선에서는 그런 정당이 나타나지 않았다. 그런데 17대 총선에서 간신히 의석 과반수선을 넘긴 우리당이나 독자적으로도 안정과반수를 이룩한 일본자민당의 득표율 자체는 과반수에 미치지 않았기 때문에 그 과반수의석은 모두 엄밀히 말해서 '획득된'(*earned*) 것이 아니라 제도의 마술에 의해 '제조된'(*manufactured*) 것이었다. 결국, 소선거구 요소가 독자적으로 작동하는 병립제가 그렇지 않은 혼합비례제보다는 정책집행의 책임소재가 분명하고 유권자가 차기 선거에서 집권당의 정책수행성과를 평가하기가 용이하도록 정당체계를 단순화하는 데에 더욱 효과적임을 알 수 있다. 이것은 병립제 역시 양당제를 창출할 가능성이 크지 않아도 독일식 제도보다는 온건한 수준의 다당제를 유도할 확률이 크다는 것이다. 전형적인 온건다당제에서는 두 개의 대정당이 중심 쪽에 위치하고 소정당이 그 보조적 지위에서 있으면서 정당간에 이념과 정책기조를 토대로 구심성이 강한 연합정치가 전개된다.

대표의 공정성을 확보하려는 목표에 비추어 세 가지 개편안이 모두 현행 제도보다는 개선된 것으로 평가되는 가운데 한국식? 또는 일본식 병립제가 독일식 혼합비례제보다 선호되는 이유는 정치적 책무성과 국정운영의 효율성이라는 목표도 중요하게 감안하는 균형정치적 관점에 있다. 2005년 9월 11일 선거결과가 공식적으로 확인되면서 국정리더십을 강화한 일본의 경우와 9월 17일과 18일에 독일식 제도 아래 각각 총선을 치렀지만 총선 후 3주일 여가 경과한 10월 10일 시점에 이르기까지도 여전히 집권정부의 구성조차 미궁에 빠졌던 뉴질랜드와 독일의 경우를 비교할 때에 한국정치에서 독일식 선거제도를 실험하기에는 아직 이르다는 생각을 버릴 수가 없다. 이 글에서 상세히 논의할 점은 아니지만 뉴질랜드와 독일의 예는 의원내각제 정부형태가 교착으로부터 자유롭지 않다는 점도 시사한다. 총선 후 정당간에 과반수 다수자 연합을 출현시키지 못해 제 1당, 제 2당 어느 정파도 패배를 시인하지 않고 서로 집권연합에 참여할 가능성을 모색하면서 내각구성이 상당 기간 지연되는 경우도 일종의 정치적 교착이 아닐 수 없다.[7]

---

7) 2005년 9월 11일 실시된 일본중의원총선거에서 자민당은 총 480의석 중 296석(61.7%), 공명당은 31석을 얻어 집권 자민・공명연합의 의석수는 모두 327석(68.1%)으로 개헌선인 3분의 2를 상회하게 되었다. 한편 다른 정당의 의석수는 민주당 113석(23.5%), 공산당 9석(1.9%), 사민당 7석(1.5%), 국민신당 4석(0.8%), 신당일본 1석(0.2%), 기타 정파 1석(0.2%), 그리고 무소속 18석이

5. 결론 및 전망: 국회의원선거구제 개편 그 이후

이 글은 균형정치의 관점에서 국회의원 선거구제를 개편함으로써 선거가 대표의 공정성을 확보하고 지역균열을 완화하며 동시에 국정운영의 책임성과 효율성 제고에 기여해야 함을 천명하였다. 그리고 현행 제도의 기본 틀을 유지하면서 현재 상태를 개선하는 권역별 일률배분비례제(한국식?), 일본식병립제, 독일식혼합비례제의 순위로 선거구제 개편안을 평가하였다.

여기서 가장 선호되는 한국식?이 도입되어 차기 국회의원 선거가 실시되면 영남과 호남에서 각각 그 지역에 강한 연고를 갖는 정당의 패권적 지위 내지 선점현상은 어느 정도 약화될 것으로 예상된다. 그리고 전국적으로 득표율과 의석률의 비례성 수준이 좀더 공정한 방향으

다. 2005년 9월 17일 실시된 뉴질랜드 의회선거에서 여성 총리 헬렌 클라크(Helen Clark)가 이끄는 집권 노동당은 총121석(기본의원정수 120석, 1석 초과의석 발생) 중 50석을 얻어 제1당이 되었으나 의석과반수 확보에는 실패하였다. 돈 브래쉬(Don Brash)가 당수인 국민당은 48석을 얻었는데 양대 대정당간의 득표율 차이는 1%에 불과하였다. 그 밖에 뉴질랜드 제1당 7석, 녹색당 6석, 뉴질랜드미래연합 3석, 진보당 1석, 자유뉴질랜드당 2석, 마오리당 4석이었다. 노동당이 계속 집권하기 위해 주도하게 될 차기 정부구성의 윤곽은 선거 후 1개월이 지난 10월 17일에야 알려졌다. 노동당은 진보당, 뉴질랜드 제1당, 뉴질랜드미래연합과 최소과반수 의석 61석의 연합내각을 구성하기로 하였다. 흥미롭게도 노동당과 기존 내각을 구성하였으며 6석을 확보한 좌파성향의 녹색당의 참여가 배제되었는데 녹색당 정책의 일부를 노동당이 수용하는 대신 노동당에 대한 불신임에는 참여하지 않기로 되었다. 따라서 국민당, 자유뉴질랜드당, 마오리당이 명시적인 야당 대열에 서게되었다(http://www.abc.net.au/news/newsitems/200510/s1484154.htm). 뉴질랜드 총선 다음날 연방하원 총선을 치른 독일의 경우 10월 10일에 대연정 구성으로 가닥이 잡혔다. 사민당은 정당투표(제2투표) 득표율 34.2% 222석(의석률 36.2%), 기민당은 27.8% 180석(29.3%), 기사당 7.4% 46석(7.5%), 녹색당 8.1% 51석(8.3%), 자민당 9.8% 61석(9.9%), 그리고 좌파연합 8.7% 54석(8.8%)을 기록하였다. 기민-기사연합은 득표율 34.5% 226석(37.8%)으로 사민당에 신승을 거두었으나 의석과반수에 훨씬 미치지 못하였다. 기존 집권당인 사민당(적)과 녹색당(녹)이 과반수 의석을 차지하지 못했기 때문에 좌파연합이 동참해야 의석과반수를 이루어 내각을 구성할 수 있었다. 좌파연합은 정책노선이나 개인적으로 슈뢰더에 동조하지 않았던 라퐁텐이 사민당을 이탈하여 구 동독공산당의 후신인 민사당과 함께 결성한 정파이다. 좌파연합은 이미 사민-녹색 연정에 참여하지 않을 것을 밝힌 바 있다. 슈뢰더 사민당 총리도 당초부터 좌파연합과의 연정을 고려하지 않았다. 기민-기사연합과 사민당의 대연정뿐만 아니라 사민당, 자민당(황) 및 녹색당을 포함하는 신호등연정, 기민-기사연합(흑), 자민당 및 녹색당을 포함하는 자메이카연정 등이 운위되었다. 대연정 구성의 내용은 11월 14일까지 정해지고 새 내각에 대한 연방하원의 공식적인 취임동의는 11월 22일에 이루어졌다.

로 개선될 것이다. 그런데 제1당이 독자적으로 과반수 의석을 차지할 가능성은 축소되는 점에 유의해야 한다. 1980년대 말 이후 민주화가 이루어지고 나서 지역균열구조는 17대 총선을 제외하고 네 차례 총선에서 다당화 경향과 여소야대를 초래한 주요 원인의 하나였다. 이는 일본식을 채택하는 경우에도 마찬가지일 것이고, 독일식으로 선거구제를 변경하면 더더욱 그러할 것으로 예상된다. 지역구도가 완화된다고 하여도 그리고 소선거구제 요소가 유지되더라도 현재의 한국정치에서 양당제 출현은 용이하지 않을 것이다. 정당체계는 일차적으로 사회균열구조가, 그 다음에는 선거제도의 효과가 겹쳐져 그 모습이 드러난다. 현재 한국사회에는 지역균열구조가 완화되더라도 당분간 철저히 타파되기는 쉽지 않으며 이념과 가치관, 세대, 계층 또는 계급 차이에 따른 균열구조가 일부 중첩 또는 상호 교차되면서 존재하기 때문에 인위적으로 일거에 다당화 경향에 제동이 걸리지 않는다. 게다가 선거제도의 비례제 요소가 보다 다양한 사회세력의 정치적 대표를 확대할 것이다. 이렇게 보면 "여소야대 때문에 대통령 못 하겠다"고 하고서 지역구도를 완화할 수 있는 선거구제를 도입하여 "여소야대를 조장하는 모순"이 생길 개연성이 있다는 주장(예를 들어, 양건 2005; 김창균 2005)은 핵심을 찌르고 있다.

여소야대 상황에서 국회와 대통령 또는 국회와 행정부간 갈등이 첨예화되지 않고 양부(兩府)가 상호 견제와 함께 원활한 협력관계를 유지할 것인가? 이 질문에 해답을 체계적으로 모색하는 것은 이 글의 범위를 벗어나기에 여기서는 다만 문제상황을 인식하고 대처하는 기본 관점에 대해서 간략히 언급하고자 한다. 대통령제 국가에서 다당제를 맥락으로 여소야대가 발생하면 정당간 연합정치가 활성화되어야 한다. 민주화 이후 노태우 대통령부터 김대중 대통령까지의 시기에 연합정치가 제대로 전개되지 않았다. 여소야대 상황에서 여당은 수단과 방법 및 내용을 불문하고 야당을 흡수하여 통합하고 야당과 무소속 의원을 영입하여 몸집을 늘리는 방식으로 문제상황에 대처했다. 여소야대가 되면 야당 역시 국정운영의 성패에 대한 직접적 책임으로부터 면제되지 않는데 이에 걸맞게 행동하지 못했다. 정치인들이 여야를 막론하고 연합정치에 대한 이해와 실천이 부족했다.

연합(coalition)은 "① 공통의 명시적 목표를 추구하기 위해서, ② 적절한 자원을 공동으로 동원하고, ③ 상호간에 의식적인 의사소통을 행하며, ④ 목표달성으로 얻는 보상을 분배하기로 한 개인들의 집단 또는 집단군"으로(Kelley, 1968) 정의된다. 연합이 정치과정의 어느 무대 또는 단계에서 형성되는가에 따라 선거연합, 입법연합 및 집행연합이 있다. 선거연합은 극단다당제 선거에서 흔한 일인데, 이탈리아를 보면 의석을 확보하는 정당만도 10개를 상회하지만 1994년 이후 소선거구 선거에서는 이 정당들이 2~3개의 연합을 형성하여 경쟁하고 있다. 입법연합은 의회에서 법안표결 시 과반수 확보를 위해 형성되는 것이다. 미국연방의회는 의원들이 정당의 경계를 넘어서 입법연합을 형성하는 일이 다른 어느 국가의 의회보다 빈번하게 행해진다. 집행연합은 연정(聯政), 연립내각, 또는 연립정부와 거의 동의어라고 볼 수 있으며 복수의 정당이 내각을 공동으로 구성하여 정책을 집행하는 것이다. 주지하다시피 의원내각제 국가의 정치에서는 이러한 세 가지 연합이 정당간에 다반사로 형성된다. 그런데 대통령제 국가인 한국에서도 이른바 DJP연합은 선거연합, 입법연합 및 집행연합이었다. 한국의 헌법은 대통령이 국무총리 임명 시 국회의 동의를 필수적 요건으로 규정하고 있기 때문에 이 조항은 정당간 입법연합이나 집행연합이 구성되는 계기를 강화하는 것이다. 그런데 대통령제 국가에서 통상적인 것은 입법연합이다. 특히 여소야대 상황이 되면 정당간 또는 정당을 교차하는 입법연합이 수월하게 형성되어야 국정이 원만하게 운영된다. 한국 국회에서 행정부가 제출한 이라크파병안에 대하여 한나라당 의원들이 열린우리당 의원들보다 더 많이 찬성하고, 진보적 또는 개혁적 성격이 농후한 의안에 대하여 민주노동당이 열린우리당에 동조하여 통과시키는 것이 그 예이었다.

노무현 대통령 시기에는 종전과 달리 국회가 대통령탄핵안을 통과시킬 정도로 대통령을 비롯한 행정부를 견제하는 모습을 보여주었다. 문제는 양부 사이에 상호 견제는 이루어지고 있지만 균형이 제대로 잡히고 있지 않다는 것이다. 균형정치가 이루어지려면 국회도 '균형의회'가

되어야 한다. "균형의회는 다수파 의사의 신속한 관철이라는 한 극단과 소수파의 극한대결로 인한 의정마비의 다른 한 극단 사이의 중간에 위치한다. 균형의회에서 다수파와 소수파의 구분은 정파의 경계를 가로지른다. 다수파가 반드시 고정되어 있지 않으며 정책사안별로 다수가 유연하게 형성될 수 있는 가능성이 열려 있다. 이런 균형의회만이 입법, 재정통제 및 행정부 감독을 효과적으로 실행"하여 정책능력을 발휘할 수 있다(박찬욱, 2004: 249). 균형의회에서 정파의 작동원리는 절제, 협조와 합의가 된다. "우선, 절제된 정파성(*restrained partisanship*)이 필요하다. 이는 다수파가 기율과 단합으로 심의과정을 지배할 경우에도 대체로 극단적이지 않고 온건한 입장을 추구하여 정파간 갈등이 고조되지 않게 한다. 또한 정파간 입장 차이가 비교적 분명히 드러나는 경우에도 각 정파의 일부를 포함한 다수가 형성되어 해당 사안에 대한 의사결정이 이루어지는 정당교차 협조(*cross-partisanship*)가 필요하다. 아울러, 경우에 따라서는 정파간 입장의 일치가 용이하여 대다수의 동조로 의사결정이 이루어지는 정파간 합의(*consensus*)도 가능해야 한다"(p. 249).

그런데 선거연합, 입법연합 아니면 집행연합 그 어느 것이든 무엇을 근거로 정당간 연합이 이루어져야 할 것인가를 생각해 볼 필요가 있다. 단도직입적으로 말하자면, 지역균열구조를 극복한다는 발상에서 연합정치를 전개해서는 안 된다. 정당이 어떤 지역을 지지기반으로 하고 있는가에 따라 합종연횡을 한다면 지역균열은 오히려 심화된다. 대통령직과 총리직을 영남이나 호남에 강한 기반을 둔 정당지도자들 사이에서 나누어 맡는 것을 제도화시킨 한다면 그 밖의 다른 지역을 배제하고 소외시킬 수 있다. 장관임명 시 국정수행능력과 더불어 지역안배를 유념하는 현재의 관행 정도면 충분하다. DJP연합으로 김대중 정부가 탄생하고 정당간 권력교체가 이루어져 민주정치의 진전을 가져온 것이 사실이나 호남출신 대통령과 충청출신 총리의 등장으로 영호남의 균열구조는 오히려 악화되었다. DJP연합은 이념과 정책기조가 판이한 정당간에 오직 권력추구가 지상목표가 되어 구성된 연합이라고 하여도 과언이 아니다. 15대 대선 이전에 지역간 정권교체론 운운한 적이 있었다. 영남출신 지도자들의 장기적 집권으로 지역균열이 깊어졌기 때문에 비영남, 특히 호남출신이 집권해야 지역균열이 해소된다는 것이었다. 호남의 저항적 지역주의는 진보적이고 정당한 성격을 갖고 있었기 때문에 호남을 중심으로 저항적 지역연합을 구축함으로써 "정책공조, 연대행위 및 연립정부"의 수립을 가능하게 할 것이 촉구되었다(황태연, 1996: 119). 이러한 주장은 사실상 영남포위론이었는데 15대 대선에서는 이런 방향의 집권전략이 주효하였다. 그런데 문제는 저항적 지역주의의 '승리'에도 불구하고 지역균열은 완화되지 않았다. 아이러니컬하게도, 과거의 패권에 향수를 느끼는 영남 지역주의가 입장을 바꿔 저항적 지역주의 명분을 내세우는 상황이 되었다. 저항적 지역주의가 집권하여 지역균열구조의 해체를 가져오기보다는 이를 오히려 고착시켰다(손호철, 1999: 305). 지역에 기반을 두는 연합정치는 정략적 유용성이 있을 수 있겠으나 지역균열구조를 온존시킨다. 특정 지역을 분할한다거나 그 밖의 다른 지역을 규합하겠다는 식의 지역연합 전략은 더 이상 대두되지 말아야 할 것이다.

정당간 연합은 구성될 연합의 규모, 나아가서는 그것이 추구하게 될 이념·정책적 기조에 근거하여 이루어지는 것이 순리이다. 이것은 규범적으로 뿐만 아니라 유럽의 의원내각제 국가에서 연합내각 구성의 실제에 비추어 경험적으로도 그러하다. 과반수로 다수자가 되는 승리연합의 규모는 가능한 한 최소가 될 수밖에 없다. 만약 과반수형성에 기여하지 않는 정당이 승리연합에 포함된다면 승리연합에 참여한 각 정당이 얻게 될 각료직 등 보상의 몫을 줄이게 된다. 따라서 승리연합은 불필요한 잉여정당을 포함시키지 않는다는 의미의 최소규모로 압축된다. 이것이 '최소규모의 제1의미'(*minimal winning*)이다. 의원정수 100인이 되는 의회의 총선에서 정당 A가 45석, 정당 B가 35석, 그리고 정당 C가 20석을 얻었다면 제1의미에서 최소규모 승리연합은 AB, AC, BC의 세 가지이다. 그런데 '최소규모의 제2의미'(*minimum winning*)도 규정할 수 있는데, 이는 승리연합에 속한 정당들의 총 의석수가 의석과반수를 가장 적게 초과한다는 뜻이다. 앞의 예에서 보면 연합 BC만이 제2의 의미에서 최소규모 승리연합이 된다. 승리연합의 최소규모만을 문제시하는 관점은 정당의 목적과 동기가 전적으로 공권력의 추구라고 전제하는 것이고 정당이 이념이나 정책을 실현하려고 한다는 점을 간과하고 있다. 그런데 정당이 권력과 동시에 정책을 추구한다고 보게 되면, 각 정당을 좌에서 우로 늘어놓은 정책공간에서 정당들이 서로 인접하게 위치하는 '최소연결'(*minimal connected*) 승리연합이 형성된다. 최소연결승리연합에 속한 어느 한 정당을 배제하면 이 연합은 더 이상 다수자의 위치에 서지 못하며 또한 정당들이 서로 인접하여 연결되지 않게 된다. 최소연결승리연합은 연합에 참여한 정당간에 발생할 수 있는 이해상충을 극소화한다(박찬욱, 1993 참조).

연합의 규모에 따라 그 종류를 구분할 수 있는데, 일상적으로는 대정당간에 내각을 구성하면 대연정, 하나의 대정당이 소정당과 내각을 구성하면 소연정하는 식의 구분이 있다. 이론적으로는 다수자 승리연합이 잉여정당을 갖고 있지 않는 경우 최소규모연합이라고 하고 잉여정당을 포함할 경우는 과대규모(또는 잉여다수)연합이라고 한다. 그런데 대정당간의 대연정은 경우에 따라서 최소규모연합일 수도 있고 과대규모연합일수도 있다. 독일에서 1966년부터 1969년까지 존속했던 대연정이나 2005년 총선 이후 구성될 가능성이 높은 대연정은 최소규모연합이고, 협의제 국가인 네덜란드나 극단다당제 국가인 이탈리아, 그리고 전쟁과 같은 위기에 처하여 국민적 단합을 위한 거국적 대연정은 대체로 과대규모연합이다.

한국의 국회가 여소야대 상황에서 운영되는 것이 예사 일이 된 이상 입법연합이 정책사안에 따라 구성되는 것이 당연한 일이다. 대통령제를 운영하고 있지만 현행 헌법이 집행연합, 즉 연정의 출현을 금지하고 있지는 않다. 물론 연정은 의원내각제에 익숙한 것이어서 한국의 현행 대통령제 헌법 하 연정은 통상적이지는 않다. 한국의 현행 헌법에서 집행연합이 구성된다면 연정이라는 표현보다는 준대통령제(*semi-presidentialism*)를 취하고 있는 프랑스의 '동거정부'가 더 적합할 것이다. 여하튼 연정이나 동거정부 모두 집행연합이다. 요컨대, 비례성을 강화하고 지역구도를 완화하는 선거구제를 채택하여 국회 총선을 실시하게 되면 다당화 경향이 지금보다 얼마간 더욱 뚜렷해질 것이기에 정당간 연합정치의 필요성을 절실히 인식하고 이에 대한 개방적 자세를 갖는 것이 중요하다.

부연하자면 정당간 연합이 형성되는 근거는 각 정당의 의석수와 이념 및 정책이 되어야 순리에 따른 것이다. 여기서 선거구제 개편 이후 예상되는 연합정치의 활성화와 관련하여 모의실험의 가상적 결과를 토대로 정당간에 순리적으로 구성되는 다수자 연합이 어떠한 것인가를 생각해보자. 이것은 어디까지나 선거구제가 변경된 이후의 상황에 대한 지적 실험으로서 17대 국회의 현재 상황에 그대로 적용될 처방은 아님에 유의할 필요가 있다. 17대 총선 직후 유권자들을 상대로 주요 정당의 이념성향을 각각 어떻게 인식하고 있는가를 물은 조사에서는 민주노동당이 가장 진보적이고 열린우리당이 진보적인 편이고 민주당은 중도에서 약간 보수쪽, 그리고 한나라당이 가장 보수적으로 인식되었다(박찬욱, 2005). 〈그림4-1〉은 선거에서 봉쇄조항을 돌파하고 비례의석할당정당이 된 4개의 원내정당(교섭단체 구성요건을 충족시키지 않은 경우에도)을 진보에서 보수로 가는 이념적 연속선 위에 위치시켰다. 4개 정당 사이에 구성될 수 있는 연합의 수는 이론적으로 15개(1개 정당도 그 자체를 연합으로 포함하는데, 24에서 공집합을 제외한 수)가 되며 이 중 8개가 다수자 승리연합이다. 다시 이 중에서 연합의 규모와 정책기조에 비추어 순리적으로 구성될 수 있는 다수자 연합을 따져볼 수 있다. 권역별 일률배분 비례제와 일본식(2표) 병립제는 정당별 의석분포가 매우 유사하여 예상되는 다수자연합도 동일하다. 우선, 최소과반수를 충족하기 위해 필요하지 않은 정당을 포함하지 않는다는 제 1의미에서 최소규모연합은 열린우리(우)-민주노동(노), 우-민주(민), 우-한나라(한)의 세 가지이다. 앞의 둘은 대정당과 소정당의 연합이고 마지막 것은 대정당간 연합이다. 그런데 이 중에서 최소과반수를 가장 적게 상회한다는 제 2의미에서의 최소규모연합은 우-민 연합이다. 또한 이 중에서 연합에 참여하는 정당간에 이념과 정책기조의 인접성과 유사성으로 인하여 연합 내부의 갈등 소지가 적은 최소연결연합은 우-노, 우-민 연합이다. 이렇게 보면 두 가지의 최소규모 의미와 최소연결 개념을 모두 충족시키는 연합은 우-민 연합이 된다. 이 다수자 연

〈그림 4-1〉

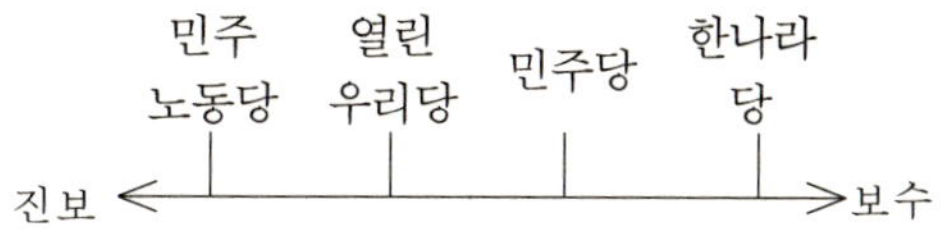

	민주노동당	열린우리당	민주당	한나라당
한국식?				
의석수	17	145	12	119
		(최소과반수 151)		
최소규모①/최소연결(162)	×	×		
최소규모①②/최소연결(157)		×	×	
최소규모①(264)		×		×
일본식				
의석수	16	146	11	120
		(최소과반수 151)		
최소규모①/최소연결(162)	×	×		
최소규모①②/최소연결(157)		×	×	
최소규모①(266)		×		×
독일식				
의석수	41	126	22	115
		(최소과반수 156)		
최소규모①/최소연결(165)	×	×		
최소규모①②(156)	×			×
최소규모①(241)		×		×

주: 봉쇄조항의 적용을 받은 자민련의 4석, 국민통합21의 1석, 무소속 2석은 표시되지 않았음; 한국식?=권역별일률배분비례제, 일본식=일본식(2표) 병립제, 독일식=독일식(2표) 혼합비례제.

합이 적어도 입법과정에서 빈번하게 형성되는 것이 당연한 일인 것이다. 하지만, 이 두 정당은 한 정당 안에서 심한 내분을 겪고 서로 갈라선 지우기 어려운 역사가 있다. 남녀 개인으로 말하면 이혼 후 재결합하기 힘든 원망스러운 감정을 서로 품고 있는 것이다.

열린우리당과 민주당은 합리적 기준에 비추어서 가장 적합한 연합상대자이지만 비이성적 요소가 두 정당간의 연합을 가로막을 가능성이 크다. 열린우리당과 민주노동당의 연합도 많은 정책사안에 있어서 무리가 없다. 열린우리당과 한나라당 연합은 대정당의 연합이지만 잉여정당을 포함하지 않는 최소규모의 연합이다. 그런데 이 두 정당간에는 정책적 거리가 있다는 점이 연합의 걸림돌이다. 두 정당간에 정책적 조율을 통해서 정책기조에 대한 합의가 선행되어야 순리적인 연합이 될 것이다. 독일식 제도의 경우에 제1의미의 최소규모연합은 우-노, 한-노, 우-한 세 가지이고 이 가운데 제2의미로 좀더 좁게 규정되는 최소규모연합은 한-노 연합인데 이는 정책적 거리가 가장 먼 정당들을 포함하는 것이기 때문에 내부에서부터 정책갈등이 쉽게 발생할 것으로 예상된다. 이런 연합은 구성되더라도 상당기간 존속하기가 만만치 않을 것이다. 세 가지 연합 중 범진보연합이라고 불릴 수 있는 우-노 연합만이 최소연결연합이 된다.

메인웨링 같은 비교정치학자는 대통령제가 다당제와 결합하면 양당제와 결합하는 경우에 비하여 안정적 민주정치를 유지할 가능성이 적다고 주장하였다(Mainwaring, 1993). 이런 주장을 발전시키면 다당제를 초래할 가능성이 있는 선거제도, 다시 말해서 전면적인 소선거구 단순다수제 이외의 선거구제는 대통령제와 친화력이 없다는 주장으로 이어진다. 이는 다당제 경향이 농후한 방향으로 선거구제를 고치려고 하는 것이 의원내각제 개헌을 위한 사전 포석이라는 주장에까지 이르게 된다(안순철, 2004 ; 양건, 2005).

비례제의 효과가 극대화되어 출현한 극단다당제에서 여소야대 상황이 되면 대통령의 의회 내 지지기반이 매우 취약하게 된다. 이 점에서 위의 주장이 아주 틀리지는 않다. 메인웨링의 주장을 뒷받침하는 전형적인 사례는 1973년 칠레의 민주주의 붕괴이다. 그런데 사실, 의원내각제라도 할지라도 정당체계의 파편화와 분절화가 심한 극단다당제가 되면 역시 안정적인 민주정치가 위협을 받는다. 프랑스 제4공화국에서와 같은 다당난립이 초래될 정도까지 비례성 제고를 지상목표로 하여 선거구제를 개편하는 것은 대통령제든 의원내각제든 바람직하지 않다. 그렇다면 과연 대통령제가 온건다당제보다는 양당제와 결합하여야 여소야대 출현의 가능성이 축소되고 안정적 민주정치가 운영될 것인가?

대통령제에서는 양당제 출현의 개연성이 높은 소선거구제 단순다수제를 전면적으로 실시해야 하는가? 대통령선거와 의회선거가 상당한 시간적 간격을 두고 실시되는 경우 소선거구 단순다수제하의 의회선거는 양당제 구도의 여소야대를 발생시킬 가능성이 적지 않다. 이것은 미국의 중간선거가 잘 말해준다. 미국에서와 같이 정당을 교차하는 입법연합이 빈번하게 형성되지 않는다면 양당제의 여소야대가 온건다당제의 여소야대보다 민주정치에 더욱 위협적일 수 있다. 강력한 야당이 대통령과 행정부를 견제하는데 이 사이에서 중재하고 결정적인 역할을 수행할 제 3당의 입지가 없기 때문이다. 그렇기 때문에 최근에 와서는 메인웨링의 주장과 상반되게 대통령제가 양당제보다는 오히려 온건다당제와 결합하여야 회복된 또는 새롭게 전개되는 민주정치를 공고화시킬 가능성이 더 크다는 연구결과도 있다(Power and Gasiorowski, 1997).

1인을 선출하는 대통령제 선거가 승자독식의 논리에 입각하여 있으므로 의회선거도 동일한 논리를 관철하는 소선거구 단순다수제로 실시해야 한다는 주장도 반드시 타당하지 않다. 균형정치의 관점에서 보면 대선의 승자독식 논리를 약화시키는 제도적 요소를 총선에서는 강구하는 것도 필요하거나 바람직할 수 있다. 경험적으로, 영국과 같이 의원내각제에서 비례제가 아니라 소선거구 단순다수제를 적용하여 의원을 선출하는 현저한 예가 있으며 대통령제 국가에서의 의회선거제도만 보아도 획일적이지 않다. 순수한 대통령제 국가인 미국의 연방의회는 소선거구 단순다수제에 의해 구성되고, 준대통령제를 운영하는 프랑스는 소선거구 과반수-단순다수제의 재투표제로 의회선거를 실시한다. 1958년 이후 지금까지 민주주의를 유지하고 있는 대통령제 국가인 코스타리카, 1985년 이후 역시 줄곧 자유민주주의를 지켜온 대통령제

국가인 우루과이, 그리고 '제3의 민주화 물결'에서 선두에 있고 1976년 이후 민주정치의 공고화에 성공한 준대통령제 국가인 포르투갈이 모두 정당명부 비례제를 이용하여 의회를 구성하고 있다.

정부형태가 상위의 정치제도이고 의회선거구제는 그 하위에 있는 정치제도인데 이 양자의 관계에 대한 총체적 내지 종합적 시각에서 제도를 설계해야 한다는 점은 전적으로 타당하다. 그리고 정치제도가 작동하는 문화적, 사회경제적 토양에 대한 고려도 있어야 한다. 사실, 필자가 2표혼합제의 테두리에서 선거구제 개편안을 검토하게 된 데에는 대통령제나 의원내각제 양자의 맥락에서 기능하기에 무리가 없을 것이라는 믿음이 깔려있기도 하다. 앞서 언급한 바대로 현재 한국사회의 균열구조로 보아 국회의원을 선출하기 위하여 소선거구 단순다수제를 전면적으로 실시한다고 해도 양당제가 출현할 것이라는 보장은 없다고 본다. 검토된 세 가지 개편안, 그 중에서도 독일식은 현행 제도보다는 현저히 다당화를 촉진할 것이다. 하지만 이 경우에도 독일과 달리 소선거구의석의 비중이 3분의 2가 된다. 봉쇄조항은 독일의 경우보다 강화되어 소선거구의석수는 고려하지 않고 전국득표율 5%로 제안하고 있다. 다당화를 촉진할 선거구제로 바꾸자는 정치인이나 학자 가운데는 의원내각제를 선호하고 이를 채택하자는 견해를 가진 사람도 있을 것이다. 그런데 이 글에서 현행 제도보다 개선된 것으로 평가된 세 가지의 개편안 가운데 어느 하나를(심지어 독일식도) 골라 추진한다고 하여도 정부형태를 반드시 의원내각제로 변경해야 할 논리적인 필연성은 없는 것이다.

이 글에서는 국회가 통과시켜 발효할 수 있는 법률로써 가능한 국회의원선거구제 개편만을 논의하였다. 하지만 국회선거제도를 대통령선거제도와 연결시키는 관점도 요구된다. 즉 균형정치의 관점에서 대선과 총선의 주기 조정(즉 대통령과 국회의원의 임기 동일화), 두 선거의 실시 시기, 대선에서 결선까지 가는 재투표제 여부, 부통령직 도입과 그 선거방식 등을 포함하여 살펴볼 필요가 있다. 하지만, 이런 사항은 모두 개헌문제로 직결되기 때문에 여기서 다루지 않았다.[9]

국회선거구제 개편을 위한 공직선거법의 개정을 위해서는 국회의원들간에 가능한 한 넓은 폭의 합의가 선행되어야 한다. '날치기' 등 편법으로 통과시킨다면 지역균열구조를 완화한다는 등의 명분이 설득력을 갖기 어렵다. 여기서 검토된 세 가지 개편안의 정파적 이해를 따져보면 제 3당 이하보다는 대정당이 상대적으로 손해를 볼 수 있고 아마도 집권당인 열린우리당이 가장 큰 희생을 감수해야 할 것이다. 집권당이 이 가운데 어느 하나를 추진한다면 여야 의원 개인별 손익계산은 복잡다기할 것이지만 정당 차원에서 야당들이 완강히 반대할 합리적인 이유는 없다고 본다. 대체로 기존 정치인들간의 협상은 현상(現狀)을 타파하기 쉽지 않아 공익실현을 위해서는 시민사회의 발언도 강화되어야 할 것이다. 국회의 심의과정에 시민사회의 견해를 반영하도록 하기 위하여 종전의 자문기구보다 더욱 효과적인 제도적 장치를 마련하여 운영할 수 있을 것이다. 정치인들의 정략적이고 늑장부리는 처사를 보면 1993년 뉴질랜드에서와 같이 선거제도 변경을 위한 국민투표라도 실시해야 하지 않는가 하는 생각마저 들 때가 있을 것이다. 그렇지만, 헌법 제 72조는 대통령이 "외교 · 국방 · 통일 기타 국가안위에 관한 중요정책"에 한하여 필요하다고 인정할 때에 국민투표에 회부할 수 있도록 규정하고 있다. 노무현 대통령이 공직선거법 개정안을 국민투표에 부치겠다고 하면 위헌공방으로 정치가 소란스럽게 될 것이다. 국회의원들의 이성적 토론과 현명한 결정에 기대를 걸 수밖에 없는 상황이다.

9) 필자는 정당간 연합의 활성화에 바탕을 둔 균형정치가 제대로 전개되지 않은 것의 제 1원인이 통치권력구조에 관련된 헌법조항에 있다고까지 생각하지 않는다. 하지만 그것에 관한 현행 헌법규정이 간과하기 어려운 결함이 있으므로 진지한 개헌논의는 필요하다고 본다. 필자의 입장은 현행 대통령제를 보다 더 순수한 형태로 고쳐 운영하자는 것이다. 대통령의 임기를 4년으로 하고 중임을 허용하는 방안, 대통령선거와 국회의원총선을 동시 또는 거의 동시에 실시하는 방안, 1차 선거에서 득표율과 관련하여 일정 조건을 충족시키는 최다수 득표자 1인이 없을 경우 상위 득표자 2인이 다시 결선에서 경쟁하는 재투표제 방안, 총리직을 철폐하고 부통령직을 신설하여 대통령과 동반입후보하여 선출하는 방안, 국회의원의 국무위원 겸직을 금지하고 국회의 국무위원 해임건의권을 폐지하는 방안이 그 골자이다(박찬욱, 2004 ; 강원택 2005 참조).

■ 참고문헌

강명세(2005), "지역주의 정치와 한국정당체제의 재편?", 《한국정당학회보》 제 4권 2호, pp. 249~270.

강원택(2003a), "2002년 대통령 선거와 지역주의", 한국정치학회 춘계학술회의 발표논문(2. 6).

______(2003b), 《한국의 선거정치: 이념, 지역, 세대와 미디어》, 푸른길.

______(2005), 《한국의 정치개혁과 민주주의》, 인간사랑.

김만흠(1994), "정치균열, 정당정치, 그리고 지역주의", 《한국정치학회보》 28집 제 2권, pp. 215~238.

______(1996), 《한국정치의 재인식》, 풀빛.

김용호(2002), "2002년 대선 결과의 정치적 의미", 한국정치학회·호남정치학회 주최 2002년 대통령선거와 한국정치의 과제에 관한 학술회의 발표논문(12. 27).

김영태(2005), "국회의원선거제도의 문제점과 개선방안", 열린정책연구원 토론회 발표논문(7. 21)

김재한(1998), 《합리와 비합리의 한국 정치사회》, 소화.

______(2001), "지역주의 문제의 진단과 처방", 한국정치학회 김유남(편), 《한국정치연구의 쟁점과 과제》, 한울아카데미, pp. 351~379.

김창균(2005), "대통령이 출제한 모순 방정식", 조선일보(9. 7).

노병만(1998), "지역할거주의 정치구조의 형성과 그 원인 분석: 지역감정·지역갈등 개념을 대신하여", 《한국정치학회보》 32집 1호, pp. 59~85.

레입하트(Arend Lijphart)·김재한(2001), "정파적 사회 한국의 권력집중/분산," 김재한(편), 《분열의 민주주의》 소화, pp. 259~290.

마인섭(2003), "한국 사회균열구조의 변화와 민주주의의 정착", 《한국정당학회보》 2권 1호, pp. 31~69.

박명호(2004), "17대 총선과 정당정치의 변화: 지역주의 정당체계와 관련하여", 《정치·정보연구》 7권 1호, pp. 1~26.

박상훈(2001), "한국의 유권자는 지역주의에 의해 투표하나: 제 16대 총선의 사례", 《한국정치학회보》 35집 2호, pp. 113~134.

박찬욱(1993), "내각구성에 관한 이론과 실제: 서구 의회민주주의 국가를 중심으로", 《한국국제정치논총》 제 33집 2호, pp. 265~294.

______(편) (2000a), 《비례대표선거제도》, 박영사.

______(2000b), "IMF이후 한국 정치개혁의 과제와 국회의 역할", 《정치

정보연구》 3권 2호, pp. 125~153.

_____(2003), "한국 시민의 투표행태 분석: 제 16대(2002년) 대통령 선거에 있어서 사회균열과 유권자의 후보자 선택", 일본 일한문화교류기금·고려대학교아세아문제연구소 공동주관 한일공동연구포럼 시민사회팀 제출논문.

_____(2004), "대통령제의 정상적 작동을 위한 개헌론", 진영재(편), 《한국권력구조의 이해》, 나남출판, pp. 171~223.

_____(2005), "제 17대 총선에서 2표병립제와 유권자의 분할투표: 선거제도의 미시적 효과 분석", 박찬욱(편), 《제 17대 국회의원 총선거 분석》, 푸른길, pp. 103~176.

_____·김병국·장 훈 공편(2004), 《국회의 성공조건: 윤리와 정책》, 동아시아연구원.

손호철(1999), 《신자유시대의 한국정치》, 푸른숲.

_____(2003), "16대 대선과 한국사회의 발전진로", 김세균(편), 《16대 대선의 선거과정과 의의》, 서울대학교출판부, pp. 205~224.

송 복(1997), 《한국사회의 갈등구조》, 경문사.

선학태(2005), "지역균열, 정치적 갈등 해결의 정치제도적 디자인", 한국정치학회 2005년 춘계학술회의 발표논문(5. 20).

신명순·김재호·정상화(1999), "시뮬레이션(*Simulation*) 분석을 통한 한국의 선거제도 개선방안", 《한국정치학회보》 33집 4호, pp. 165~184.

심지연·김민전(2002), "선거제도 변화의 전략적 의도와 결과: 역대 국회의원선거를 중심으로", 《한국정치학회보》 36집 1호, pp. 130~162.

안병길(2005), "지역주의 완화를 위한 선거제도 개선방안", 열린정책연구원 토론회 발표논문(7. 21).

안순철(2004), "내각제와 다정당체제: 제도적 조화의 모색", 진영재(편), 《한국권력구조의 이해》, 나남출판, pp. 111~146.

안성호(2001), 《스위스연방 민주주의 연구》, 대영문화사.

양 건(2005), "석연치 않은 '조건부 연정' 제안", 조선일보(8. 4).

양기호(2000), "일본", 박찬욱(편), 《비례대표선거제도》, 박영사, pp. 93~114.

열린정책연구원-정치행정연구실(2005), "지역구도 완화를 위한 선거제도 개선방안", 보고서(9월).

온만금(1997), "역대 대통령 선거결과에 나타난 지역주의 추이와 양상", 《한국사회학》 31집, pp. 737~757.

_____(2004), "2002년 대통령 선거에서 지역과 세대", 《사회연구》 2/2

호, pp. 79~96.
윤종빈(2004), "17대 총선결과 평가: 분석과 전망", 《정치·정보연구》 7권 1호, pp. 27~52.
이갑윤(1998), 《한국의 선거와 지역주의》, 오름.
이경주(2000), "일본(1947~1994)", 박찬욱(편), 《비례대표선거제도》, 박영사, pp. 239~259.
이남영(1998), "유권자의 지역주의 성향과 투표", 이남영(편), 《한국의 선거II》, 푸른길, pp. 13~44.
이준한·임경훈(2005), "과연 '중대선거'인가?: 제17대 국회의원선거에서의 유권자 투표결정요인 분석", 박찬욱(편), 《제17대 국회의원 총선거 분석》, 푸른길, pp. 211~242.
임혁백(1994), 《시장, 국가, 민주주의》, 나남출판.
정준표·정영재(2005), "선거제도의 정치적 효과: 제6대~제17대 국회의원 선거를 중심으로", 《한국정당학회보》 제4권 제2호, pp. 5~42.
조기숙(2000), 《지역주의 선거와 합리적 유권자》, 나남출판.
최영진(1999), "한국지역주의 논의의 재검토: 정치적 정체성 개념과 동기부여구조를 중심으로", 《한국정치학회보》 33집 2호, pp. 135~155.
______(2001), "제16대 총선과 한국 지역주의 성격", 《한국정치학회보》 35집 1호, pp. 149~165.
______(2002), "한국 지역주의와 민주주의의 위기: 대표성, 통치능력, 안정성을 중심으로", 《국가전략》 제8권 2호, pp. 5~28.
최장집·김종철(편) (1991), 《지역감정연구》, 학민사.
한국사회학회(편) (1990), 《한국의 지역주의와 지역갈등》, 성원사.
한국심리학회(편) (1988), 《심리학에서 본 지역감정》 춘계심포지엄 발표논문집.
황태연(1996), "한국의 지역패권적 사회구조와 지역혁명의 논리", 《정치비평》 창간호, pp. 75~130.

Blais, Andre, and Louis Massicotte(1996), "Electoral System", in Lawrence LeDuc, Richard G. Niemi, and Pippa Norris(eds.), *Comparing Democracies: Elections and Voting in Global Perspective*, Sage, pp. 49~81.
Cox, Gary W. (1997), *Making Votes Count: Strategic Coordination in the World's Electoral Systems*, Cambridge, UK: Cambridge Uni-

versity Press.

Duverger, Maurice (1954), *Political Parties*, New York: Wiley.

Farrell, David M. (2001), *Electoral Systems: A Comparative Introduction*. Houndmills, England: Palgrave Macmillan.

Horowitz, Donald L. (2000), "Constitutional Design: An Oxymoron?" Ian Shapiro and Stephen Macedo (eds.), *Designing Democratic Institutions*, New York: New York University Press, pp. 253~284.

Kelley, E. W. (1968), "The Techniques of Studying Coalition Formation", *Midwest Journal of Political Science* 12, pp. 62~84.

Lee, Kap Yun (1985), "Electoral Management in National Elections, 1966~1977", *Political Studies Review* (The Journal of the Association of Korean Political Scientists in North America) 1: 140~177.

Lijphart, Arend (1977), *Democracy in Plural Societies: A Comparative Exploration*, New Haven: Yale University Press.

______(1994), *Electoral Systems and Party Systems: A Study of Twenty-Seven Democracies 1945~1980*, Oxford: Oxford University Press.

______(1999), *Patterns of Democracy; Government Forms and Performance in Thirty-Six Countries*, New Haven: Yale University Press.

______, Rafael Lopez Pintor and Yasumori Sone (1986) "The Limited Vote and the Single Nontransferable Vote: Lessons from the Japanese and Spanish Examples", in Bernard Grofman, and Arend Lijpart (eds.), *Electoral Laws and Their Political Consequences*, New York: Agathon Press, pp. 154~169.

Lipset, Seymur Martin, and Stein Rokkan (eds.) (1967), *Party Systems and Voter Alignments*, Free Press.

MacIntyre, Andrew (2005), *The Power of Institutions: Political Architecture*, Ithaca: Cornell University Press.

Mainwaring, Scott (1993), "Presidentialism, Multipartism, and Democracy: The Difficult Combination", *Comparative Political Studies* 26: pp. 198~228.

Park, Chan Wook (2002), "The Rules of the Electoral Game for the National Assembly in Democratic Korea: A Comparative

Perspective", 《한국정치연구》 제 11집 1호, pp. 167~195.

Powell, G. Bingham, Jr. (2000), *Elections as Instruments of Democracy: Majoritarian and Proportional Visions*, New Haven: Yale University Press.

Rae, Douglass W. (1967), *The Political Consequences of Electoral Laws*, Yale University Press.

Sartori, Giovanni (1994), *Comparative Constitutional Engineering: An Inquiry into Structures, Incentives and Outcomes*, Macmillan.

Shugart, Matthew Soberg, and Martin P. Wattenberg (eds.) (2004) *Mixed-Member Electoral Systems: The Best of Both Worlds?*, Oxford University Press.

Taagepera, Rein, and Matthew Soberg Shugart (1989), "*Seats and Votes: The Effects and Determinants of Electoral Systems*", Yale University Press.

Reynolds, Andrew, Ben Reilly, Andrew Ellis and others. (2005) "*Electoral System Design: The New International IDEA Handbook*", Stockholm, International Institute for Democracy and Electoral Assistance.

5 역동적 시민사회와 균형적 국가발전

김성국

1. 광복 60년의 자부심: 경제발전과 민주화 그리고 문화전파

1945년 광복 이후 한국사회는 엄청나게 변화하였다. 광복 60년의 변화를 두고 긍정적 평가와 부정적 해석이 엇갈린다. 긍정과 부정을 교차시키려는 시도도 있다. 도식적인 논쟁의 구도에 휘말릴 위험성도 있지만, "한국사회는 세계에 자랑할 만한 현대사를 이룩하였다"는 것이 필자의 판단이다.[1] 그 자명한, 그렇지만 여전히 논란의 여지를 갖는, 이유를 밝혀 보자.

첫째, 남한사회는 개발독재를 감수한 대다수의 국민들이 기아선상을 벗어나 안정적인 의식주를 누린다.

둘째, 남한사회는 피나는 투쟁을 통하여 자유민주주의를 정착시키고 있다.

셋째, 남한사회는 선조들의 뛰어난 문화적 전통을 창조적으로 전승

1) 현대사 해석에 있어서 우파 계열의 전통적 민족주의사관, 좌파 계열의 민중-통일(지상주의)사관과 수정주의 사관 그리고 최근에 등장하는 제 3의 시각 등 다양한 흐름이 각축을 벌이고 있다. 필자는 어떤 단일의 정형화된 이념적-규범적 틀로 역사를 명쾌하게 재단하려는 유혹에 빠지고 싶지 않다. 그 대신 미래지향적 실사구시에 입각한 일종의 다차원적 균형주의 역사관을 모색하고 싶다.

하여 매력있는 한국문화와 최첨단 기술, 특히, 정보관련 기술을 세계에 전파시키고 있다.

1945년 당시 한국과 비슷한 정치, 경제, 문화 수준에 있었던 나라들을 오늘 이 시점에서 우리와 비교한다면 그 결과가 어떨까? 두말 할 것도 없이, 우리의 업적과 성취는 단연 눈부시다고 하여도 과언이 아닐 것이다. 북한은 한때 경제성장의 측면에서 남한보다도 우수한 기록을 보여 주었다. 농업생산성도 높았고, 제조업분야도 더 활성화되었다. 그러나 오늘의 북한은 어떤 형편인가? 한때, 필리핀, 인도, 이집트 등 제3세계를 선도하던 유망국가들의 현재 모습은 어떤가? 오랜 독재 끝에 2005년에야 겨우 민선 대통령을 (온갖 부정선거의 시비 속에서) 뽑은 이집트, 민주주의와 봉사의 상징이던 막사이사이상이 무색하게 온갖 부패로 얼룩진 채 정치적 혼란과 경제적 침체에 빠진 필리핀, 영어를 무기로,[2] 땅 덩어리를 발판으로, 엄청난 인구를 자원으로 이제야 기지개를 켜고 있는 인도를 보라. 그렇다면, 오늘 이 시점에서 남과 비교하며 되돌아 본 한국 현대사는 진정 자랑할 만하지 않은가?

그런데도 우리 사회에서는 그야말로, 결코 일본의 극우들에게서 배운 것은 아니겠지만, 한국적 자학사관이 넘쳐나고 있다. 예컨대, 제국주의 미국과 반공독재의 이승만, 개발독재의 친일파 박정희를 한국현대사를 불행하게 만든 원죄의 주범으로 규정한다. 이들 때문에 한국현대사는 순수한 자립적·주체적·민족적·민주적 국가발전 대신에

2) 국제경쟁력 제고 그리고, 더욱 중요하게, 사해동포주의(四海同胞主義, *cosmopolitanism*)나 세계시민사회(*global civil society*) 형성의 수단으로써 영어의 중요성을 재인식할 필요가 있다. 소위 말하는 아시아의 네 마리 용 가운데 싱가포르와 홍콩은 영어 사용국이다. 한국의 엘리트층을 구성한 미국유학생이 경제성장의 과정에서 한때는 압도적 비중(전체 학생의 80~90%)에 달하였다. 지금은 중국어 붐이 일고 있지만 정작 중국학생들은 영어공부에 전념하고 있다. 한국에서 현재 유치원부터 초등학교 연령대 및 장년층에 이르기까지 영어과외는 극성이고, 영어학습은 대단한 열기를 보인다. 영어의 공용화까지는 아니더라도, 앞으로 10~20년 후를 대비하여 청소년에 대한 국가차원의 전폭적인 영어교육 지원대책이 필요하다. 그렇지 않으면, 빈곤층이나 서민층의 수많은 어린이들만이 불리한 조건에 처하여 언어자원의 불평등을 감수할 것이다. 영어의 확산은 한글의 귀중함과 우수성에 대한 인식 그리고 국어에 대한 사랑을 더욱 높여 줄 수 있다. 세계어를 습득하는 일이야말로 세계화에 대처하고 국제경쟁력을 제고하는 가장 직접적이고 유효한 수단이다. 국가의 언어정책에서 국어와 영어간의 균형발전이 가능한 길을 발견할 수 있을 것이다.

종속적·타율적·사대적·반민주적 억압착취로 얼룩진 것처럼 단언한다. 역사를 조금이라도 진지하게 이해하려는 사람이라면 자문해 보자. 동서고금을 막론하고, 언제, 어느 곳에서, 누가, 그런 깨끗한 방법으로, 현실사회를 바꾸어 이상사회를 이룩하였는지?

우리의 현대사는 자본주의 세계체제라는 경제적 조건과 미소 양 대국에 의한 냉전체제라는 정치군사적 한계 내에서 형성될 수밖에 없었기 때문에 6·25전쟁과 같은 엄청난 비극이나 군부독재와 같은 악몽을 감내해야만 했다. 우리 국민들은 이와 같은 시대적·구조적 폭력에 맞서 때로는 조국과 민족의 이름으로, 때로는 민주와 자유의 이름으로 저항하였고, 이 과정에서 수많은 사람들이 희생되었다. 최근 이들의 한을 풀어 주고자 전쟁과 독재 기간 중 자행되었던 국가폭력의 진상을 밝히고, 희생자에게 보상하고, 미국의 숨겨진 제국주의적 모습도 들추어내며, 민족주의 좌파들의 명예를 회복시키는 일련의 과거사 정리도 이루어지고 있다.

분단 상황에서 그리고 전쟁 재발의 위험성을 간직한 상황에서 조형되었던 한국의 현대사, 즉, 광복 60년사를 평가함에 있어서 아래의 세 가지 사실을 지적함으로써 좌우파의 시각에 균형성을 회복시키고자 한다.

첫째, 국가폭력은 국가체제가 존재하는 곳이라면 어떤 곳에서도 발생한다. 특히, 전쟁 중 국가폭력은 안보를 내세우거나 비상사태라는 명분으로 자행되고, 정당화된다. 왜냐하면 폭력은 국가의 토대이므로 국가의 건강 혹은 활력은 간헐적인 폭력(예컨대, 전쟁, 반대파의 분쇄, 반체제 집단의 탄압 등)을 통해서 유지된다. 남한도 북한도, 미국도 영국도, 중국도 러시아도 세계의 어느 나라도 국가폭력의 유혹을 벗어나지 못한다. 남한만이 이 보편적 국가범죄의 잘못을 뒤집어 쓸 이유가 없다. 그렇다면 남한에 대해 혹은 특정 국가에 대해서만 그 죄악을 단죄하려 든다면 그것은 '의도된 불공정'이라는 혐의를 벗기 어렵다. 국가폭력을 진실로 비판하려면, 국가권력체제 자체를 부정해야 한다. 거의 모든 좌파가 국가주의자(혹은 프롤레타리아독재 지지파)라는 사실을 상기할 때, 우익의 국가폭력에 대한 좌익의 비판은 자가당착적이다. 현실로서 존재하는 폭력적 국가체제를 전면 거부하는 입장만이 국가폭력에 대한 비판의 정당성을 얻을 수 있다. 한국현대사에서 등장한 남한 혹은 미국의 국가폭력은 이처럼 모든 국가건설과정에서 발생하는 불행한 그러나 불가피한 필요악이었다. 다행스럽게도 우리는, 일본과는 달리, 국가폭력을 진지하게 반성함으로써 역사에 대한 과오를 씻을 수 있다.

둘째, 광복 이후에도 활동한 친일파의 규정과 평가 문제는 결코 단순하지 않다. 나무만 보고 숲을 보지 못하는 우를 범할 수 있다. 어떤 면에서는 대다수 일제 치하의 우리 선조들이 친일과 반일의 중간, 회색지대에서 더 큰 반일을 위해서, 생존을 위해서, 미래를 기약하면서, 혹은 부모나 자식 때문에 친일의 유혹에 일시적으로 빠질 수도 있었을 것이다. 지난 1970년 혹은 1980년대에 거리의 데모대에 합류하지 않고 유학을 가거나 고시공부를 하거나 대기업에 들어간 사람들은 모두 독재체제에 편승하고 아부한 친독재인가? 일제 식민지로부터 60여 년이 지난 지금도 우리는 과거의 친일 문제를 가지고 그들과 그 자손들을 흠집 내고, 먹칠하고자 한다. 바른 역사를 위해서? 민족정기를 바로 잡기 위해서? 이제 우리들 모두 비극적 역사가 뿌린 저주와 원한으로부터 벗어나 서로를 용서하고 이해하는 관용의 덕을 갖출 때가 되지 않았는가?

셋째, 분단의 역사적 책임은 누구에게 있는가? 해방공간의 남한에서는 친미 세력이 '유리'하였고, 북한에서는 친소 세력이 '득세'하였다. 이승만을 미국의 주구라고 과장한다면, 김일성은 소련의 꼭두각시라고 단언해야 한다. 누가 더 기계적으로 직접적인 조종을 받았는지는 조만간 밝혀 질 것이다. 약소국가의 지도자에게 사대주의적 외교는 불가피한 선택이다. 필자는 분단의 보다 중요한 근원적 기원은 6·25전쟁이 아니라, 그 이전, 즉, 일제 식민지 하에서 이미 좌·우파 독립운동가에 의해서 고착되기 시작하였다고 판단한다. 특히, 소련이 조종하던 코민테른의 막강한 위세는 세계의 모든 공산주의계열 민족해방전선으로서는 무조건 수용할 수밖에 없는 절대적 힘이었다. 한국과 중국에서 일어났던 신간회 및 국공합작과 같은 좌우합작, 광복 직후, 반탁에서 친탁으로 급전한 공산주의세력의 배후에는 항상 소련의 일사불란한 지령이 있었다. 그렇다면 소련이야말로 남북분단의 원초적 주범이 아닐까? 해방공간에서 민족통일의 꿈을 버리지 못했던 남한의 합작파나 중도파 민족주의자들은 공산주의 종주국 소련이 설계한 세계의 적화계획을 너무나 과소평가 하였던 것이다. 이와 같은 해방공간의 외적 제한성을 고려할 때, 남북한 공히 일종의 사대주의적 종속관계를 수용할 수밖에 없는 실정이었다. 남북한이 대외적 주체성을 회복하기 시작하는 것은 외생적 변수에 중대한 변화(예컨대, 중소분쟁, 소련 및 동구 사회주의권 해체, 신 국제질서의 형성 등)가 발생하였을 때부터야 가능해질 뿐이다.

광복 60년사는 그 파란만장의 변화 과정에서 백척간두의 위기를 수없이 겪었지만, 어쨌든 파국을 피하였고, 전체적으로 그리고 결과론적으로 하나의 멋있는 역동적 균형을 이룩하였기에 우리는 당당한 자부심을 가질 수 있다. 그러나 오늘 이 시점에서 그 아슬아슬한 균형은 새로운 사회적 균열로 흔들리고 있으며, 우리의 자랑이요, 저력이며, 기질인 한국사회의 역동성은 새로운 도약의 전기를 목전에 두고도 누적된 피로와 소모적 갈등(예컨대, 비타협적 정쟁과 이념적 편가르기)으로 약화되는 것 같다.

본 연구는 앞으로 한국사회가 역동적 균형을 재창조할 수 있는 길을 '선진국 진입 혹은 선진화'라고 전제하면서, 새로운 역동성의 원천을 시민사회의 참여욕구, 참살이 욕구, 과거 반성과 공동체 추구에서 발견하고, 국가발전양식은 분권국가에 의한 협치적·타협적 균형이 되어야 한다고 주장한다. 이를 위해, 먼저 역동적 균형의 개념 및 국가-시민사회의 관계에 관한 필자의 입장을 간략히 제시하고(제 2절), 과거 한국사회에 존재하였던 역동성의 원천과 국가발전양식을 검토하여(제 3절), 21세기 새로운 환경에서 앞으로 한국사회가 지향해야 할 역동적 균형의 방향을 모색한다(제 4절). 이와 같은 국가발전의 미래 가능성은 현재 정보 선진국으로서 한국이 국가정책으로 추진하는 유비쿼터스 코리아 프로젝트를 적극 활용하고, 시민사회는 신사회운동을 급진화, 한국화시키는 가운데서 구체화될 것으로 전망한다(제 5절).

2. 역동적 균형과 시민사회-국가의 관계

1) 역동적 균형의 개념

일찍이 파슨스(Talcott Parsons)는 자신의 기능론적 체계이론이 정태적·보수적이며, 기존 체제의 합리화라는 비판을 받자, 역동적 균형(*dynamic equilibrium*)이라는 개념을 제시하면서 장기적 관점에서 볼 때는 갈등과 투쟁 속에서도 균형과 통합이 발생한다는 점을 강조하였다. 역동성과 균형성은 이처럼 사회변화 과정의 특성을 상이하게 나타낸다. 즉, '역동성'이 전진과 개척, 도전과 창조, 파괴와 건설, 대립과 경쟁 등의 동태적 과정을 통하여 새로운 사회변화를 추구하는 스피드와 추진력을 의미하는 것이라면, '균형'은 역동성이건 정태성이건 사회 내에서 각축하는 여러 종류의 힘들(예컨대, 여당과 야당, 보수와 진보, 여성과 남성 등)이 파국적 상황을 초래하지 않고 안정적인 세력관계를 형성할 수 있도록 만드는 조정적·규제적 힘을 지칭하는 것으로 이해할 수 있다.[3] 따라서 역동적 균형은 '전향적 변화 속의 안정 혹은 형평'이라고 규정할 수 있다.

이 연구에서 사용되는 '균형적 국가발전'의 의미는 현 정권의 주요 정치적 목표로서 지역간의 격차를 해소하여 각 지역의 특성화를 추구한다는 '국가균형발전'의 개념보다 훨씬 포괄적이다.[4] 균형적 국가발전은 국가발전의 여러 차원, 예컨대, 지역, 계층, 성, 기능적 영역,

---

3) 음모론적 시각을 경계하면서 현재의 정국에 비유한다면, 여야 간에 사사건건 갈등과 격돌을 빚어내는 (역동성의 한 표출형태로서) 정치적 격렬성이 파국을 초래할 위험성이 있다고 판단하여 노무현 대통령이 제시한 대연정은 정치세력의 재배치를 의미하기 때문에 형식상으로는 일종의 균형적 대안이라고 긍정적으로 이해할 수 있다. 앞으로, 조건이 성숙 되는대로, 한국정치는 타협의 정신과 책임의 공유를 의미하는 연정을 적극적으로 시도할 필요가 있다.

4) 현재의 국가균형발전정책은 내륙과 그 도서를 포함하는 육지중심의 국토발전에 집중되어 동아시아 해양시대를 대비하는 국가전략으로서는 보완이 필요하다. 다시 말해, 해양에 대한 인식과 해양중심적 시각이 상대적으로 부족하다. 해양자원의 중요성 때문에 한중일 간의 해양주도권이 치열해지고 있는 상황을 고려하여 해양정치, 해양경제, 해양문화의 발전전략을 과감하게 추진해야 한다. 균형적 지역발전의 개념에는 땅과 바다의 양대 차원이 균형적으로 포함되어야만 한다. 이와 관련된 논의로서 김성국(2005), 유우익(2005)을 참고할 것.

발전 이념 혹은 목표·가치, 발전 주체들간의 안정성을 국가가 적절한 조정방식을 사용하여 유지시키는 것을 의미한다.[5] 따라서 균형적 국가발전을 이 연구에서는 '국가의 국가발전에 대한 조정양식, 즉, 국가발전양식'이라는 관점에서 접근해 보고자 한다.[6]

2) 국가와 시민사회: 기능적 관계와 구조적 역학

역동적 균형과 관련하여, 분석적으로 약간의 무리는 있지만, 시민사회는 역동성의 원천으로 그리고 국가는 균형성의 제공자, 즉, 균형자로서 이해한다. 현재 국가-시민사회 관계에서 국가우위가 유지되는 한국의 상황에서 국가발전양식의 통제 혹은 조정은 역시 국가의 소관으로 파악하는 것이 나을 것 같다. 개념적으로도, 시민사회는 개인들의 욕망이 분출하여 사적 이해관계가 충돌하는 갈등의 장(헤겔), 계급갈등이 심화되는 투쟁의 장(맑스), 그리고 개인적 자율성 혹은 이윤추구에 의해 생성되는 결사의 장(자유주의, 시장주의)으로 설명되고 있다. 이처럼 긍정적 의미에서건, 부정적 의미에서건 시민사회는 '역동성' 영역으로 간주되어 왔다. 한편, 국가는 최소국가론으로부터 절대국가론에 이르기까지 폭력이나 법 혹은 시민적 합의를 통하여 대내외적 질서를 유지하는 (지배자 혹은 조정자로서의) 균형자 역할을 그 본질적 임무로 간주한다.

역사적으로도, 국가는 시민사회를 억압·지배하는 위치에 있었고, 시민사회는 종속적인 위치에서 저항적인 민주화 투쟁을 전개하면서 국가로부터 독립된 자율적 영역으로 발전하였다. 최근 시민사회의 힘이 증대하면서 협치(*governance*)의 개념이 등장하지만 국가권력체제가 존

5) 보다 구체적으로, 국가발전의 균형화 혹은 균형적 국가발전은 지역(예컨대, 서울과 지방, 수도권과 비수도권, 도시와 농촌 등), 계층(상류층, 중간층, 하류층), 기능적 영역(정치, 경제, 사회, 문화), 사회세력·발전주체(노동과 자본, 국가와 시민사회), 발전이념·가치(좌파와 우파, 진보와 보수, 성자와 분배, 생태보전과 개발 등) 등의 차원에서 접근할 수 있다.

6) (자본주의) 생산양식을 생산력과 생산관계의 결합으로 규정하듯이, 국가발전양식도 시민사회의 역동성과 국가-시민사회 관계의 결합으로 이해할 수 있고, 이 연구에서는 그 결합의 특성을 국가의 조정양식으로 규정한다.

속하는 한 국가는 시민사회에 대하여 통제적 혹은 조정적 질서, 즉 균형을 요구할 것이며, 시민사회는 이와 같은 국가의 균형력에 대하여 저항적 · 비판적 · 견제적 · 협조적 역동성을 발휘할 것이다.

현대 시민사회론에서는 3분 모델(국가-시장-시민사회)이 선호되고 있다. 필자는 기능적 차원에서는 3분 모델이 제시하는 세 개 영역의 자율성과 독자성을 인정하지만,[7] 구조적 관계 혹은 지배-종속의 권력관계를 분명하게 드러내는 '국가 대 시민사회'의 2분 모델을 사용한다.[8] 급진적 자유주의자 혹은 직접 민주주의의 탐구자로서 필자는 그간 한국사회발전을 거의 독점적으로 주도해 온 국가의 역할은 이제부터는 서서히 감소되어야 하며, 그 대신 시민사회가 주도하는 밑으로부터의 자율적 발전전략이 확대되어야 할 것으로 판단한다. 왜냐하면 자본주의적 산업화의 초기 과정에서는 개발독재의 발전국가(*developmental state*)가 지도하는 방식에 따라서(지도자본주의, *guided capitalism*) 한국은 중진국 혹은 강소국의 지위를 획득할 수 있었지만, 이제부터는 지역화, 고도화, 유연화, 다중화, 혼성화, 창조성을 추구하는 21세기형 새로운 사회발전의 논리가 필요하기 때문에 국가는 부드러운 조정자, 꼼꼼한 관리자, 공평한 후원자의 역할을 담당하는 연결자(*networker*), 조정자(*coordinator*), 매개자(*mediator*)로 자신의 정체성을 변모시켜야 한

---

7) 예컨대, 하버마스처럼 권력을 매개로 하는 국가의 관리기능, 화폐를 도구로 한 경제의 생산기능, 의사소통이 중심이 되는 생활세계의 연대기능이 상호 균형(*balance*)을 취하여 기능적 분화(*differentiation*)를 유지해야 한다는 근대주의적 관점은 영향력의 정치(*politics of influence*)를 구사하여 생활세계의 탈식민화를 추구하는 제한적 급진주의(*self-limiting radicalism*)를 지향한다는 점에서 적어도 20세기에는 현실적으로 매우 합리적인 개혁모델이었다. 그렇지만, 서구중심의 근대적 합리성 자체가 지닌 한계가 명백해지기 때문에 대안으로 제시되는 의사소통적 합리성이나 성찰적 근대화의 개념은 산업사회의 비관주의를 극복하려는 시도로서는 의미가 있을지 몰라도, 21세기에 적합한 탈근대-탈서구적, 탈국가중심적, 생태적, 평화적, 협동적 대안사회가 요구하는 자기확대적 급진주의를 결여하고 있다.

8) 시민사회 내부에 삶터로서의 생활세계와 일터로서의 시장을 포함시킨다. 하버마스는 경제를 체계의 하위 영역으로 분류하였지만, 그것은 기능론적 추론의 결과이다. 맑스가 경제(적 토대)를 시민사회와 동일하게 간주한 것은 구조론적 분석의 결과이다. 물론 필자는 시민사회 내부에 재생산 · 소비 · 여가 · 놀이 혹은 상부구조의 영역이라 할 수 있는 생활세계를 포함시킴으로써 이론적으로 노동(일과 여가, 구상과 실행)의 통합을 추구한다. 이와 관련된 보다 상세한 논의는 김성국(1999)을 참고할 것.

다. (자본주의 경쟁) 시장의 한계와 (복지) 국가의 실패를 극복하는 대안으로서 혹은 새로운 사회발전의 주체로서 등장한 시민사회의 힘을 적극적으로 개발하고 활용해야 하는 것이다. 따라서 이 연구는 미래지향적 관점에서 시민사회 중심형 혹은 시민사회주도형 국가발전 모델을 전제로 한다.[9)]

3. 광복 60년 한국적 역동성의 원천과 국가발전양식

한국사회는 압축적 경제성장을 통하여 단기간에 후진적인 단순-동질적 사회로부터 복합-이질적 사회로 변화하고 있다. 한국사회의 비약적 발전은 단순히 경제적 측면에만 한정된 것이 아니라 정치적, 문화적 차원에서도 뚜렷하게 드러난다. 1970년대부터 점화된 민주화운동은 마침내 군부독재정권을 퇴진시키는 쾌거를 이룩하였으며, 문화적으로는 올림픽에서 예상 밖의 선전을 하고, 월드컵에서는 붉은 악마의 물결과 함께 새로운 한국의 신화를 창조하였다. 나아가, 한류의 열풍은 동아시아로 확산되고 있으며,[10)] 정보기술 및 생명공학을 포함한 첨단 과학 분야에서도 자타가 공인하는 세계적 선두그룹의 일원이 되었다.

6·25전쟁이 남겨 놓은 폐허 속에서 일궈낸 이와 같은 한국사회의 눈부신 발전을 두고 많은 사람들이 한국사회 특유의 역동성 혹은 한국인들이 심성적-기질적으로 지닌 역동성이 만들어 낸 결과라고 생각한다. 그리고 이 역동성은 과거 우리 민족에게 대대로 전승되었던 특유

---

9) 여기서도 시민사회는 생활세계와 시장을 동시에 포함한다. 그러나, 후술하겠지만, (경쟁 자본주의) 시장의 논리가 생태적-협동적 가치를 전면적으로 수용해 나가는 과정에서 생산과 재생산, 노동과 여가 혹은 경제와 문화·생활세계가 통합되는 시민사회의 재구성화가 발생한다.

10) 한류는 분명 자랑스러운 현상이나, 지나친 상업논리나 '한국문화 최고'라는 자만심으로 연결되어서는 즉각 반한류의 냉기(예컨대, 월드컵에서 중국 축구팬들의 반한감정과 일본에서 욘사마 신드롬에 대한 거부반응 등)를 맞이할 것이다. 동아시아문화공동체의 형성이라는 관점에서 한중일의 문화적 특성을 공유하고 창조적으로 결합하는 공동 합작형태의 문화조류를 만들어 나가야 할 것이다.

의 한이 어떤 역사적 계기를 맞이하여 현실적 모순과 고난을 극복하려는 강렬한 삶의 의지로 변형된 것이다. 광복 60년에 펼쳐진 역동성의 원천을 이 민족적 한의 한풀이 과정으로 접근해 보자.

1) 역동성의 원천

(1) 경제적 원천: 못 먹어 배고픈 한과 물질적 성취의지

우리 한민족(韓民族)은 한(恨)이 많은 민족이다. 많은 한 중에서도 못 배워서 못 먹고 못 사는 한은 그야말로 우리 선조들이 대대로 이어왔던 철천지한이었다. 그런데 박정희 정부가 "우리도 한 번 잘 살아보세"라며 조국근대화의 기치를 내세우자 수많은 사람들이 한풀이의 기회를 찾아 산업전선으로 나아갔고, 새마을운동에 동참하였던 것이다. 한국인들의 가슴 속에 응어리져 있던 한은 자본주의적 산업화 과정에서 가난의 설움, 배고픔의 고통에서 벗어나겠다는 목표를 달성하기 위하여 허리띠를 졸라매고 모든 것을 참아가며 악착같이 노력하는 헝그리 정신(*hungry spirit*) 혹은 성취의지(*achievement orientation*)로 고양되었던 것이다. 서구 자본주의가 금욕·근면·절약을 강조하는 기독교의 윤리에 의해 인도되었다면, 한국 자본주의는 배고픔의 한을 극복하려는 한풀이 의지에 의해서 이룩된 것이다.

'배고파'를 절실히 체험한 세대들을 중심으로, 이른바 산업화세력이 형성된다. 이들은 국력배양과 민생복리의 가장 우선적이고도 확실한 기반은 경제력을 끊임없이 확충하는 데 있다고 믿었다. 이들 산업화세력의 노고에 의해서 한국 경제는 기적적으로 성장하였다. 그러나 성공의 이면에는 항시 어두운 그림자가 있게 마련이듯, 성장의 과실을 제대로 향유하지 못했던 농민·노동세력이 분배정의를 외치며 산업화의 논리를 비판한다. 최근에는 노동자 내부에서도 핵심노동집단과 주변노동집단으로 균열이 일어나고, 실업과 비정규직의 증가로 인하여 노동시장 자체가 복합적인 파편화 현상을 보여준다. 과거의 산업화세력들이 일사불란하게 대오를 갖춰 병영적 노동통제를 수용하던 시절은 벌써 사라졌다.

지난 1960년, 70년, 80년대에 걸쳐 노동자들은 장시간 노동, 열악한 노동조건, 최저임금으로 고통받았지만, 이제는 상당수가 자가용으로 토요일 휴무를 즐길 만큼 상황이 개선되었다. 부모 혹은 선배 세대가 겪었던 배고픔에 대한 기억은 빠르게 사라지고 있다. 한국사회의 계층·계급적 불평등 구조가 정형화(*crystallization*) 되면서 적극적 성취동기 대신 현상유지나 안정적 일자리가 최선의 생존 비결로 간주되는 분위기이다. 모험과 도전보다는 안정적인 직장과 소득을 선호하고, 일보다도 여가에 관심을 더 많이 가지는 것은 배고픔을 면한 세대의 자연스러운 생활양식이다.

요컨대, 기존 한국적 역동성의 핵심적 동인이었던 '배고픔의 한'과 이와 연관된 '도전적 성취동기'는 사회전반에 걸쳐 서서히 약화되고 있다. 오늘의 한국이 당면한 경기침체를 반드시 정치적-경제적 요인만으로 설명할 수 없는 이유가 여기에 있다. 노동자의 근로의욕과 기업가의 창조적 파괴 정신이 모두 침체되어 있는 것이다. 인간은 고픈 배를 채우고 나면 생각이 달라질 수 있다. 남의 부른 배를 보고 더 나누어 달라는 '배 아파' 복통(腹痛)에 걸릴 수도 있고, 더욱 위험한 것으로는 '식곤증'(食困症)에 빠져 일을 팽개치고 잠에 취하는 것이다. 이와 같은 퇴행적 무력감을 극복하여 노사가 모두 새로운 의욕과 활력을 회복할 수 있는 길을 찾고자 한국경제는 현재 좌충우돌, 고군분투 중이다. IMF 이후 아직 10년도 경과하지 않았으니, 일본의 긴 불황 끝 회복세를 거울삼아 조급하게 허둥대지 말고 경제성장력의 기반조성과 구조개선을 준비해야 한다.

(2) 정치적 원천

① 나라가 두 동강 난 한: 통일의지와 체제경쟁

나라를 일본에 뺏긴 망국지한(亡國之恨) 그리고 6·25전쟁으로 골육상쟁과 생이별을 초래한 분단모순(分斷矛盾)은 정치적으로 한국사회가 잊으래야 잊을 수 없는 역사적 통한(痛恨)이다. 나라가 힘이 없어 남의 식민지가 되고, 힘센 나라들에 의해 삼팔선이 그어지고, 휴전이 되어버렸으니 민족적 자존심을 가진 사람이라면 누구나 부국강병을 약속하는 통일한국의 미래를 꿈꾸지 않을 수 없다. 그래서 통일은 우리의 가장 고귀한 소원이 되었다. 통일은 민족분단, 국토분단, 체제분단의 모순을 극복할 뿐 아니라, 주변 강대국이 우리를 좌지우지 못하는 명실상부한 자주국가로 도약하는 것을 의미한다.

그래서 남한사회는 때로는 북진통일을 꿈꾸며 북한을 경쟁의 상대 혹은 타도의 대상으로 인식하면서 경제발전, 군사력 증강에 박차를 가하였고, 반공을 국시로 삼기도 하였다. 그러나 민주화와 함께 사회일각에서 꾸준히 성장하였던 사회주의적 혹은 친북세력들에 의해서 북한은 '주체성'을 가진 나라로 찬양되기도 하였다. 1980년대 후반 소련 및 동구권의 사회주의체제가 와해되지 않았더라면 아마도 사회주의사상과 친북노선은 더욱 빠르게 그리고 훨씬 광범위하게 우리 사회에 확산되었을 가능성이 높았다. 천우신조인지, 6월 민주시민항쟁의 승리와 김영삼 문민정부가 등장하면서 한국사회의 좌편향에 균형이 다소 잡혔고, 김대중정부는 햇볕정책으로 남북화해의 길을 열었다. 노무현정부는 보다 주체적이며, 적극적으로 남북화해의 기반과 교류의 확대를 시도하고 있으나, 이념적으로 좌편향의 시비를 야기하고 있다.

필자는 최근 북핵문제를 풀기 위한 6자회담을 지켜보면서, 앞으로 상당 기간 남북통일 대신에 남북이 독립적 공존의 길로 나갈 것임을 감지하였다. 반드시 해결되어야만 하는 북핵문제가 원만히 해결되어, 북미수교와 북일수교가 이루어져 원수(怨讐)의 나라인 미국과 일본에 대한 북한의 적개심이 약화되고, 현재의 중국과 비슷한 개방적 수용분위기가 북한에 확산된다면, 남북통일의 전망은 더 높아질 것인가? 이처럼 남한과 북한과의 화해 및 교류가 반드시 통일의 첩경이 된다는 보장은 없다. 아마도 2개의 상이한 독립국가가 공존하는 상태로 귀착될 것이다. 그러므로 현 시점에서 급속한 통일 혹은 통일지상주의가 바람직한 것이라고 결코 단언할 수 없다. 현재 북한이 가장 원하는 것이란 바로 미국에 의한 김정일 체제의 인정과 유지이다. 우리가 대처해야 할 극단적 상황은 미국과 일본이 남한의 의사와는 관계없이, 중국과 러시아와의 이해관계 때문에 혹은 미국내부 상황의 변화로 인하여 서서히 탈남친북으로 전환할 수도 있다는 시나리오이다.

이처럼, 통일의 꿈 혹은 통일에 대한 우리의 민족적 의지를 제한하는 여러 조건들이 신국제질서의 형성과정에서 드러나고 있다. 남북 이산가족의 뼈저린 아픔도 앞으로 10년 후면 당사자들이 대부분 사망하게 되어 그 절실한 사회적 공감대와 반향을 상실할 것이다. 북한관광이라는 즐겁고 유쾌한 기대 혹은 북한투자라는 새로운 시장의 개척이 실향민의 한을 대체할 것이다. 이에 더하여, 세계화의 급속한 전개로 탈민족주의적 지향성이 강화될 것이며, 오늘날 젊은 세대들의 가치관을 미루어 볼 때, 통일의지보다는 개인적 정체성의 실현에 더 많은 관심을 둘 것이다.

통일의지는 때로는 긍정적으로, 때로는 부정적으로(예컨대, 선거용 북풍) 남한사회의 정치과정에 영향을 미쳤지만, 분명 한국정치를 역동적으로 변화시킨 중요한 힘이었다. 그 힘이 비록 현재는 최고의 정점에 있을지 몰라도, 서서히 약화 혹은 제도화되기 시작한다면 한국정치의 역학구도에도 심대한 변화(예컨대, 통일화세력의 약화)가 초래될 것이다. 북한이 베일을 벗기 시작하면, 통일의 마술과 신화도 세속화될 것이다. 통일에 대한 인식론적 전환은 이미 시작되었다. 통일의 에너지를 어떻게 보전하고, 활용할 것인가?

② 독재에 억눌리고 시달린 한과 민주화의지

우리 선조들은 예전부터 양반의 가렴주구에 빼앗기고, 일제에 짓밟히고, 독재체제에 억눌리면서 살아왔다. 자유당 말기 '못 살겠다, 갈아보자'는 민주당의 정치구호는 독재에 항거하고 민주주의를 갈구하던 당대의 민심을 절절히 대변해 준다. 피압박 민족과 피지배-피착취 계급으로서 역사의 희생자였던 민중들이 사람답게 떳떳이 살아보고자 투쟁하는 과정에서 자유와 평등의지를 배양하게 되었고 그 토대 위에서 한국 현대사의 자랑인 민주화운동의 물결이 노도처럼 흘렀다.

한 가지 역설적인 사실은 5·16 군사정변 이후 초기 민주화운동은 군부독재 체제를 거부하고 자유민주주의 체제를 성립시키는 것이었는데 후기 민주화운동에서는 사회주의와 친화력을 가질 수밖에 없는 노동운동이 합류하고, 북한의 주체사상에 영향을 받은 일부 학생들이 생기면서 프롤레타리아 독재를 옹호하는 입장도 등장한다. 이와 같은 변형적 사태의 등장이 시사하는 바는 민주주의가 제대로 작동하지 못하고 사회적·경제적 혼란이 심화될 경우, 과거 독일이나 이탈리아처럼, 전체주의나 파시즘이 등장할 수 있다는 점이다. 아울러 민주주의는 그 미덕이자 강점인 적에 대한 관용(예컨대, 사상, 출판, 결사, 집회의 자유 등)으로 인하여, 음모집단이 법적 자유를 활용하여 민주주의 기반 자체를 와해시킬 수도 있는 취약점을 갖는다. 시민사회가 다원적으로 발전하고, 시민의식이 성숙해져야만 하는 이유도 이처럼 조직화된 소수에 의한 반민주적 파괴의 위험성을 억제하기 위해서이다.

한국은 오랜 투쟁 끝에 자유민주주의 체제를 수립하였지만 민주주의의 심화 내지 실질화를 위한 정치발전의 속도는 매우 느리다. 여전히 국가권력은 소수에 의해서 독점되고, 시민사회의 적지 않은 부분은 국가권력에 포섭되어서 국가의 '뻗은 팔' 혹은 '보이지 않는 손' 노릇을 하면서 시민사회의 자율성과 독립성을 잠식하고 있다. 민주화 의지는 새롭게 무장되어 시민사회의 시민권력을 구축하려는 모습으로 나타나야 하는 것이 아닐까?

(3) 문화적 원천: 못 배운 한과 학습의지

한국 부모의 교육열은 이미 일종의 과잉교육(*overeducation*) 현상을 초래하였고, 치맛바람을 거쳐 기러기 아빠를 양산하는 수준으로까지 비화하고 있다. 학문을 숭상하던 유교사회의 분위기에서 교육이 개인적 신분·지위 상승의 가장 믿을만한 수단이라는 사실을 일찍부터 깨우친 한국 부모들의 교육기회에 대한 욕구는 고등교육의 엄청난 성장을 초래하였으며, 입시지옥이 심화되면서 학습의지 또한 가열되었다. 여기에다 세계에 자랑할 만한 문화적 유산을 가진 한국사회는 근대화 과정에서 서구문화에 무비판적으로 노출되기는 하였지만, 이제는 문화적 저력을 발휘하여 독자적인 문화상품을 수출할 뿐 아니라, 다양한 분야(특히, 예체능)에서 최고 수준에 이르고 있다. 인문사회과학분야에서도 구미이론에 대한 종속성을 탈피하려는 각성이 꾸준히 진전되어

왔기 때문에 아직은 미흡하나 한국적 자생이론이라 불릴 만 한 것들이 등장하고 있어 그 전망이 결코 어둡지 않다.

한국사회에서 문화적 역동성의 기반인 학습의지는 종교의 수용과 생산[11] 그리고 성장[12]에 있어서도 남다른 능력을 발휘하여 한국사회를 다종교사회로 만들었다.[13] 불교, 기독교, 유교 등을 중심으로 다양한 종교와 신앙이 공존하고 있다. 지구상의 대부분의 나라에서는 특정 종교가 다수의 신자를 거느리는 지배종교로 군림하거나 아니면 두 개의 지배적 종교가 엄청난 갈등을 초래하고 있다. 그러나 한국사회에서는 종교간의 공존과 화합이 상대적으로 매우 돋보인다. 국가발전에 있어서 종교적 균형은 그 반대의 기회비용을 생각한다면 성장의 엄청난 기반이었다고 생각한다. 월남 기독교인들의 시장개척, 카톨릭의 선도적 민주화투쟁, 독재자의 처리에서 보여준 불교의 자비정신 등은 사회적 혼란을 극복하는 문화적 힘으로서 기능하였다.

나아가, 한국사회의 다종교성은 한국인의 정신세계를 매우 다채롭고, 풍부하게 구성할 수 있는 자원을 제공하였을 것으로 판단한다. 일찍이 최치원이 한국에는 유불선의 삼교를 포괄하는 풍류도가 있다고 하였을 만큼 한국사회는 예로부터 고유의 독특한 정신세계를 발전시켜 왔던 것이다. 특히, 조선말과 일제하에 번성한 각종의 민족종교, 광복 이후에도 그 맥을 이어 계룡산 자락에 자리 잡았던 다양한 신흥종교, 그리고 서구의 외래 종교(즉, 천주교)를 처절한 그래서 영광스러운 순교의 역사를 만들면서 수용한 강인한 종교정신 등을 고려해 볼 때, 한국인들은 매우 독특한 신앙심 내지 종교능력을 간직한 것 같다. 한 사회의 문화를 결정짓는 것이 언어와 종교라는 사실을 명심할 때 한국사

11) 통일교의 세계적 확산에 대한 분석과 평가도 객관적이면서 적극적으로 시도되어야 할 것이다.

12) 예컨대, 1960년대 초부터 1980년대 초까지 한국에서 종교인구의 성장률은 "세계 역사상 가장 놀라운 것"이었다(노길명, 1983: 86~90). 예를 들면, 1981년의 경우, 전체인구의 77.6%가 종교를 가진 것으로 나타나며, 1979~1980년의 종교인구증가율은 전체인구 증가율 1.53%보다도 훨씬 높은 2.7%나 되었다. 그러나 전통종교(불교와 유교)보다는 기독교의 증가율이 높고, 가장 높은 성장률을 보인 개신교에서는 사회개혁적인 교파보다는 보수적, 성령중심적 교파에서 더 높았다.

13) 한국의 종교성장을 학습의지와 연관시켜 해석하는 것에는 논란이 예상된다. 그러나 종교의 사회교육적 측면과 신도의 종교(교리) 내면화는 학습과정과 긴밀한 관계를 맺는다.

회의 다종교성은 분명 문화적 활력의 원천이 되었을 것이다.[14]

한국사회에는 높은 교육수준, 다양한 종교적-문화적 다원주의가 존재하기 때문에 현재 진행되는 때아닌 이분법적 이념논쟁으로 한국사회가 양극화되는 경향이 조만간 균형 잡힐 수 있을 것으로 기대해도 좋지 않을까?

2) 중앙집중 국가의 통치적 균형

주지하듯, 광복 이후 1987년까지는 반공독재와 개발독재에 의해서 모든 사회발전은 국가주도형, 국가통제형, 국가폭력형의 성격을 지니면서 추진되었다. 광복 후 남한은 뒤이은 6·25전쟁과 준전시의 분단상황으로 인하여 국가건설은 긴장 속에서 진행되었다. 특히, 남북한 간의 체제경쟁으로 인하여 남한에서는 자유민주주의체제 혹은 자본주의시장경제체제의 우월성을 입증해야 하는 과제에 직면하였다. 박정희 정부는 민주주의를 유보하는 대신 경제발전으로 정치적 정당성을 확보하고자 하였기 때문에 국가발전양식은 중앙집중형 독재국가가 노동자와 농민을 억압하면서 위로부터 일방적으로 계획하고 명령하는 '통치적 균형'에 의존하였다.

박정희모델에는 공과가 뒤섞여 있다. 과연 그때 다른 방식으로 국가발전이 이루어 질 수 있었는지, 그랬다면 어떤 방식으로 어떤 결과가 발생하였을 것인지에 대한 우리의 추론은 불행히도 가정일 수밖에 없다. 다만, 역사적으로, 자본주의적 산업화의 초기 단계에서는 국가의 비호 아래 피투성이의 원생적 노사관계가 형성되어 장시간 노동, 저임금, 열악한 노동조건이 거의 보편적 현상으로 관철되었다는 점을 인식할 필요가 있다. '필연적'인 것이라 해서 부정의가 정당화될 수는 없지만, 그 부정의의 결과가 사회적으로 유의미한 결과를 초래하였다면 우

14) 역사적으로 서구의 자유주의사상 및 관용의 정신은 종교전쟁의 참혹한 결과에 직면한 각성 내지 타협의 산물이었고, 종교의 자유를 통해 사상의 자유가 보장되었던 것이다. 종교 및 사상의 자유는 문화적 다원주의의 기반이 되어 정신문화적 활력을 제공한다.

리의 해석과 평가도 적극적으로 이루어질 수 있다. 그러므로 과거에 대한 평가의 차이를 빌미로 해서 적과 동지로 나누고, 선악의 분기점을 만들어 내려는 시도야말로 다양성과 차이를 존중해야만 하는 민주사회의 근본을 위협하는 독단적 태도이다.

4. 한국 시민사회의 재역동화와 국가발전의 균형화

1) 배경과 필요성

이미 언급하였듯이, 자본주의적 산업화를 선도한 박정희 정부가 산업화 세력을 적극적으로 육성하는 과정에서, 박정희 개발독재를 비판하는 민주화 세력 또한 젊은 세대인 대학생층을 중심으로 결집되고 있었다. 산업화 세력의 중심이 현 사회의 기성세대라면 민주화세력은 386에 의해서 대변될 수 있다. 그런데 노무현정부의 등장과 함께 산업화세력과 민주화세력은 자주 첨예한 갈등국면을 조성한다. 즉, "경제성장이 먼저냐 분배와 복지가 우선이냐"하는 고전적 문제로부터 시작하여 박정희 정권을 비롯한 과거사에 대한 적극적-부정적 해석, 북한과 통일 그리고 미국에 대한 시각의 차이 등 여러 쟁점과 사안을 두고 서로 날카로운 대립각을 세우고 있다. 그리하여, 이념적으로는 좌파 대 우파, 진보 대 보수라는 시대적으로 다소 진부한 양극구도가 형성되어 현재 한국사회에는 적지 않은 긴장감이 흐르고 있다.

필자는 이와 같은 비생산적 대립구도는 회피할 수 없는 정치적 결과이기는 하지만 신속히 제거되어야 할 것으로 판단한다. 21세기 탈이념과 혼합이념의 시대에 아직도 진보와 보수를 선악의 기준으로 간주하고, 좌파와 우파를 우열의 기준으로 논하는 것은 시대착오이다. 근대를 지배한 이분법은 이제 더 이상 보편적 논리가 아니다. 어느 이념도 절대적 가치나 지위를 독점할 수 없다. 모든 것은 한계와 오류를 내포한다. 순수한 단일성과 함께 잡종성, 혼성, 다면성, 다중성의 가치도 적극적으로 인정되어야 한다. 동성애와 양성애 모두가 인간의 정당한 성애로 간주되는 것처럼, 너무나 자명한 진실이지만, 우리는 좌파와 우파, 진보와 보수 나아가 신좌파와 신우파 혹은 합리적-지속가능한 진보나 개혁적 보수는 물론이고 미래에 탄생할 좌우연합파, 전위파 등 모든 이념적 계파를 필요로 하고, 그들의 존재가치와 기능성을 적극적으로 인정해야 한다.

현재 전지구적으로 전개되고 있는 세계화는 한편으로는 신자유주의라는 무한경쟁구도를 펼치고 있지만, 다른 한편으로는 보편적 인권사상에 입각한 사해동포주의(四海同胞主義, *cosmopolitanism*)를 추구한다. 이와 더불어 정보기술혁명으로 세계는 하나의 네트워크로 조직되어 가면서 국가·지역·도시연합과 같은 탈 국가주의의 경향이 확산되고 전지구적 시민사회(*global civil society*)가 형성되고 있다. 개인들 또한 기존의 국민, 시민, 민족, 계급, 성과 같은 특정의 정체성에 집착하는 대신에 다중적 정체성을 추구하면서 유목민처럼 자유롭게 이동하는 삶을 선호한다. 21세기가 지향하고 있는 이와 같은 시대적 추세에 대응할 수 있는 자기학습이나 훈련을 현재의 한국사회는 얼마나 준비하고 있는가?

보다 구체적으로, 한국사회는 차츰 역동성을 잃어 가고 있는 것이 아닌지? IMF이후 한국은 경제구조개선을 위해 노력하였지만, 중국이라는 거대한 시장이 열리고 있는데도 경기회복의 실마리는 쉽게 풀리지 않는다. 노사는 여전히 불신 속에서 갈등하며, 빈익빈 부익부의 양극화 현상이 가시화되고 있다. 노동력의 부족이라는 문제에 더하여, 인구 감소와 고령화로 노동력의 양과 질이 동시에 위협받고 있다.

정치적으로는, 민주화의 위업을 이룩한 자신감은 사라져 버리고 당파간의 이념갈등과 정책갈등으로 사회가 어수선하다. 갈등은 새로운 통합을 위한 필요조건이라지만 현재의 갈등은 매우 직설적이며, 소모적인 것으로 그 후유증이 적지 않을 것 같다. 특히, 일련의 친북반미 활동이 공공연하게 조직적으로 전개되면서 반공친미 집단의 대응양식 또한 수위를 점점 높여 가고 있다. 다음 대통령선거 과정에서는 그야말로 격렬한 이념투쟁이 예고되어 있다. 어쩌면 이 모든 혼란은 남한

사회가 최소한의 사회적 통합을 이룩하기 위해서는 반드시 넘지 않으면 안 될 과제이다.

한국문화의 저력은 마침내 대외적으로 한류라는 사상초유의 독자적 문화수출을 이룩하는 쾌거를 이룬다. 그렇지만 대내적으로는 신문화권력이 코드정치의 보호를 받으면서 (보다 정확하게 표현하자면, 코드정치의 일사불란한 확산을 위해) 언론을 중심으로 여기저기에서 거점을 마련하고 있다. 문화적 다양성과 자율성이 권력이라는 최면에 빠지게 되면 선동문화나 홍보문화로 전락할 뿐이라는 역사의 교훈을 우리는 잘 알고 있다. 문화투쟁이 문화적 자율성을 확보하기 위한 투쟁이 아니라 문화권력을 얻기 위한 투쟁 혹은 반대파를 공격하기 위한 투쟁으로 변질된다면 그 사회의 문화는 활력을 잃기 십상이다.

2) 역동성의 새로운 방향: 한국의 선진화 혹은 선진국 진입

최근까지 한국사회의 역동성을 지탱하였던 경제적 성취동기, 정치적 통일·민주화 의지, 문화적 학습의지와 다원성이 점차 변질되거나, 혼란과 갈등에 빠져 있다. 물론 이러한 혼란이 반드시 부정적인 것만은 결코 아니다. 그것은 기존 지배세력 내지 지배가치의 부도덕과 타성을 쇄신한다는 개혁의 산물이기도 하기 때문이다. 다만, 그것이 구악을 일신하는 것인지 혹은 답습하는 것인지 분명치 않은데 문제가 있다. 이제 우리는 지나간 과거의 오류나 지나갈 현재의 혼란에 집착하는 대신 이미 우리 곁에 다가온 미래 한국사회에 새로운 역동성을 제공하는 원천을 발굴해 보자.

광복 후 적어도 50년 동안 우리 남한은 그야말로 "잘 먹고 잘 사는 나라", 즉, 물질적 의미의 부자 나라가 되고자 혼신을 바쳤다. 자유민주주의체제도 상당히 구축하였다. 그러나 이제는 그것만으로 부족하다고 느낀다. 새로운 사회, 즉, 대안사회가 필요하다고 생각한다. 그렇다면 어떤 사회가 우리에게 희망과 꿈을 주며, 우리의 가슴을 뛰게 하여, 우리로 하여금 그곳으로 힘차게 달려가도록 만들까? 그런 멋있는 신세계가 있을 것인가? 아니면, 화려하지는 않아도 현실적으로 실현가능한 참한 사회는 없을까?

광복 60주년을 맞이한 이 시점 남한사회 최대의 과제 혹은 최고 목표는 무엇일까? 많은 사람들이 '민족통일'이라고 답할지 모른다. 그러나 필자는 '한국의 선진화 혹은 한국의 선진국 진입'이 더욱 시급하고도 절실한 과제라고 생각한다.[15] 남한이 선진화되지 않은 상태에서 통일이 이루어진다면 그것은 문화적 차별과 대립이 난무하거나 불안정이 일상화되는 정치적 악몽 아니면 경제적 하향 평준화라는 비극으로 끝날 가능성이 높기 때문이다.[16] 남한 자신을 위해서 뿐 아니라, 북한을 위해서도 남한은 빨리 선진화될 필요가 있다.[17]

선진 한국은 기존 자본주의 선진국인 미국. 영국, 프랑스, 독일, 일본 등을 이상적 모델로 하여 단순히 따라 가자는 것이 아니다.[18] 한때, 동방예의지국으로 칭송 받았고, 동방의 등불로 존경의 대상이 되었듯이, 혹은 김구선생이 꿈꾸었던 정신적 자산과 자원이 풍요롭고 아름다운 문화대국을 이룩하여 21세기에 필요한 새로운 시대적 가치를 바르게 이끄는(善導) 진취적인 국가로서의 선진국(善進國)을 만들자는 것이다.

바야흐로 동아시아가 세계적으로 부상하고 있다. 동아시아시대를 정신적으로 선도할 수 있는 문화적-기술적-경제적 역량을 우리는 갖추고 있다. 중국은 오랜 사회주의적 통제 속에서 중국 고유의 전통문화

15) 남한은 이미 OECD의 30개 회원국의 하나이며 세계 11위의 경제대국이니 선진국의 문턱에 섰다고도 할 수 있겠지만, OECD 평균 국민소득의 3분의 2수준에 머무르고, 현재 생산성과 성장률이 다소 낮아 분발을 요구하는 수준이라고 하겠다. 노무현대통령은 올해 첫 국무회의에서 2005년 국정목표는 선진한국이라고 하였다.

16) 정치적-경제적 체제통합을 의미하는 남북통일보다는 문화적 사회통합이 우선적으로 진행될 필요가 있다. 남북통합의 사회문화적 접근을 강조하는 임현진(2001: 374~412)을 참고할 것.

17) 다소 도식적일지 모르나, 현재 한국사회의 세력구도는 통일화 세력과 선진화 세력으로 구분할 수 있을 것 같다. 물론 통일과 선진화라는 두 가지 목표는 동시에 추구해야 하지만 제한된 자원의 활용과 구조적 조건의 절박성을 고려하여 실천과 집중의 우선순위를 결정해야 한다면, 선진화에서 통일로 가는 길, 즉, 선 선진화-후 통일이 그 반대의 길보다도 훨씬 안정적이고 효율적이라고 판단한다.

18) 인구규모와 산업을 고려한 일반적인 의미에서 선진국은 강대국, 강중국(强中國), 강소국(强小國)으로 구분할 수 있는데, 한국의 경우에는 강중국을 지향하되 강소국의 장점을 보완하는 발전전략이 적합하다는 정일준(2005)의 의견에 동의한다.

를 억압하였고 앞으로도 당분간은 다양한 사상의 자유를 허용하지 않을 것이기 때문에 정신적으로 자유롭고 진취적 능력을 개발하기 쉽지 않을 것이다. 일본은 이미 너무 지나치게 서구화되어 버렸고 또 제국주의적 원죄를 제대로 반성하지 못하므로 동아시아의 정신적 지주가 될 자격이 부족하다. 그러나 한국은 대륙과 해양의 접합지대로서 서구문화와 동양문화를 결합하여 창조적으로 생성시킬 수 있는 능력을 이미 발휘하고 있다(한류!).[19] 중국의 시장, 일본의 기술 그리고 한국의 철학과 문화가 결합한다면 동아시아시대는 완성될 것이다.

3) 국가발전양식: 분권국가에 의한 협치적-타협적 균형

한국사회는 세계에 유례가 드문 단일민족국가체제의 오랜 전통을 유지해 오고 있다. 그리하여 중앙집중적 통치체제가 확립되어 정치적 민주화에도 불구하고 권력의 분산이 제대로 이루어지지 못한 상태이며, 시민사회에 대한 국가의 개입과 지배가 사라지지 않고 있다. 그러나 이제 한국은 민주주의의 기본 원칙에 따라서 과감하게 국가권력을 분산 혹은 폐기시켜야 한다. 특히 주권재민의 정신에 충실하자면 시민사회의 정치적 참여와 비판을 적극적으로 보장해야 하며, 시장을 비롯한 민간부문의 자발적 결사체들의 활동이 자율적으로 전개될 수 있는 제도적 장치를 마련해야 한다. 한국 시민사회가 보다 자유롭고 능동적인 활력을 발휘하기 위해서는 현존 국가권력체제의 개편이 필요하다.

현재 '포스트 1987년 체제'에 대한 전망과 함께 헌법개정을 포함한 헌정구조의 개혁에 대한 논의가 활발하다. 필자 또한, 모든 권력형 부

19) 이와 관련하여 이종오(2005: 99)의 동아시아 시민사회의 형성과 연대를 위한 한국의 균형자, 촉진자로서의 역할에 대한 강조를 소개한다: "동아시아 6자 중 한국은 어느 누구에게도 위협이 되지 않으면서도 상대적으로 건강한 내부구조를 가지고 있는 동아시아의 모범국가로서 지역의 평화와 발전을 선도할 수 있는 잠재력을 지니고 있다 … 한국이 현재 만들어 내고 있는 문화의 힘은 향후 이 지역의 시민사회의 각성과 성장을 위한 주요한 동력이 될 가능성이 높다 … 사과와 배상에 의해서가 아니라 새로운 동아시아 질서형성을 위한 주도적 역할에 의해서 식민지 과거의 진정한 극복이 이루어지리라고 여겨진다. 한국은 이제 더 이상 피해자 민족주의의 관점에서 세계와 지역을 둘러 볼 필요는 없다. 한국은 향후 개방적, 포용적 자세로 세계를 대하여야 한다. 세계는 더 이상 우리를 억압하는 타자로만 구성되어 있는 것이 아니다."

정부패와 사생결단적 정치투쟁의 원천인 제왕적 대통령제를 수정·보완하는 분권형 권력구조의 도입을 지지한다.[20] 임혁백(2005: p. 43)의 지적처럼 "작으면서도 빠르게 국민의 요구에 응답하고, 개방된 네트워크를 통해 시민들을 서로 연결시켜주며, 주어진 가치를 분배하기보다 새로운 가치의 창조를 통해 정합적(*positive-sum*)으로 권력을 나누어 가짐으로써 국민적 통합을 추구하는 신유목적 민주주의를 실현하기 위해서는 21세기형 국가권력구조, 즉 헌정구조의 개조와 정치개혁"이 필요하다. 21세기 분권국가는 국가발전의 유일한 지휘자가 아니라 다양한 사회적 욕구를 수렴하고 조정하는 협치적-타협적 균형자가 되어야 한다. 분권국가는 작지만 효율적이고, 부드럽지만 끈질긴 연성적 협상국가이다.

아울러, 분권국가는 명실상부하게 지방분권을 보장하여 시민의 정치참여 기회를 확대하고 지방정부의 자치능력을 제고시켜야 한다.[21] 지역균형발전의 핵심전략인 지역혁신도 지방정부와 지역주민의 주도, 즉, 주민참여에 의해서 밑으로부터 계획, 실행되어야지 중앙정부가 떡 나누어주는 식의 시혜성 정책으로는 지속되기도 성공하기도 힘들다. 특히, 참여정권의 성립 전후로 강력한 힘을 지녔지만 최근 약화추세를 보이는 지방분권운동은 현 정부가 추진하는 행정중심복합도시 건설이나 국가균형발전과는 분리되어 추진되어야 한다. 중앙에서 지방으로 권한을 이양하고 자원을 분산시키는 분배형 지방분권과 더불어 지방의 권한과 자원이 중앙으로 유출되거나 집중되지 않도록 하는 성장형 지방분권도 고려해야 한다.

권력은 부패의 온상이기도 하지만, 생산적 기능을 수행할 수 있는 양면성을 지니고 있다. 절대적 집중권력일수록 절대적으로 부패한다

---

20) 헌정개혁은 기존 한국적 자유민주주의의 모델이 실패하였다는 의미에서가 아니라 시민사회에 권력을 분산시킨다는 적극적-보완적 의미에서 고려한다. 이 점에서 1987년 체제는 나름대로의 시대적 적실성과 정당성을 지닌 것으로 평가하며, 자유민주주의체제의 기본틀을 위협하는 어떠한 시도에도 전혀 동의하지 않는다.

21) 참여정부의 지방분권 추진 로드맵과 지방분권 5개년 종합실행계획에서 명시한 47개 과제 중 올 상반기를 기준으로 계획대로 추진된 과제는 지방분권특별법과 주민투표법의 제정 및 4개의 재정분권과 관련된 과제 등 모두 6개에 불과하다(김순은, 2005).

는 경고를 명심하여 권력의 집중화를 제도적으로 막아야 한다. 아울러 권력의 소유자들, 특히, 정치인이 생산적 정치에 전념할 수 있도록 감시하는 각종의 제도적 장치(예컨대, 주민소환제, 중간 평가제, 의정활동 전면 공개 등)를 개발할 필요가 있다. 정치인에게 부여된 각종 호사스런 특권도 폐지시켜 정치적 권위주의를 제거하고, 정치인의 전문인화를 유도해야 한다. 언론인, 연예인, 예술인, 기업인, 교직자, 시민운동가 모두가 너도나도 정치권력이 부르면 빨려드는 정치의 블랙 홀은 오직 권력의 특권을 줄이고, 책임과 의무 그리고 윤리성을 높여야 만이 사라질 것이다.

분권국가가 민주주의적 요구를 더욱 성실하게 충족시키기 위해서는 그간 압축적 성장과정에서 만연된 탈법적-초법적 관행을 극복해야 한다. 억지를 부리면 통하는 "떼법", 국민감정을 내세우며 탈법을 묵인하려는 "국민정서법"이 횡행하여서는 법에 의한 지배, 즉 민주주의의 가장 중요한 제도적 장치인 법치국가가 자리 잡을 수 없다. 비록 헌법이 "미완의 기획"으로서 시민불복종에 의해서 변경될 수도 있지만, 그 과정은 절차적 민주주의를 철저히 지키는 법치주의를 따라야 한다.

앞으로 우리가 당면할, 어쩌면 이미 시작된, 미래사회는 그야말로 불안정하게 급변하는 복잡하고도 이질적인 사회, 즉, 유목주의 및 혼성사회(김성국, 2004) 혹은 신유목적 민주주의(임혁백, 2004), 해체-탈구조화-연성화 혁명의 시대(황경식, 2004), 잡종사회(김문조, 2005)의 성격을 갖는다. 그 결과 역동성(*dynamism*), 비균형성(*disequillibrium*), 탈영역화·탈경계화(*de-territorialization*)가 증가할 것이기 때문에 어떤 고정적·단원적·보편적 기준이나 규범으로는 이해하기도 어렵고, 대처할 수도 없다. 자기조직화(*self-organization*)나 자동생산성(*autopoeisis*)이 사회구성의 핵심적인 원리로서 작동할 것이다. 그러므로 균형자로서 국가의 역할은 노사정민(勞使政民)의 기본적 역학구도에서 펼쳐지는 다양한 세력다툼이나 이해충돌이 가능한 자율적으로 해소되어 상호 인정하고 협력할 수 있는 타협의 촉매 역할을 담당하는데 주력해야 할 것이다.[22]

4) 역동적 시민사회의 토대

(1) 정치적 원천: 참정(參政) 욕구[23]와 시민권력 형성

제국주의적 억압, 반공독재, 개발독재에 시달려 온 우리 국민들은 4·19 시민혁명을 시작으로 점화된 민주화 운동을 통하여 마침내 자유민주주의체제를 수립하였다. 민주주의적 정치질서가 일시에 정착될 수 없는 것이지만, 한국의 정치는 국민들에게 언제나 커다란 실망의 대상일 뿐이었다. 정치에 대한 국민들의 기대수준이 높기 때문에 나타나는 현상이다. 많은 여론조사를 보면, 경제분야나 문화분야에 비해서 정치분야가 가장 덜 발전되었다는 인식이 팽배하고, 정치인에 대한 국민의 신뢰지수는 최하위에 머무르고 있다.

이와 같은 정치(인에 대한) 실망, 정치(인에 대한) 불신의 풍토 때문에 시민들이 직접 정치에 참여하기를 원하는 참정의 욕구는 증가할 수밖에 없다. 따라서 기존의 대의제 정치가 갖는 여러 가지 한계점과 모순을 극복하는 대안으로서 직접민주주의 형태의 시민정치가 활성화 될 필요가 있다. 김영삼 문민정부의 출범과 함께 폭발적으로 성장한 각종 비정부조직(NGO)은 시민들의 운동정치를 대변하는 것이었다. 그러나 운동정치 혹은 시민운동의 정치적 참여가 과도한 수준으로 나아갈 때(예컨대, 탈법적 낙선운동) 항상 어용화 혹은 권력화의 위험성이 초래된다. 시민운동의 정치참여는 '영향력의 정치'(*politics of influence*)라는 영역에 머물러야 하지 '권력획득을 위한 투쟁의 장'으로 진입한다면 그것은 시민운동이 아니라 기성 정치운동에 불과할 뿐이다.

시민운동 내지 시민운동가의 권력화(*New Governmental Organizations?*)를 회피하면서 시민의 정치참여를 확대하고, 기존 제도정치의 문제점

---

22) 경제문제 혹은 노사갈등을 해결하는데 있어서 노사정의 삼대 세력이 참여하는 것은 시민사회 혹은 시민세력이 성장한 현실에서는 문제가 있다. 한국사회의 주요 문제를 협의하는 협치의 장은 노동, 자본, 정부, 시민의 4대 세력으로 구성되어야 한다. 성, 지역, 계급, 소수자는 각 세력의 내부 구성에서 거론될 수 있다. 이와 관련하여 김성국(1991, 1999)을 참고할 것.

23) 참정과 참여는 같은 의미로 사용될 수 있지만, 전자는 시민의 정치참여를 당연한 권리이자 중요한 의무라는 성격을 보다 분명하게 혹은 법률적으로 지칭한다.

을 보완하는 방법은 없을까? 각계각층의 사람들로부터 의견을 청취하는 공론정치와 쟁점별 해당 전문가의 의견을 수렴하는 전문가정치를 정착시킬 수 있도록 국가기관, 정당이나 언론에서 전자투표제를 도입하여 수시로 적극 활용하면 어떨까? 공정성, 보안성, 대표성이 확보된다면 전자투표는 직접민주주의를 구현하는 가장 효율적인 방식이 된다. 소수의 국회의원이나 지방의회 의원들이 국가적·지역적 문제를 국민이나 지역민과 협의 없이 그들을 형식적으로만 '대표'하고 실제로는 자신이 결정하는 대표민주주의(*representative democracy*)는 시민사회가 정치적으로 성숙하고 있는 오늘날 재고의 여지가 많다.

이처럼 시민의 정치참여는 전문가로서건 혹은 공론의 형성자로서건 한국의 민주주의적 정치발전에 큰 기여를 할 것이다. 이는 이념적으로는 주권재민이라는 민주정치의 원칙에 더욱 근접하는 것이요, 실질적으로는 정치인의 전문가적 능력을 한편으로는 보완·강화하고 다른 한편으로는 감시·촉구하는 기능을 수행할 수 있다. 정보기술혁명의 선두주자요, 정보선진국인 한국사회는 전자정부, 전자투표, 전자감시 및 공개제도를 적극 도입하여 세계정치사에 큰 획을 긋는 전자정치혁명 혹은 진정한 참여의 혁명을 시도할 수 있다.

구미의 정치선진국들이 여전히 정치적 엘리트주의론에 입각한 대의제에 타성적으로 집착하고 있는 동안, 우리는 후발 민주국가이지만 민본정치를 표방하여 국민의 정치적 감각과 능력을 훈련시켜서 서구형 민주주의가 초래한 정치적 무관심 혹은 냉소주의 대신에 시민이 능동적으로 정치활동을 추구하도록 참정의 역동성을 개발하여야 한다. 민주주의적 정치발전의 수준을 알기 위해서 권력기구에 여성이나 장애인의 수가 얼마이며, 공직자의 부패도·청렴도가 얼마인지를 평가하는 것도 매우 중요하지만, 더욱 핵심적인 것은 전체 국민들의 여론과 공론이 정치적 의사결정과 얼마나 밀접하게 연결되어 있으며, 시민의 정치적 능력과 권리가 어느 정도 확보되었는지를 확인하는 것이다.

노무현정부가 시민의 정치참여를 정치적 가치의 최우선에 둔 것은 시대적 요구에 부합하는 것이었다. 참여정부는 자신의 정체성을 한국정치사에 확실하게 기록을 남기기 위해서라도 국민의 정치참여를 집권

후반부가 막 시작된 이제부터는 단일 코드만 사용하지 말고, 다양한 색깔의 코드를 적재적소에 연결하는 참여의 확대를 도모해야 한다. 그만큼 전문가의 동원대상도 넓어져 자연스럽게 아마추어리즘이라는 비판도 불식할 것이다.[24] 시민의 정치참여를 매개하는 주요 통로인 언론, 특히, 특정 신문과의 관계에서도 구원을 잊고 대승적 차원의 화해를 시도하여 그들과도 대화하는 참여정치의 진면목을 보여주어야 할 것이다.

시민의 참여욕구가 각종 의사소통의 채널을 통하여 전달되고, 실현될 때 한국정치는 안정화되기 시작할 것이다. 왜냐하면, 정치참여를 통하여 많은 시민들이 정치적 책임을 공유하게 되면, 정치적 위기나 실패의 파장도 분산시킬 수 있기 때문이다.

(2) 경제적 원천: 참살이 욕구[25]와 생태친화적 경제개발

많은 사람들이 이제는 더 이상 "배고파"를 얘기하지 않는다. 대신 배부른 사람들에 대하여 "배 아파"를 부르짖는 사람들이 적지 않다. 불평등한 사회가 경청하지 않을 수 없는 목소리다. 그러나 장기간의 경기침체로 빈곤의 확산과 청년실업이 심각한 지금은 분배의 몫을 늘리기 위해서라도 성장에 주력할 때이다.

그러나 우리의 경제적 삶에 있어서 점차 더욱 중요한 관심사로 대두되는 것은 "이제는 사람답게 제대로 살아보자"는 참살이 욕구이다. 참살이가 단지 중산층의 여유로운 생활양식을 겨냥한 자본주의적 소비전략이라는 식의 비판은 지나치게 편협하다. 환경오염과 각종 스트레스가 우리의 심신을 해치고, 먹거리를 위협하고 있는 실정에서, 참살이 욕구는 빈부귀천을 막론하고 나름대로 오래 건강하게 살고자 하는 인

24) 물론 아마추어의 신선한 발상과 과감한 추진력은 노회하여 지나치게 신중할 수 있는 프로페셔널의 취약점에 대비되어 긍정적으로 평가할 수도 있다. 그런데, 소수이기는 하지만, 이미 도덕성 시비에 휩싸인 아마추어리즘은 신뢰를 회복하기 힘들다.

25) 최근 한국사회에서 삶의 질에 대한 관심이 높아지면서 선풍적 인기를 모았던 웰빙(*well-being*)현상을 "특정한 측면, 예컨대, 통합적인 건강상태라는 측면에서의 개인의 사적 행복"에 국한시키지 않고, "개인의 삶 전체를 기획하며, 나아가 타인의 삶까지도 고려하는 확장된 행복"을 의미하는 포괄적 개념으로 참살이를 규정하고 싶다. 이와 관련하여 이태수(2004)를 참고할 것.

간본성의 표출이다. 참살이는 기존의 대량생산-대량소비시대의 물질주의적 가치관을 탈피하여 개인의 정체성과 삶의 질을 중시하는 탈물질주의시대의 새로운 생활양식을 추구한다. 사회복지(*social welfare*)가 산업시대의 빈곤층을 위한 물질적 혜택에 초점을 맞추었다면, 참살이는 탈빈곤시대 혹은 후기산업사회의 대다수 사람들이 스스로 선택하는 정신적-신체적 건강 혹은 안전의 확보전략이라고 간주할 수 있다.

참살이에 대한 욕구는, 비록 상품시장에서는 일시적인 유행으로 끝날 수 있겠지만,[26] 생태위기와 천재 및 인재에 의하여 가속화되고 있는 위험사회에서 삶의 질과 생활의 안전을 확보하려는 사람들에 의해서 지속적으로 그리고 강력하게 추구될 새로운 생존의지이다. 오늘날 동서양을 막론하고 정신적 안정과 활력을 얻기 위하여 단전호흡, 선, 기공, 요가, 명상 등의 동양의 전래적인 심신수련법이 인기를 끌고 있는 현상은 매우 긍정적으로 이해되어야 한다. 그것은 고령화시대에 대비하는 사회 건강적 예방책인 동시에 건강(관련)산업의 경제적 활성화를 촉진한다.

나아가 참살이에는 환경오염과 생태위기에 비판적으로 대응하는 성찰적 측면이 내포되어 있으므로 그간의 무분별한 경제개발방식 대신에 생태친화적인 지속가능한 발전을 선호하는 가치관을 확산시킬 수 있다. 참살이를 통하여 한국사회에서 생태학적 가치와 자원들이 축적된다면 그것은 가까운 미래에 귀중한 사회적 자본으로 활용될 것이다.[27] 참살이의 철학과 가치관 및 세계관을 확립하여 자연을 파괴하고 약탈하는 경제개발 대신에 자원을 절약하고 자연과 공생하는 경제발전을 강구한다면 우리는 비록 소득수준은 약간 모자라더라도 분명히 경제선진국으로 불릴 것이다.[28]

---

26) 최근 웰빙관련 상품의 판매액은 엄청나게 증가하였고, 앞으로도 건강관련 상품은 지속적인 수요를 창출할 것이다.

27) 생태적 가치의 내면화는 물리적 환경보호의 차원에서만 의미를 갖는 것이 아니다. 생태주의의 수용은 기존 인간중심주의, 경제성장지상주의, 경쟁적 독점주의, 개발우선주의, 물질주의, 개인중심적 이기주의 등과 같은 근대사회의 파괴적 논리를 거부하는 인식론적 대전환을 요구한다는 점에서 장기적으로는 현재의 자본주의 경제체제나 국가주의 정치체제 그리고 인간의 생활양식을 근본적으로 변형시킬 수 있는 잠재력을 지니고 있다.

(3) 문화적 혹은 도덕적 원천: 자기반성 및 공동체 추구와 신공동체 문화

다소 엉뚱하게 들릴지 모르지만, 지난 60년 동안 한국인은 시비의 굴곡이 깊고 선악의 명암이 짙은 격동의 역사를 살아왔기 때문에 누구나 본의 아니게 혹은 타성적으로 크고 작은 과오를 범했거나 죄책감에 시달린다. 당신은 6·25전쟁과 4·19혁명 때 무엇을 했는가? 군대에는 갔는가? 민주화운동 때는 침묵하였나? 길거리로 나갔느냐? 자식을 위해 혹은 자신을 위해 뇌물성 돈 봉투를 만들거나 선물상자를 준비하지는 않았던가? 학연, 혈연, 지연에 얽매여 대충대충 넘어가고, 은밀하게 챙겨주지는 않았는지? 특히, 소위 출세하고 성공한 사람들이라면, 어쩔 수 없는 관행으로 치부하며 비리와 불법의 경계를 넘나들었던 적이 한두 번에만 그칠까? 부모에게는 제대로 효도했는지?

이처럼 과거를 돌아보았을 때, 대부분의 사람들은 부끄러운 혹은 떳떳하지 못한 기억을 가지고 있게 마련이다. 그리고 부끄러운 행위는 숨기고 싶고, 합리화하고 싶으며, 남이 저지르더라도 못 본 체하기 십상이다. 오늘날 한국사회의 도처(학교, 기업, 행정기관, 가정 등)에서 공동체적 질서가 파괴되거나 약화되는 일종의 무규범상태가 온존하는 이유의 하나는 바로 반성을 통한 참회의 기회를 얻지 못한 우리의 부끄러운 과거가 그대로 방치되고 있기 때문이다. 특히, 그간의 높은 교육열에 의하여 대다수 국민의 의식수준이 높아지면서 사람들은 집단적 귀속감이나 집합의식 대신에 개인주의적 이기심을 바탕으로 오직 자신의 성취에만 몰두하였기 때문에 공익이나 사회적 가치는 등한시하였다. 그 결과 공동체로서 한국사회의 규범성, 연대성, 협동성은 위험한 지경까지 훼손되었다.

그러나 사인이건 공인이건 개인의 과거사에 대한 정리는 저주의 판

---

28) 한국의 선진화 혹은 선진 한국이 되기 위해서는 물론 지속적 경제성장이 전제되어야 한다. 그러나 인과관계를 뒤집어서 선진적 가치를 먼저 내재화 혹은 내면화하면 지속적 경제성장을 더욱 확실하게 이룩할 수도 있지 않을까? 마치 지난 시절 한국인의 강력한 성취의지가 경제성장의 원동력이 되었던 것처럼 새로운 대안사회를 위한 대안적 가치의 필요성을 확실하게 인식함으로써 대안사회의 물질적 토대를 구축하려는 추진력을 얻을 수 있다.

관들로 구성된 복수의 법정에서 이루어질 일이 아니다.[29] 이해와 용서로 가득한 관용의 정신에게 맡겨져야 한다. 특히, 전일의 과오와 실책을 후일 애국애족으로 보상하였다면 누구이건 떳떳한 한국인이 될 수 있다. 최근 참여정부가 '실용'과 '화해'를 내세우는 것은 공허한 이념논쟁이나 과거사와 관련된 갈등을 최소화하려는 적극적 의지로 이해하고 싶다.

이제 우리는 서로의 잘못에 대하여 시시비비를 가리려는 과거지향형 역사청산과 단죄의식에서 벗어나, 서로를 인정하며 공존하려는 미래지향적 질서를 구축할 때이다. 배타성, 획일적 가치, 적에 대한 분노, 이단에 대한 가혹한 처벌, 강제동원으로 가득하였던 "과거의 집단주의 문화"와는 확연히 다른 "개방성, 가치의 다원성, 타자와의 공존과 관용, 순수한 자발성과 열정"으로 구성되는 "신공동체문화"를 육성해야 한다(한상진, 2002: 202). 신공동체문화는 "역동적인 한국의 기운을 표상"하던 월드컵과 "대~한 민국"에서 이미 표출되어 새로운 자율적 질서의 공동체가 한국사회에 형성되는 전기를 마련할 수 있다.[30]

결국, 우리가 의식하건 혹은 의식하지 못하건 과거에 저질러졌던 과오에 대한 집합적 참회의 기회가 필요하다.[31] 그것은 근대화 과정에서 합리화되거나 묵인 혹은 간과되었던 우리의 실수에 대한 반성의 기회이다. 그것은 실정법의 시효를 넘어선 자기성찰의 순간들이며, 정상참작의 대상이 되는 회개의식(悔改儀式)이다. 그리하여 우리는 전국민적 고해성사(내 탓이요!)를 광복 60년의 축제 속에서 내면적으로 은밀하게 마무리 지으며, 부끄러운 역사로부터 해방되어야 할 것이다. 그때 우리는 지나간 우리의 역사에 대해서 진지한 자부심 혹은 비판적 성찰성을 유지할 것이며, 미래를 향해서는 역동적 상상력을 펼칠 수

29) 신채호의 국적회복과 안중근 의사의 기념물 건립과 같은 적극적-긍정적 역사 활용이 더욱 절실한 시점이다.

30) 이와 관련된 집중적인 논의로서 한국이론사회학회의 연구(연구책임자 김성국, 2002)를 참고할 것.

31) 각 종교단체들에서 이미 참회의 장을 지속적으로 만들어 왔겠지만, 이것들이 하나의 국민적 의례로서 시너지 효과를 갖출 수 있는 방안을 구상해 볼 필요가 있을 것 같다.

있을 것이다. 잊지 말아야 하는 자신의 역사일지라도 반성과 참회가 따른다면 우리의 기억은 훨씬 여유로워질 것이다. 왜 우리는 일본에게 반성을 요구하는가? 한풀이? 아니면 용서하기 위하여?

5. 국치 100년을 넘어서: 유비쿼터스 코리아 프로젝트와 신사회운동

국치 100년이 목전에 있다. 그 때, 전 세계를 향해 자랑스럽게 그러나 겸손하게 한국의 선진화를 보여주고 싶다. 가능한 일이다. 물론, 앞으로 넘어야 할 난관이 적지 않다. 특히, 주변 강대국들의 합종연횡이 불안하게 느껴진다. 19세기 말과 20세기 초 제국주의세력들이 위험스럽게 포진하였던 위기의 한반도 정세와 유사하다는 진단도 있다. 그렇지만 위축될 필요가 없다. 그 때와는 비교가 안 될 만큼의 엄청난 주체적-자립적 국력을 현재 우리는 보유하고 있다. 국론의 분열이 있다고 해도, 어쩌면 그것은 한 번은 호되게 치러야 할 필수적 과정인지 모른다. 성숙의 길에는 언제나 고통이 따르므로 사회갈등을 지나치게 두려워 할 필요가 없다. 사회학적 상식에 의하면, 갈등은 사회에 기능적이기 때문이다.[32] 오랜 경기침체로 초조한 마음이 들기는 해도, 회복의 잠재력이 적지 않고, 그 신호(예컨대, 세계경제포럼에 의한 국가경쟁력〔17위〕의 비약적 상승) 또한 여기저기서 발견할 수도 있다.[33] 이제 더 이상 내려앉기도 힘든 만큼, 경제가 조만간 서서히 떠오르지 않겠는가? 영국이 인기 없던 대처의 신자유주의 정책 덕분에 오늘의 노동당 블레어가 그 혜택을 누리고 있듯이, 참여정권의 재벌 길들이기도 재벌의 경영합리화, 체질개선 그리고 투명성 강화로 연결되어 후일 국

32) 단순한 갈등(*conflict*)이 아니라 자유민주주의체제를 위협하는 수준의 모순(*contradiction*)이 함께 생성되고 있을 가능성도 있지만 시민사회의 성숙도가 높아지고 있는 한국사회의 근간은 쉽게 흔들리지 않을 것이다.

33) 그러나 세계은행이 분석한 2004년 정부경쟁력지수(*governance indicators*)에 의하면 비교대상 209 개중에서 60위(2002년 50위)를 차지한다.

부의 축적에 엄청난 기여를 할 수도 있다.

미래에 대한 낙관의 근거는 무엇보다도 정보기술 분야의 성과와 정보지식사회의 기반축적에서 발견할 수 있다. 한국사회를 정보선진국으로 불러도 결코 무리가 아니다. 미래 한국사회의 국가발전전략은 우리의 최대 강점인 정보통신 분야를 최대한 활용해 나가는 것이다. 정치, 경제, 사회, 문화, 교육 등의 여러 분야를 첨단 정보기술과 연관시켜 발전시킨다면 예상보다도 훨씬 빨리 각 부문별 선진화를 성취할 수 있을 것이다.[34)]

다행히, 현재 정보통신부, 한국전산원, 정보통신정책연구원 등이 중심이 되어 IT 기술의 최고 확산단계라 할 수 있는 유비쿼터스 사회를 한국사회에 정착시키고자 하는 프로젝트, 즉, 유비쿼터스 코리아(Ubiquitous Korea 혹은 u-Korea)를 추진하고 있다.[35)] 문자 그대로, 유비쿼터스 사회에서는 인간과 인간, 인간과 기계는 물론이고, 기계와 기계간의 연결이 언제 어디에서나 가능하여 다양한 사회적 서비스를 교환할 수 있다. 한국사회는 세계 최고 수준의 네트워크 인프라를 구축하였으며, 가전, 자동차 등 관련 산업의 국제경쟁력이 높아 시너지 효과를 유발시킬 수 있다. 특히, 정부의 정책의지가 매우 강하기 때문에 다른 나라보다도 더욱 적극적인 추진이 가능하다(한국전산원, 2004a, 2004b).

"네트워크사회의 도래(*The Rise of the network Society*)"는 카스텔(Manuel Castells)의 예언과 확신처럼 회피할 수 없는 세계사의 흐름이다. 한국사회는 세계 최고수준의 네트워크사회를 지향함으로써 기술적 측면에서 뿐 아니라 사회적 차원에서도 전자정부, 전자상거래, 전자예술 등을 고도로 발전시킬 수 있다. 나아가 네트워크 기술은 사회관계에 있어서 공동체적 유대를 강화하는 기반을 제공하기 때문에 한국사회 고

---

34) 정보화의 확산에 대한 기득권 세력 혹은 정보사회비판론자들의 반감과 저항을 결코 과소평가해서는 안 될 것이다.

35) 유비쿼터스 코리아는 2007년까지 기반형성단계를 완료하고 2012년까지 발전단계를 거쳐 2013년부터 세계 최초로 유비쿼터스 국가운영체제를 구축하고 서비스의 보편화를 실현하는 성숙단계에 진입할 것으로 예측한다(류영달, 2004).

유의 특성인 연고주의적 인간관계를 합리적으로 재활성화할 수도 있다. 대외적으로도, 동아시아시대의 도래에 대비하여 동아시아공동체를 형성하는 과제에 한국은 기술적 기반과 신공동체적 문화를 바탕으로 선도적인 역할을 담당할 수 있을 것이다. 기술적 네트워킹의 능력과 인간 사이의 연고를 중시하는 한국사회의 미덕을 적극적으로 활용한다면 우리는 전 세계를 우애와 이해로 연결시키는 핵심적 네트워커가 되어 홍익인간의 이념을 구현하면서 인류평화에 이바지할 수 있는 선진국가를 이룩할 것이다.

이와 더불어 시민사회영역에서는 신사회운동의 물결을 더욱 철저하고도 광범위하게 확산시켜 새로운 사회건설의 토대를 마련해야 한다. 1970년대부터 가속화되었던 서구의 신사회운동은 기존의 노동운동에 대비되어 '새롭다'는 칭호를 가졌을 뿐 아니라, 당대의 서구사회를 지양하여 새로운 사회를 모색한다는 의미에서 '새로운 사회를 위한 운동'이라는 의미도 갖는다. 그러나 시간의 경과와 함께 신사회운동의 핵심가치들이 성급하게 제도화되고, 운동의 주체들이 정치세력화의 길(예컨대, 녹색당)을 택하면서 세속화되기 시작하였다. 한국에서도 이처럼 신사회운동의 신물화, 보신화 징후가 이미 나타나고 있다. 그러나 한국적 특유의 창의적 변용력으로서 우리는 서구의 신사회운동을 새롭게 급진화할 수 있는 가능성도 보여주고 있다.[36] 신사회운동이 내세우는 가치들, 예컨대, 생태주의, 평화주의, 여권주의, 지역주의, 공동체주의, 소수자주의, 인권과 사해동포주의 등은 탈물질주의, 탈국가주의, 탈근대주의 혹은 탈서구중심주의가 요구하는 새로운 가치지향, 즉, 절제된 풍요와 나눔과 배려 속의 공존을 추구한다. 시민사회의 역동성은 바로 이 새로운 가치들을 내면화하고, 실천하려는 시민들의 새로운 생활양식에서 솟아 날 것이다. 생산양식 혁명에서 생활양식 혁명으로!

---

36) 환경운동을 생태적 생명운동으로 고양시킨 동양적 지혜나 남녀의 획일적 평등이 아닌 부부유별의 차이와 협동을 강조하는 공생의 철학을 우리는 이미 고유한 생활철학으로 간직하였던 것이다. 최근 서울의 청계천 복원이나 부산의 온천천 생태공원화 및 동천복원계획은 교통문제-상권보전 등과 같은 물질주의적 근대적 가치체계에 과감히 도전하여 생태적 가치를 우선적으로 고려한 새로운 한국적 역동성의 모형이다.

재차 강조하지만, 한국사회를 개조할 수 있는 동력은 중앙집권형 통치국가보다는 분권형 협치-타협국가와 자립적 지방정부 그리고 시민사회의 창조적-도전적 역동성에서, 성장지상형 개발논리보다는 생태친화적 대안개발에서, 승자만을 위한 무한경쟁체제보다는 패자를 고려하는 공동체적 연대에서, 부국강병의 남북한 통일국가보다는 평화우호의 남북한 선린관계에서 발견할 수 있을 것이다. 이를 위해 우리는 우선적으로 한국의 선진화를 구현해야 한다. 다행히 우리에게는 선택의 기회들이 남아 있다.

■ 참고문헌

김문조(2005), 《IT와 새로운 사회질서의 형성》, 21세기 한국 메가트렌드 시리즈(05-01), 정보통신정책연구원.

김성국(1991), "노사갈등의 창조적 전개", 한국사회학회(편), 《현대 한국사회 문제론》, 한국복지정책연구소 출판부, pp. 69~93.

______, 김일철 외(1999), "한국 시민사회의 구조적 불안정성과 시민권력 형성의 과제", 《한국사회의 구조론적 이해》, 아르케, pp. 209~344.

______(2002), 《월드컵과 신공동체문화》, 대통령자문 정책기획위원회, 연구책임자.

______(2004), 《21세기 한국사회의 구조적 변동》, IT의 사회문화적 영향 연구: 21세기 한국 메가트렌드 시리즈(2004년 3월), 정보통신정책연구원.

______(2005), "남해안시대와 국가균형발전", 《남해안발전 국제심포지엄 자료집》(전남대학교, 부산대학교, 여수대학교, 남해안포럼 주최, 여수대학교 국제회의동, 2005년 4월 15~16일).

김순은(2005), "참여정부의 지방분권 정책의 추진현황과 과제", 제 3회 전국지방자치단체장 하계세미나 정책대토론회(2005년 9월 1일, 부산 파라다이스호텔) 발표논문.

노길명(1983), "70년대의 종교성장과 앞으로의 전망", 한국사회학회(편), 《한국사회 어디로 가고 있나》, 현대사회연구소, pp. 85~110.

유우익(2005), "남해안벨트, 한반도의 세계화 전선", 남해안관광벨트개발

세미나 자료집(한나라당 지역화합발전 특별위원회 주최, 통영 마리나 리조트, 2005년 2월 26일).

이종오(2005), "광복 60년의 국가와 시민사회", 한국사회학회(편), 《한국사회의 재구조화와 문화변동》, 광복 60주년기념 특별심포지엄(2005년 6월 10일 이화여대 포스코관) 자료집, pp. 91~99.

이태수(2004), "웰빙의 철학적 이해", 《웰빙과 여가문화》, 한국여가문화학회와 조선일보 공동주최 산학협동 학술대회 자료집, pp. 1~9.

임혁백(2004), 《21세기 한국정치의 비전과 과제》, IT의 사회문화적 영향 연구: 21세기 한국 메가트렌드 시리즈(04-05), 정보통신정책연구원.

임현진(2001), 《21세기 한국사회의 안과 밖》, 서울대학교 출판부.

정일준(2005), "세계체제상 한국의 위상변화: 세계 속의 한국, 한국 속의 세계", 별책, 한국사회학회(편), 《한국사회의 재구조화와 문화변동》, 광복60주년 기념 특별심포지엄(2005년 6월 10일 이화여대 포스코관) 자료집.

류영달(2004), "유비쿼터스 사회의 발전단계와 특성", 《CIO Report》, 한국전산원.

한국전산원(2004a), 《유비쿼터스 환경구축에 대한 국내외 동향 분석 — u-Korea 추진을 위한 선진사례 발굴 및 동향 분석》, NCA 1-RER-04002/2004. 6.

______(수탁기관: 한국지역정보화학회) (2004b), 《유비쿼터스 시대의 생활교육문화 서비스 발전방안 연구》, NCA 1-RER-04063/ 2004. 12.

한상진(2002), "히딩크효과와 신공동체문화", 《월드컵과 신공동체문화》, 한국이론사회학회 특별컨퍼런스 자료집.

황경식(2004), 《고도 과학기술사회의 철학적 전망》, IT의 사회문화적 영향 연구: 21세기 한국 메가트렌드 시리즈(04-02), 정보통신정책연구원.

6 역동적 균형의 정치와 외교

박찬욱

이 책은 대체로 정치와 외교 분야에서 광복 60주년의 경험을 바탕으로 선진한국의 미래를 탐색하는 글들을 싣고 있다. 제 1장은 과거를 성찰하고 미래를 창조하는 주체로서 한국인이 가진 의식구조의 단면을 분석한다. 이 글은 정치·외교 분야를 넘어서 한국인 삶의 모든 측면에 관련되는데 이 책이 단행본 시리즈의 제 1권이 되는 만큼 각 분야에서 펼쳐질 논의의 화두를 제기하기 위하여 첫 번째로 수록되었다. 제 2장과 제 3장은 한국의 대외적 문제 가운데 가장 중요한 북한과의 관계와 동북아 지역 국가들과의 관계를 각각 다룬다. 이어 제 4장과 제 5장은 한국의 대내적 문제인 지역균열을 해소하는 정치, 그리고 거시적 구도에서 파악되는 국가와 시민사회 관계를 각각 논의한다.

다섯 명의 필자가 각자 다룬 주제가 상이하기는 하지만 이 여러 글들의 내용을 관통하는 핵심 주제어는 '역동적 균형'이다. 역동적 균형의 개념은 일제 식민지로부터 해방된 이후 60년의 역정을 반추하고 한국의 향후 진로를 모색함에 있어서 미래 한국을 묘사하는 상징적 이미지이다. 그런데 이 개념은 각 글의 논의를 통해서 분명해진 바와 같이 알맹이 없는 허상이 아니며 실질적 의미를 내포하고 있음을 유의해야 한다.

한국은 광복 이후 아직 한반도에서 통일된 국가를 성취하지는 못했지만 역경을 무릅쓰고 산업화와 민주화를 이룩하여 성공한 국가로서 21세기에 진입하였다. 긴 안목으로 보면 한국인이 겪어온 광복 60년의 삶을 역동적 균형으로 묘사하여도 아주 부적절하다고는 할 수 없을 것이다. 그렇지만 이 책에서 역동적 균형의 개념은 단지 과거 경험을 집약적으로 서술하는 명제를 위한 것이 아니다. 오히려 현재의 시점에서 과거를 성찰하고 더 나아가 미래를 창조하기 위한 원리를 모색하는 데 있어 역동적 균형의 개념은 불가결한 디딤돌이 된다. 현실을 재구성하여 선진 미래를 열기 위해서 균형(*balance* 또는 *equilibrium*) 개념을 내세우는 것은 한국 사회가 '파란만장'(波瀾萬丈) 하고 '우여곡절'(迂餘曲折) 이란 표현에서와 같이 자주 균형을 잃고 불안정하며 순탄하지 못한 궤적을 남겼다는 문제의식의 발로이기도 하다.

균형 개념은 "어느 한쪽으로 기울거나 치우치지 아니하고 고른 상태"라는 사전(辭典) 적이고 일상적의 의미를 갖고 있다. 인간사회 속에서 파악되는 균형 개념은 상호작용하는 개인이나 집단간의 대등한 관계를 가리킨다. 그리고 균형 개념은 안정지향적 가치를 바탕으로 한다. 하지만 변화하는 사회에 적용되는 균형 개념은 결코 정태적이거나 현상유지적이라고 할 수 없다. 제 5장에서 김성국 교수가 인용한 바와 같이 파슨스(Talcott Parsons) 는 장기적으로 보아 사회체계에서는 갈등과 투쟁이 전개되는 가운데에서도 균형과 통합이 발생한다고 하였다. 물론 갈등이론가들이 부단히 지적하는 바와 같이 균형만을 강조하게 되면 격변하는 사회에 대한 경험적 분석을 위해서 타당하지 않을 뿐만 아니라 현실의 문제에 대한 처방에 있어서도 보수적 입장에 매몰될 우려가 있다. 그렇기 때문에, 힘차고 활발하게 움직여온 한국사회의 모습을 진단하고, 개선된 미래를 처방하는 이 책에서는 '역동적'(*dynamic*) 이라는 수식어가 붙은 균형 개념에 크게 비중을 두고 있다.

이 책에 포함된 글에서 역동적 균형의 개념이 어떻게 활용되는가를 정치학 또는 국제정치학에서 가장 흔하게 등장하는 균형 개념과 관련시키면서 논의할 필요가 있다. 정치학에서는 개인이나 집단간 관계를 권력의 분배 및 분포에 초점을 맞추어 규정하는 경향이 농후하다. 즉, 이 경우에 중시되는 균형관계는 권력이나 세력의 균형(*balance of power*)

이다.

특히 물리적 강제력을 독점하는 중앙 권위체가 부재한 상황에서, 여러 행위자간 상호작용을 관찰하는 국제정치학의 세력균형이론은 그 나름의 이론적 위상을 확립하고 있다. 세력균형 개념은 인간이 원초적으로 권력을 추구하는 본성을 갖는다는 견해로부터 시작하여 국가간 상호작용의 원리를 도출하는 카(E. H. Carr)와 모겐소(H. J. Morgenthau)의 현실주의 관점과, 이를 계승하면서도 국제정치체계의 구조적 제약에 더 역점을 두는 월츠(Kenneth N. Waltz)의 신현실주의 내지 구조적 현실주의 관점에 있어서 중추적 역할을 한다. 물론 국가간 관계를 보는 이 관점의 뿌리를 찾자면 서양에서 투키디데스, 동양에서는 전국시대의 종횡가까지 거슬러 올라가게 될 것이다.

이러한 이론적 관점에서 문제가 되는 국가의 힘과 능력은 강성권력, 즉 군사력이다. 이 관점에서 볼 때 다수 국가간 관계에서 자국의 생존과 안전을 확보하고 국가이익을 추구하기 위해서는 국가간에 상호 견제가 가능하도록 힘의 분포가 이루어져야 한다. 요컨대 세력균형의 원리는 국제관계에서 자국의 안전을 도모하는 대외정책의 준칙으로 간주된다. 17세기 이후 세계 제 1차 대전 이전까지 유럽의 국제질서는 세력균형의 원리에 의하여 유지되었다. 이 근대 국제질서에서는 대륙과 얼마간의 지리적 거리를 두고 있는 영국이 강력한 국력을 바탕으로, 특히 프랑스와 독일의 양국 사이에서 균형자(*balancer*) 역할을 수행함으로써 장기간 안정이 지속될 수 있었다. 그런데 기존의 세력균형을 변경하려는 국가의 부상과 팽창정책으로 말미암아 국제질서의 불안정이 유발되고 새로운 세력균형이 대두되기 전에 전쟁이 발생할 수 있는 것이다. 유럽 열강의 각축이 초래한 세계 제 1차 대전의 발발이 이 점을 말해준다. 현실주의 또는 신현실주의 관점에 토대를 둔 세력균형 개념의 장점과 한계는 동북아의 안정과 평화를 추구하는 한국의 균형외교 전략을 위한 중요한 교훈을 제공할 수 있음과 동시에 그 성공조건을 마련하고 더 나아가 보완할 수 있는 전략을 구상하기 위해서도 신중한 사려를 촉구할 것이다.

제 3장에서 김경원 전 주미대사에 의하면 탈냉전 시기의 동북아 질

서는 미국, 중국, 일본, 러시아간의 역동적 상호작용으로 인하여 세력균형 체제로 될 가능성이 크기 때문에 한국은 균형외교 전략을 통하여 국가안보와 동북아의 안정을 도모해야 한다. 한반도 주위의 4강국 가운데 미국은 지리적으로 떨어져 있지만 이 지역에 대한 영향력에 비추어 결코 역외국가라고 할 수 없다. 김 대사는 현재 세계적으로 유일 강대국이라고 할 수 있지만 동북아에서는 세력균형체제의 당사자 가운데 하나인 미국만이 이 지역에서 패권을 방지하는 균형자 역할을 수행할 수 있다고 본다. 동북아의 역동적 환경에서 한국은 냉전기에 결성된 미국과의 동맹관계를 탈냉전 시기에도 지속적으로 유지하면서 균형외교를 전개해야 된다는 것이다. 김 대사의 국제정치에 대한 관점은 다분히 현실주의적 또는 구조적 현실주의적이라고 할 수 있고, 또한 한국의 생존을 위한 그의 대외전략은 세력균형 이론에 바탕을 두고 있다. 김 대사가 말하는 균형외교의 전략과 이를 중심으로 제기될 수 있는 쟁점, 그리고 김 대사의 논지를 보완하는 균형외교의 개념 등에 관해서는 아래에서 부연하기로 한다.

제2장에 수록된 임동원 전통일부장관의 글에서 역동적 균형의 개념은 어떻게 적용되고 있으며 또한 적용될 수 있는가를 살펴보자. 남북한 관계는 두 당사자에 국한되는 문제가 아니고 한반도에 이해관계를 가진 동북아 4강대국의 관계와 얽혀 있다. 남북한 관계를 논의하게 되면 동북아 질서를 고려하지 않을 수 없고, 동북아 국가의 관계를 고찰하자면 남북한 양자의 상호작용을 도외시할 수가 없다. 그러므로 임 장관의 글은 후반에서 동북아 평화의 문제를 다루게 되는데 독자는 이 부분을 김 대사의 글과 비교하게 되면 두 필자간 입장의 공통점과 차이점을 찾을 수 있을 것이다. 이 점은 뒤에서 구체적으로 언급된다. 임 장관은 동북아 평화체제와 관련하여 균형의 개념에 대하여 간략히 언급하나 남북한 양자의 관계에는 역동적 균형의 개념을 명시적으로 적용하지는 않는다. 임 장관이 미래지향적 남북한 관계를 위해서 처방하는 바는 남북한이 궁극적으로 통일이라는 목표로 향하여 전진하는 도정에서 냉전구조를 해체하고 화해와 협력을 통해서 공존공영을 실현해야 한다는 것이다. 남북한 관계에서 역동적 균형 개념이 미래지향적

으로 어떠한 실질적 의미를 갖는가 하는 질문이 제기되면, 임 장관은 추정컨대 그것은 남북한이 통일과정에서 화해협력으로써 공존·공영하는 것이라고 응답할 것이다.

그런데 남북한 관계에 역동적 균형의 개념을 미래지향적으로 적용할 경우에 몇 가지 중요한 전제가 있다고 본다. 우선, 미래에 있어서 남북한간의 역동적 균형은 당사자간 적대적 관계는 해소되지 않으면서 단지 전쟁이 없다는 의미를 갖는 소극적 평화를 위한 것이 아니다. 이러한 균형이라면 이미 냉전시기에 쌍방이 이념적으로 대립하고 군비경쟁에 몰입하는 가운데 6·25 전쟁 이후 오랫동안 전쟁을 회피한 것에도 해당된다. 그러므로 바람직한 원리로서의 역동적 균형은 탈냉전적이고 비적대적이며 군축과 연관되는 것이어야 하며, 임 장관이 글의 모두(冒頭)에서 언급한 바와 같이 "안보위협을 근원적으로 해소"하는 적극적 의미의 평화를 지향해야 할 것이다. 이런 전제를 받아들인다면 북한의 핵 보유에 대하여는 수용할 수 없다는 단호한 입장이 서게 된다. 북한은 생존 수단과 대외협상의 카드로써 핵무장을 옹호하겠지만 이러한 논리는 상대의 핵무장을 불러오고 동북아에 있어서 공포의 균형(*balance of terror*)이나 열전 발발로 인한 대대적 인명살상의 위험을 안고 있다.

또한, 남북한간의 바람직한 역동적 균형은 양자간에 비적대적 상호작용이 확대되고 장기간 공존이 가능하면서 통일에 점진적으로 접근하는 것을 전제로 한다. 어느 일방에 의한 급격한 흡수통일은 균형 개념과 거리가 멀다. 1970년대 초의 남북공동성명, 1992년의 남북기본합의서, 2000년 남북한의 정상회담을 통한 6·15 남북공동선언은 통일이 평화적으로 이루어져야 함을 공식적으로는 천명하였다. 평화통일은 남북한이 공존하고 사회 각 분야의 이질성을 좁히면서 합의를 통해 달성되어야 하기 때문에 현실적으로 비교적 짧은 기간에 가능하지 않을 것이다. 광복 이후 형성되어 반세기 이상 심화되던 적대관계가 하루아침에 사라질 리 만무하다. 민주사회에서 대외정책이 성공하기 위해서는 내부적으로 정치세력간의 합의절차가 필요하고 정부가 정책추진에 대한 국민의 신뢰를 창출하는 일도 요구된다. 더구나 한반도 통일은 남북한 당사자의 주체적 의지와 더불어 동북아 4강대국간 관계가 순기능적 환경으로 작용할 때에 실현가능성이 커진다. 무슨 수단과 방법을 동원해서라도, 그리고 어떠한 비용을 감내하면서라도 하루바삐 남북한을 하나로 만들어야 한다는 비현실적인 통일지상주의는 여기서 논의하는 역동적 균형의 개념과는 동떨어진 것이다. 그런데 여기서 분단의 영구화를 조장한다는 오해가 있어서는 안 된다. 남북한은 점진적이지만 궁극적으로 통일되어야 한다는 당위적 명제는 불변인 것이다.

남북한간의 역동적 균형에 있어서 또 다른 전제는 양자의 군사력뿐만 아니라 비군사적 능력도 문제시해야 된다는 점이다. 비군사적 능력 가운데 가장 중시되는 것이 경제력인데 여기에 비추어 남한이 압도적 우위에 있고 균형은 유지되고 있지 못하다. 요컨대 균형 개념은 경제 격차를 줄이기 위해 북한을 개혁과 개방으로 유도하는 과제에도 적용해야 한다.

마지막으로, 남북한간에 역동적 균형을 유지하는 것은 통일 이전의 과정에만 국한되지 아니하고 통일 이후에도 연장해서 적용할 수 있는 원리임이 전제되어야 한다. 통일이 되고 나서 남북문제는 대내적 성격의 문제로 변하기는 하지만 남한에 속했던 지역단위와 북한에 속했던 지역단위간 균형적 발전의 문제로 여전히 의미를 갖게 되기 때문이다.

이제는 국내정치의 맥락에서 역동적 균형의 개념이 활용되는 바를 논의하기로 하자. 내정의 원리로서 권력분립(*separation of powers*)의 이론적 위상은 확고하다. 그리고 권력분립 개념은 견제와 균형(*checks and balances*)의 개념을 그림자처럼 불가분하게 동반한다. 공적 권력이 어느 한 곳에 집중되면 개인의 자유를 보호하기 어렵다는 판단이 권력분립이론의 시발점이다. 로크(John Locke)는 통치권을 입법권과 집행권으로 나누는 이권분립을 말했는데 오늘날 금과옥조처럼 받아들여지는 입법, 행정, 사법의 삼권분립이론은 몽테스키외(Charles-Louis de Secondat, Baron de La Brède et de Montesquieu)가 《법의 정신》에서 주창했던 바이다. 이 이론은 매디슨(James Madison)에 의해 미국의 연방헌법에 충실하게 반영되었다. 그는 단일의 다수자가 정부를 통제하지 못하도록 통치권을 상이한 기관들간에 나누어 행사되도록 헌법을 설계하였다. 여기서 권력분립은 기관간에 권력을 절대적으로 분리하는 것이 아니라 기관간에 권력이 공유되는 여지를 만들어 상호의존성을 제도화하고 서로 견제하면서도 협력을 통해 균형을 유지하도록 하는 것이다.

제 4장에서 대내적 정치의 균형은 "공적 권력이 수반되는 상호작용에 있어서 개인, 집단이나 기관간에 어느 한 편의 권력이 다른 편의 권력보다 지속적으로 우위를 점하여 치우치지 않는 상태"로 정의되고 있다. 이 글의 필자인 박찬욱은 이러한 역동적 균형의 원리를 제도화하기 위한 세 가지 하부원리를 보다 더 구체적으로 제시한다. 그것은 첫째, 공적 권력을 창출하는 선거에서 대표의 공정성과 동시에 엘리트가 일반유권자에 대하여 갖는 수직적 책무성의 확보되어야 한다. 둘째, 공적 권력이 행사되는 과정에서 행위자와 기관간에 권력이 분산되고 상호 견제와 협력이 이루어져야 한다. 이것은 몽테스키외의 삼권분립이론과 상통하는 명제이다. 셋째, 권력의 분산과 집중은 서로 적정한 수준에서 조화되고 구심적 합의(*centripetal consensus*)가 가능하여 권력행사의 결과로서 나타나는 정책수행에 있어서 효율성이 확보되어야 한다. 이는 권력행사 과정에서 권력의 분산에 초점을 맞추고 있는 두 번째 명제를 보완하여 균형정치 개념이 정책의 효과에도 유념하고 있음을 강조한다. 균형정치를 제도화하기 위한 실천은 가장 협애한 수준에서 위의 세 가지 하부원리 가운데 어느 하나를 실현하기 위하여 시도될 수 있는가 하면, 가장 광범한 수준에서는 위 세 가지 모두를 실현할 수 있는 정치체제 모델을 구현하기 위해서 이루어질 수 있을 것이다. 제 4장의 글은 모두에서 후자의 실천과 관련하여 얼마간의 논의를 전개하기는 했으나 전반적으로 전자의 시도에 치중하고 있다. 즉, 균형정치를 제도화하기 위한 첫 번째 세부원리가 집중적으로 논구된다. 다시 말하면, 한국의 선거정치에서 역동적 균형을 저해하는 지역균열구조의 존재양태를 구명하면서 국회의원을 선출하는 제도를 어떻게 개편하여야 각 지역의 정체성과 이익을 살리면서 그로 인하여 초래되는 갈등을 통합하고 균열을 해소할 것인가를 고민한다.

제 4장의 글이 정치제도론적 성격을 갖고 있다면 제 5장에 수록된

김성국 교수의 글은 국가와 시민사회 관계를 거시적으로 다루는 정치사회학적 논의이다. 김 교수의 글은 정치학에서 국가론, 그리고 사회학에서는 시민사회론 분야와 밀접한 관련이 있다. 그런데 국가론이나 시민사회론 분야에서 이 글과 관련된 논의들은 규범이론은 물론 경험이론에서도, 그리고 이념적 색채로 볼 때 자유주의, 사회주의 또는 보수주의에 속하는 여러 패러다임에 걸쳐 다양하게 발견할 수 있을 것이다. 그러므로 여기서는 김 교수의 글을 특정한 지적 전통과 연관시켜 음미하지 않는다. 다만, 국가와 사회의 관계를 고찰할 때에 국가-시민사회 이분론, 국가-시장-시민사회 삼분론 및 국가-정치사회-경제사회(시장)-시민사회 사분론 등 분석의 틀이 여러 갈래로 나누어질 수 있는데 김 교수는 이 가운데 이분론의 입장을 취하여 역동적 균형의 개념을 적용하고 있다.

김 교수는 "역동이 전진과 역진, 도전과 창조, 파괴와 건설, 대립과 대화 등 동태적 과정을 통하여 새로운 변화를 추구하는 스피드와 추진력"을 가리키는 한편, "균형은 사회 내에서 각축하는 여러 힘들이 파국적 상황을 초래하지 않고 안정적 세력관계를 형성할 수 있도록" 조정되고 규제되는 것을 의미한다고 쓴다. 그리하여 역동적 균형은 '전향(前向)적 변화 속의 안정 혹은 형평'이다. 김 교수는 국가와 시민사회의 관계를 고찰함에 있어서 시민사회가 역동성의 원천이고, 국가는 균형자라고 상정한다. 광복 이후부터 민주화 시기 이전까지 국가의 발전은 국가가 주도하여 위로부터 계획하여 시민사회를 대상으로 명령하고 또한 그 일부세력을 억압하면서 균형성을 제공하였다. 이는 곧 권위주의 국가의 발전양식이었다. 하지만 이제 민주화 이후 선진 미래를 창조하기 위해서는 어디까지나 시민사회가 주도하고 국가는 시민사회의 동반자로서 조정해나감으로써 역동적 균형이 이루어져야 한다. 즉, 선진한국을 달성하는 국가는 '협치적-타협적 균형'을 제공하는 촉매로서 분권국가이어야 한다는 것이다.

지금까지의 분석에서는 역동적 균형이라는 개념이 장차 건설될 선진한국의 내정과 외교에 어떻게 적용되는 것인지를 검토해 보았다. 이제는 이와 같은 선행적 분석을 바탕으로 이 책에 포함된 각 글의 요지와 이와 관련된 쟁점을 정리해 보기로 한다.

제1장에서 한상진 교수는 설문조사를 통해 얻은 경험적 자료를 토대로 역동적 균형의 개념이 공허한 지적 구성물이 아니라 현대 한국인의 의식구조에 뿌리내리고 있음을 명료하게 보여준다. 조사에서는 한편에서 자기혁신, 갈등의 표출을 통한 발전, 모험정신, 성장동력과 같은 역동 가치에 대한 선호를, 다른 한편에서는 균형과 조화, 관용과 타협, 삶의 안전과 질, 양극화 해소와 같은 균형 가치에 대한 선호를 확인하였다. 조사결과, 흥미로운 점은 대다수 한국인은 역동과 균형의 어느 한 쪽이 아니라 대체로 양쪽을 다같이 원한다는 것이다. 우리는 여기서 '역동과 균형의 두 마리 토끼를 잡으려는 국민의식의 토대'를 목격하게 되는 것이다. 역동과 균형의 상대적 비중에 있어서는 역동 가치와 적어도 같거나 다소 더 많은 정도로 균형 가치를 선호한다. 집합적 수준의 이러한 경향은 응답자 개인 수준에서도 역력하다. 즉, 역동에 찬성하는 정도가 강한 개인일수록 균형에 찬성하는 정도 역시 강해진다는 것이다. 여기서 역동과 균형이 양자택일의 대립적 관계가 아니라 상호보완적 관계를 갖는다는 점이 확연히 입증된다. 그리고 역동과 균형을 함께 중시하면서도 균형 쪽을 약간 더 강하게 선호하는 경향은 남성보다는 여성, 20~30대 연령의 개인보다는 40~50대 연령의 개인에게서 좀더 두드러진다. 이 점은 가치관에서 성별, 연령별로 선명한 대조를 드러내기보다는 성별, 연령별로 얼마간의 분업적 조화를 보인다고 해석할 수 있다. 이 글의 요지는 역동적 균형의 개념이 허구적이 아니라 오늘의 한국에서 삶을 영위하면서 미래를 창조해 나가는 주체들의 의식구조에 자리를 잡고 있다는 것이다. 이로써 정치, 경제, 사회, 문화의 각 분야에서 역동적 균형을 운위할 수 있는 실증적 근거가 마련된다.

제2장에서 임동원 전 통일부 장관은 남북한 관계의 역동적 균형이 지시하는 실질적 내용으로서 통일을 향한 화해협력과 공존공영을 주문하였다. 2000년 6월 평양에서 개최된 남북정상회담이 화해와 공존, 협력의 획기적 전기를 마련하였다. 특히 경제공동체 형성의 가능성이 크게 열렸다. 하지만 경제협력조차 간헐적으로 중단되는 현실이다.

군사적 신뢰구축이나 군비감축은 거의 진전이 없다. 정치적 통일은 아직 연방국가 내부의 관계는 물론 국가연합의 구성단위간 관계에도 미치지 못하고 사실상 국가간 관계를 벗어나지 못하고 있다. 북한이 개방을 확대하고 시장경제를 위한 개혁을 추진하도록 유도하기 위해서는 남북한의 경제상호의존성을 증대해야 할 것이다. 이러한 경제적 접근은 북한의 변화를 촉진하면서 한반도 평화의 구축에 이바지할 것이다. 그런데 남한과 북한의 양자 관계는 한반도 주위의 동북아 국가를 포함한 국제관계와 분리되어 존재하지 않기 때문에 임 장관이 계속하여 논의하는 주제는 뒤이어 김경원 대사가 논의하는 주제와 불가불 밀접하게 연관된다.

우선, 한반도 평화구축의 필수요건으로서 북한의 핵무기개발 포기와 동시에 북한의 생존에 대한 불안감이 해소되는 북미관계의 정상화를 지적할 수 있다. 또한, 임 장관은 "동북아평화를 위해 한-미동맹이 유지되고," 한반도에서 "미국의 계속 주둔이 바람직하다"고 말한다. 이것은 김 대사가 주장하는 미국의 동북아 균형자 역할과 상통한다. 다만, 임 장관은 김 대사보다 좀더 분명하게 21세기 한-미동맹의 성격이 국제냉전 시대와는 달라져야 한다고 피력하는 인상을 받는다. 즉, 종래의 한-미동맹은 반공을 위한 대북한 공동방위를 목표로 삼았는데 향후에는 한반도와 동북아 평화를 도모하기 위한 한-미동맹이 되어야 한다는 것이다.

임 장관은 김 대사에 비하여 대체로 현실주의적 관점에 훨씬 덜 철저하다고 볼 수 있다. 임 장관은 동북아에서 4대국이 공동안보와 협력을 지향하는 화합적 관계를 발전시켜야 한다고 역설한다. 유럽안보협력기구(OSCE, 1975~1990)의 경험에서 교훈을 얻어 동북아 국가간의 관계 개선, 군비통제, 냉전종식과 평화질서를 추구해야 한다는 것이다. 그는 북핵문제를 다루는 6자회담이 동북아안보협력기구를 발전시킬 모체가 되길 기대하고 있으며, 궁극적으로 비군사적 목적에도 기여하는 포괄적 지역협력공동체의 필요성을 제기하고 있다. 이런 원대한 구상의 실현을 위해 "지정학적 중심에 위치하여 가교적 기능을 잘 발휘"하는 한국의 적극적 역할을 처방하고 있다.

2006년 4월의 현 시점에서 과연 평화와 통일로 향하는 역동적 균형의 남북한 관계가 임 장관의 제안처럼 제대로 진전될 수 있는가? 당면한 가장 큰 걸림돌은 2002년 10월에 재발된 북한 핵문제일 것이다. 이 사태는 남북한의 경제협력을 포함한 협력적 상호작용을 위축시켰고, 북미와 북일 관계를 악화시켰다. 이로 인해 동북아 질서의 불안정 요소가 더욱 강화되고 한-미갈등과 남한 내부의 남남갈등을 지속시킬 우려가 있다. 2005년 9월의 6자회담에서는 한반도 비핵화를 위한 공동성명이 발표되었지만 북한 핵의 폐기절차와 북한의 위폐제조를 둘러싸고 북-미간에 갈등이 심화되면서 다자간 협의는 다시 벽에 부딪쳐 있는 상황이다. 그리고 남한 내부에서는 대북포용정책에 대한 회의론이 여전히 위력을 발휘하고 있다. 북한의 갑작스러운 붕괴나 대남 무력행사가 초래할 안보 불안과 각종 비용에 대한 우려를 감안하면 대북포용정책의 필요성과 타당성이 설득력을 갖고 있지만 그러한 정책이 북한의 변화를 유도하는 원동력이 되지 못하고 오히려 북한의 보수적 정책기조를 강고히 만든다는 문제제기가 없지 않은 것이다. 이와 아울러 남한 내부에는 한-미동맹과 미군주둔을 둘러싼 논쟁도 계속되고 있다. 일견 미국을 동북아의 균형자로 보고 미군의 남한주둔을 수용하는 공감대가 폭넓게 형성되어 있는 듯하다. 하지만 주한미군의 정당성에 대한 논란이 일고 반미감정이 분출되는가하면 한-미갈등으로 연결되기도 한다. 이를테면 막대한 혈세가 소요되는 자주국방의 능력을 둘러싼 논쟁, 민족공조 아니면 한-미동맹의 양자택일적 정책 딜레마, 그리고 최근 주한미군의 전략적 유연성 문제에 관련된 한-미갈등이 그러한 예들이다.

향후 동북아 국제질서가 불안정해질 가능성이 자못 크다. 일본의 우경화와 재무장이 가속화되고, 중국이 급격히 부상하여 일본을 경계하며 영향력을 추구하는 가운데 미국과 갈등을 빚을 여지가 적지 않다. 동북아에서 국가간 힘의 분포는 변화를 겪을 것이다. 침략과 피지배의 역사적 경험이 있는 이 지역의 국가들은 민족주의에 고취될 경향이 농후하다. 국가간에 경제교류는 상당한 수준에 이르고 있지만 한중일 자유무역협정(FTA)과 같은 교역의 제도화는 달성되지 않았다. 더구나 안보공동체의 실현은 매우 지난한 과제로 남아있다. 이와 같은 문제의식을 갖고 제3장에서 김경원 대사가 한국의 균형외교 전략에 대한 견해를 피력한 바에 주목해보자.

동북아의 국제질서는 전통적으로 중국의 패권체제였고, 냉전 시기에는 양극체제였다. 현재 탈냉전 시기에 세계적으로는 미국이 유일초강대국인 체제가 대두되었다고 할 수 있으나 동북아에서는 "미국, 중국, 일본, 러시아 4강대국간에 새 균형 구축을 위한 행동, 반동, 탐색과 신호보내기 등 매우 유동적 상황"이 전개되고 있다. 미국의 입장에서는 특히 중국의 부상과 지속적 성장이 도전을 제기한다. 김 대사는 동북아 지역에 세력균형체제가 형성되는 '지각변동'을 겪는다고 진단한다. 세력균형체제가 안정되어야 한국의 생존과 자주성 확보에 유리하다. 그런데 동북아 국가들은 유럽 국가들과 달리 경성 및 연성 권력면에서 동질적이지 않고 세력균형 개념에 익숙하지 않다. 안정적 세력균형체제에서는 "국력, 고도의 외교적 기술, 그리고 국내의 안정된 지지기반을 갖고" 있는 균형자 국가의 존재가 필수적이다. 동북아의 세력균형체제에서는 어느 국가가 이런 균형자 역할을 수행할 것인가? 김 대사는 지리적으로 동북아 역내에 위치하고 있지 않으면서 이 지역에서의 패권을 방지하기 위한 군사개입 태세를 유지하고 있는 미국이 균형자 역할을 수행하여야 한다고 단언한다. 이런 환경에서 향후 한국외교는 균형의 전략 개념에 기초해야 한다. 균형외교의 우선적 과제는 "동북아 세력균형을 위해 미국이 균형자 역할을 하도록 설득 및 지원"하는 것이다. 아울러, 주위 4강대국과 '전략적 대화'를 전개하고 '지역안보기구의 제도화'를 위한 노력을 경주하여야 한다. 또한, 균형외교는 국내적 기반을 절실하게 필요로 한다. "균형은 하나의 전술적 기술이 아니라 전략적 관점에서 필요한 삶의 자세"이기 때문이다. 국민이 "다자간 관계에서 균형을 확보하여 안정을 유지한다는 규범적 사고"를 내면화하고, 정치제도가 '상호견제와 타협'이 이루어지는 가운데 운영되어야 대외적인 균형의 전략이 효과를 창출할 수 있는 것이다.

제3장에서 주창된 한국의 균형외교 전략은 한국이 주위 4강대국이 형성하는 국제질서의 구조적 속성을 변화시킬 정도의 힘을 갖고 있지

못하며, 미국만이 안정적 균형자로서 적합하다는 현실주의적 판단에 기초하고 있다. 이로부터 수립되는 생존과 안보의 전략은 세력균형체제를 안정시키기 위해서 한-미동맹을 견지하는 것, 다시 말하면 미국에 편승하는 것을 요체로 한다. 그런데 이러한 외교전략은 한국이 세계 10위 남짓의 경제대국으로 성장한 것에 대하여 강한 자부심을 갖거나 탈냉전 시기에 한국이 동북아의 중심국가로서 선택의 여지가 확대된 외교를 수행하길 바라는 자주적 정서 혹은 이상주의적 열망을 가진 개인 또는 집단적 세력에게는 만족스럽지 않음이 분명하다. 전형적인 예로서, 노무현 대통령을 비롯하여 참여정부의 핵심세력은 당초 제3장에서와 같은 균형외교 개념에 수긍하지 않았을 것이다. 노 대통령은 한국이 중국과 일본간의 갈등을 조정하고 동북아에서의 다자안보협력을 촉진하는 균형자 역할을 수행할 것이라는 의욕적인 자세를 천명하기도 하였다. 대통령 발언에서의 균형자 개념이 과연 전통적 세력균형이론에서의 균형자 개념과 동일한지, 참여정부의 대미외교가 한-미동맹의 해체 내지 약화를 가져오는 것은 아닌가하는 등의 논란이 점차 제기되면서 참여정부의 균형자론은 상당히 수그러들었다. 그런데 그것이 다시 언급되는 경우에는 그 의미가 세력균형이론의 균형자론과는 다르다고 해명되기도 하였다. 제3장의 초고는 2005년 10월 14일에 개최된 광복 60년기념 종합학술포럼 제1차 포럼에서 발표되었는데 당시 토론에 나섰던 문정인 교수에 의하면 김 대사의 주장은 미국이 동북아에서 강성권력으로 규정되는 힘의 균형을 추구하기에 적합하다는 '물리적 균형자론'이다. 이어서, 문 교수는 참여정부의 균형자론이 '화합적 균형자론'으로서 한국은 "동북아지역 국가들간에 힘의 균형을 추구하려는 것이 아니라, 새로운 규범, 원칙, 규칙의 지역질서 창출을 통해 역내 국가간 대립과 갈등을 화해와 협력으로, 분열을 통합으로 변화시키고 분쟁을 예방하며 평화와 번영을 촉진하는 '평화의 균형자' 역할을 수행"하자는 것이라고 하였다. 그의 주장에 따르면, 물리적 균형자론과 화합적 균형자론은 상반된 것이 아니며, 따라서 한-미동맹과 동북아 다자안보협력은 충분히 상호 보완적이다. 한국인이라면 누구나 자국이 동북아에서 당장은 아니더라도 장기적으로는 이 같은 화합적 균형자 역할을 수행할 수 있기를 소망하기 마련일 것이다. 다만, 한국이 예를 들어 중국과 일본간의 갈등이 전개될 때에 두 나라 지도자들과 국민의 마음을 사고 움직일 만한 힘, 즉 문화와 가치 및 이념을 원천으로 하는 연성권력을 충분히 갖추고 있는가하는 것을 냉철하게 판단하고 대외전략을 수립하여 대처해야 할 것이다. 생존과 국익을 추구하는 외교에서는 미사여구를 늘어놓은 언술 이전에 무엇보다도 지혜로운 무실역행이 선행되어야 한다는 것이다.

한국에서 균형정치의 실현을 가로막고 있는 균열구조는 여러 가지 지적될 수 있다. 즉 계층간, 노사간, 세대간, 이념집단간, 지역간에 존재하는 균열구조가 모두 나름대로 심각한 문제를 낳고 있다. 그런데 제 4장에서 박찬욱은 지역균열구조(지역구도)의 심각성에 주목한다. 그는 지역균열구조가 생성, 심화되는 원인을 다각적으로 구명하고 처방 또한 그렇게 해야 한다고 주장한다. 그런데 제 4장에서는 현대 한국인이 영위하는 삶의 여러 분야에 나타나고 있는 지역균열구조 일반이 아니라 정치에서 극명하게 표출되는 지역균열이 논의된다. 민주화 이후 한국의 선거정치는 지역균열의 정치라고 해도 과언이 아니다. 선거결과를 보면, 후보자나 정당이 각별한 연고가 있는 특정 지역에서 몰표를 받지만 다른 특정 지역에서는 매우 저조한 수준의 득표를 한다. 유권자가 자신의 출신지를 배타적인 준거로 삼아 그 지역과 연고가 깊은 후보자나 정당을 지지하는 지역주의 투표가 만연해있다. 또한, 정당 및 후보자가 지역주의 투표를 유도하는 전략을 구사하면서 선거운동을 벌이고 선거 이후에는 연고지역을 볼모 삼아 권력게임을 펼치는 지역할거가 공고화되어 있다. 선거에서는 지역균열구조가 다른 사회균열구조를 압도하면서 정책경쟁이 아니라 비이성적인 대결을 초래한다. 특정 지역에서 특정 정당이 불균형적으로 지지를 받기에 경쟁은 실종된다. 선거정치에서 표출되는 지역균열구조를 완화하기 위해 정치경제론적, 심리문화적, 정당정치 과정론적 등 다양한 접근방식을 통해 대안을 제시할 수 있는데, 이 글에서는 선거제도론적 접근을 보여준다.

현행 국회의원선거제도에서 압도적 비중을 차지하고 있는 소선거구

다수제로 인하여 지역구도가 강화된다는 것은 부인할 수 없는 명제이다. 균형정치의 관점, 즉 선거에서 대표의 공정성을 제고하고 지역균열을 완화하는 동시에 국정운영의 책무성과 효율성을 확보하여야 한다는 원리에 입각하여 국회의원선거구제를 모색해야 한다. 필자는 현행 제도를 개선하면서 실현이 비교적 용이한 세 가지 방안을 제시한다. 이는 모두 소선거구 단순다수제와 정당명부 비례대표제를 결합하는 2표혼합제에 속하는데 각 방안에서 비례의석수는 소선거구의석수의 2분의 1에 해당하는 수준이다. 세 가지 방안이란 비례선거에서 정당명부는 권역별로 작성하나 의석은 전국득표율에 의해 일률적으로 배분하는 병립제("한국식"), 명부작성과 의석배분이 모두 권역별로 이루어지는 병립제("일본식"), 그리고 독일식 혼합비례제이다. 이 글에서는 결론적으로 한국식, 일본식, 독일식 순으로 선호순위가 매겨진다. 그런데 어느 방안에 의한 선거구제 개편이든 선거 이후에 완전한 양당제는 초래되기 어렵다. 따라서 대통령제 하에서도 연합정치의 중요성을 인식하지 않으면 안 된다. 특히 여소야대 상황에서 적어도 입법연합이 정당의 의석수와 정책적 입장을 바탕으로 수월하게 형성되는 정치가 펼쳐져야 한다고 주장하고 있다.

민주화 이후의 선거와 정당 정치에서 지역구도의 현저성을 부인하는 사람은 별로 없지만 제 4장 필자의 입장과 달리 지역주의 청산이 과연 시급한 정치개혁의 목표인가에 대하여 이견이 있을 수 있을 것이다. 이를테면, 이념이나 세대간에 나타나는 균열구조가 지역균열구조보다는 우선적으로 해소되어야 한다는 견해가 있을 수 있다. 사실, 노무현 대통령을 보더라도 2005년 말 이전에는 지역구도의 청산에 대단한 집착을 보였는데 최근에 이르러 계층간 균열구조가 중심 내용이 되는 양극화를 해소하는 것이 중대한 국정과제라고 지적하였다. 또한 혹자는 이제 지역구도가 서서히 완화되어 가는 상황인데 지역주의에 지나치게 예민하게 반응하여 국회의원선거구제를 개편하자고 나선다면 오히려 지역주의를 자극할 가능성이 있는 것이 아닌가 말하기도 한다. 더 나아가서는 지역주의는 어느 정도 자연스러운 것이므로 그것의 청산 운운은 적절하지 않고 그보다는 공정성 제고와 같은 것이 정치개혁의 타당한 목표라고 주장할 수 있다. 이러한 주장들이 전혀 일리가 없지는 않다. 그럼에도 불구하고, 균형정치로 가는 도정에서 지역구도 완화의 과제를 외면할 수는 없을 것이다. 그런데 지역주의 극복의 목표에 충분히 공감하더라도 선거구제 개편보다는 지역구도의 물질적 토대를 개선하기 위한 지역균형발전과 같은 방안이 더욱 절실하고 시급하다는 식의 주장이 가능하다. 이에 대하여 제4장의 필자는 이미 지역구도 해소를 위한 다각적인 방안들이 필요한데 선거구제 개편은 그 중 중요한 일부라고 피력한다. 또한, 이 글에서 개진된 선거구제 개편안의 대강에 관해서는 찬성하더라도 그 세부사항에 대하여는 적지 않은 이견을 제시할 수도 있다. 이를테면, 국회의원정수를 상향조정하는 방안, 소선거구 선거와 비례대표 선거에 중복 입후보하는 것을 허용하고 석패율을 적용하는 방안, 비례선거를 위한 권역을 달리 정하는 방안 등이다. 이런 견해들은 좀더 심층적으로 논의해볼 만한 사안이다. 제4장에서는 균형정치를 실현하기 위한 국회의원선거제도가 집중적으로 논의된 반면 헌법개정 문제는 본문이 아니라 주에서 간략히 언급되었다. 논자에 따라서는 통치권력구조의 개선, 즉 예를 들어 정·부통령제, 대통령 4년중임제, 대선과 총선의 동시실시, 양원제를 도입하는 방안 등이 좀더 깊이 있게 다루어져야 된다고 말할 수 있다. 헌법개정 문제는 대단히 중요한 주제로서 다른 글을 통한 심도 있는 고찰이 요구된다.

제5장의 김성국 교수는 앞서 밝힌 바와 같이 시민사회가 역동성의 원천이고, 국가는 균형성의 제공자라고 개념화한다. 그의 평가에 의하면 "광복 60년사는 그 파란만장의 변화 과정에서 전체적으로 그리고 결과론적으로 역동적 균형을 이룩하였기에 자부심을 가질 수 있다." 흥미롭게도 김 교수는 한국인이 갖는 한(恨)이 지금까지의 성취를 가져온 것이라고 쓰고 있다. 첫째, 산업화는 '배고픔의 한'을 극복하려는 한풀이 성취의지에 의하여 이루어진 것이며 둘째, '나라가 두 동강 난 한'이 통일의지를 키우고 체제경쟁의 바탕이 되었으며 셋째, 독재에 '억눌리고 시달린 한'이 정치 민주화로 귀결되었으며, 마지막으로 넷째, '못 배운 한'이 학습의지로 변해 마침내 문화적 활력으로 전개되었

다는 것이다. 그런데 광복 이후 1987년까지는 이와 같은 한풀이가 낳은 시민사회의 역동을 중앙집중형 독재국가가 위로부터 주도하여 계획하고 명령하며 통제하면서 발전을 이룩해왔다. 그런데 김 교수는 한국사회가 목하 위기의 와중에 있다고 진단한다. 경제적 성취동기, 통일과 민주화 의지, 문화적 학습의지와 다원성이 동시에 혼란과 갈등에 빠져 있는 것이다. 정치 분야에서는 당파간의 이념갈등, 말하자면 '친북반미 집단과 반공친미 집단간의 소모적 대결'이 빚어지고 있다.

시민사회가 다시 역동성을 회복하고 국가는 적절한 조정으로 균형성을 제공하여 한국의 선진화를 이룩해야 하는 것이 아닌가? 김 교수는 남한이 선진화되지 않은 상태에서 남북한의 통합이 이루어진다면 "문화적 차별과 대립이 난무하거나 불안정이 일상화되는 정치적 악몽 아니면 경제적 하향 평준화라는 비극"에 직면하게 될 지도 모른다는 우려를 표명하고 있다. 그런데 과거와 같은 권위주의 국가의 발전양식은 지양되어야 한다. 이제는 시민사회가 주도하고 국가는 균형을 잡는 시민사회 중심형의 국가발전양식이 요구된다는 것이다. 자립적 지방정부가 원활하게 운영되는 분권국가로서 협치적-타협적 균형을 달성해야 한다. 이러한 국가는 "작지만 효율적이고, 부드럽지만 끈질긴 연성적 협상(協商)국가"로서 갈등이 가능한 한 자율적으로 해소되도록 하고 타협의 촉매 구실을 하게 된다. 더 나아가서, 김 교수는 한국 시민사회와 국가의 선진화 방향을 다음과 같은 내용의 명제로써 부연한다. 즉 정치적 권위주의는 배척되고 정치인의 책임성과 윤리성이 제고되어야 한다. 시민사회의 참여욕구를 수렴하지 못하는 기존 대의제 민주정치의 한계와 모순을 극복해야 한다. 정보기술 기반의 지속적 발전으로 국제경쟁력을 강화해야 한다. 시장과 자발적 결사체의 자율적 활동은 촉진되어야 한다. '사람답게 살아보자는 참살이 욕구'에 부응하는 생태친화적 경제개발이 긴요하다. 시민운동은 적극적 정치참여를 통해 영향력을 행사하되 책임을 절감(切感)하며 권력투쟁의 장에 진입하는 것은 삼가야 한다. 시민사회는 자기성찰과 더불어 한상진 교수가 설파했던 바와 같은 "개방성, 가치의 다원성, 타자와의 공존과 관용, 순수한 자발성과 열정"으로 구성되는 신공동체 문화를 건설하기 위해

'한국적 신사회운동'을 전개해야 할 것이다.

한국 시민사회의 역동성에 대한 김 교수의 설명은 토착 개념에 바탕을 둔 대단히 창의적인 것이다. 국가와 시민사회의 관계에 대한 그의 개념화도 설득력을 갖는다. 선진한국을 그려내는 비전 또한 예리한 통찰력을 보여준다고 하겠다. 제 5장에서 제시된 선진화 방향은 국정목표 수립과 시민사회의 진로 설정을 위한 실마리를 던져준다고 할 것이다. 앞으로 이를 구현하기 위한 일련의 구체화된 공공정책 대안과 시민사회의 행동전략으로 뒷받침해야 한다. 물론 그러한 과정에서 김 교수의 당위명제에 대한 경험적 검토 역시 요구된다. 이를테면, 정보기술에 토대를 둔 네트워크 사회의 도래가 과연 신공동체 문화에 순기능적으로 이바지할 것인지 아니면 이보다는 오히려 개인화, 물리적 생활의 폐쇄성, 사생활 침해, 디지털 격차와 같은 각종 비용과 위험성을 더욱 초래하는 것은 아닌지 신중히 따져볼 필요가 있다. 뿐만 아니라 대의제 민주주의가 한계를 노정한다고 해서 직접민주주의로 대체될 수 있는지, 직접민주주의는 위험성이 없는지 등등 예기치 않았거나 새롭게 파생될 문제점(광복60년기념 종합학술포럼 제1차 포럼에서 김 교수 논문에 대한 토론자로서 김은미 교수가 일부 지적한 바와 같은)을 사려 깊게 점검해야 한다.

우리는 역동적 균형의 일상적 의미를 '안정을 향한 힘찬 움직임'이나 '변화하면서 이루어지는 평형' 정도로 이해해도 큰 무리가 없을 것이다. 이것은 인간 사회에서 변동의 여파가 있더라도 그것이 원만하게 완화되면서 질서가 자리 잡는 것이고, 어느 순간에 대립과 갈등이 생기지만 이보다는 장기적으로 지속될 상생과 통합이 찾아오는 것이다. 그렇기 때문에 역동적 균형은 개선된 미래를 창조하는 집단에게 매력 있는 이미지를 불러오는 원리이자 소망 어린 은유(隱喩)의 개념이 될 수 있다. 국가 내부적으로 구성원들의 다양한 이해를 조정하고 보다 나은 공동의 삶을 추구하는 동시에 대외적으로는 자국의 생존과 다른 국가와의 평화를 모색하는 정치와 외교에서도 마찬가지로 그러하다.

미래 선진한국에 대한 여기서의 논의를 기획하던 당초 단계에서 역동적 균형은 어느 정도 막연한 추상적 원리이자 잘 잡힐 것 같지 않은 이미지인 듯싶었다. 하지만 지금에 이르러 역동적 균형은 새 역사 창조의 문제영역에서 상상력을 고취하는 적용 가능한 원리로서 정립되었다. 또한, 역동적 균형은 허구적 상징이 아니라 알찬 내용이 담길 수 있는 용기(容器)와 다름없는 개념으로서 확인되었다. 우리는 이미 선진한국을 개척하는 주체들의 의식구조 속에 역동적 균형이 가치관으로 내면화되어 있음을 입증할 수 있었다. 이 시대의 한국인들은 역동 가운데 균형을 선호하고 이를 추구하는 자세를 가다듬고 있는 것이다.

물론, 역동적 균형의 의미가 한국인 삶의 모든 분야에서 획일적일 수는 없을 것이다. 정치와 외교에서만 해도 역동적 균형의 이미지가 어느 측면에 투사되는가에 따라 그것이 지시하는 구체적 내용이 무엇인가에 대해서는 이견과 논란이 있을 수 있다. 그렇기 때문에 우리 모두 사이에 대화와 토론을 통한 합의 형성이 필요한 것이다.

남한과 북한의 관계에서 역동적 균형은 양자가 통일의 목표를 향해 냉전구조의 해체, 화해협력, 공존공영을 위해 매진하는 가운데 달성될 것이다. 21세기 동북아 질서가 역동적으로 변화하는 가운데 한반도 주위의 4강대국간 관계가 심한 유동성을 보이면서 한국의 생존과 안보를 위협할 가능성이 적지 않다. 한국은 이러한 우려를 불식하고 동북아의 평화를 유지하기 위한 대외전략이 절실하다. 현실주의적 관점에서는, 미국이 동북아의 균형자 역할을 수행하고 동북아 국가들간의 안보협력이 강화되며 한국은 국력 신장을 통해 정책 선택의 폭을 확대해 가는 전략을 제시할 수 있다.

국내정치에서 역동적 균형은 상호작용하는 개인, 집단과 기관간 권력의 대등한 분포를 지칭한다. 역동적 균형이 실현되는 정치를 제도화하기 위해서는 권력을 창출하는 선거에서 대표의 공정성과 엘리트 책임성이 동시에 확보될 수 있도록 하고, 권력행사의 과정에서는 상호견제와 협력이 가능하도록 하며, 권력행사의 결과로 산출되는 정책의 효과성 및 효율성(즉 효과적이고 효율적인 정책수행)이 제고되어야 한다. 민주화 이후 지역균열구조는 역동적 균형이 이루어지는 정치를 지속적으로 가로막고 있다. 지역의 정체성을 살리고 그 이익의 자연스런 표출을 보장하면서도, 국가적으로는 지역간 균형을 유지함으로써 균열구조가 심화되지 않도록 하는 방안의 하나로서 국회의원선거제도의 개편을 고려할 수 있다. 국가와 시민사회의 관계에서는 시민사회가 전향적 변화의 원동력을 산출하며 국가는 이를 조정하여 안정을 가져오는 역할을 수행한다. 과거 국가는 주로 명령과 통제에 의존하여 산업화를 성취하였으나 권위주의 독재를 탈피하지 못하였다. 향후 선진민주한국의 발전은 동반자 관계를 형성하는 국가와 시민사회의 협치를 통해서 성취되어야 한다.

■ 필자 약력

(게재순)

한 상 진

서울대 사회학과 및 동대학원 졸업, 미국 남일리노이대학 사회학 박사. 한국정신문화연구원장, 한국인권재단이사, 대통령자문정책기획위원회 위원장 역임. 현재 서울대 사회학과 교수 겸 중국 북경대학 사회학과 교환교수. 주요 저서: 《사회운동과 사회개혁》, 《중민이론의 탐색》, 《한국, 제 3의 길을 찾아서》 등.

임 동 원

육군사관학교 졸업. 국정원장, 통일부 장관, 대통령 외교안보통일특별보좌역, 호주 대사, 육군 소장 역임. 현재 세종재단 이사장. 주요 논문: "평화와 통일을 향한 탈냉전의 프로세스: 남북관계 15년의 교훈을 중심으로", "6·15 남북공동선언의 의의와 과제".

김 경 원

서울대 법대 입학, 미국 윌리엄스대학 졸업, 미국 하버드대학 정치학 박사. 뉴욕대학 정치학 교수, 고려대 정치학과 교수, 대통령 비서실장, 주미 대사, 유엔 대사, 사회과학원장 역임. 현재 고려대 국제대학원 석좌교수. 주요 저서: *Revolution and International System*(혁명과 국제체제) 등.

박 찬 욱

서울대 정치학과 및 동대학원 졸업, 미국 아이오와대학 정치학 박사. 프랭클린마샬대학 교수, 대통령자문정책기획위원회 위원, 미래인력연구원 원장 역임. 현재 서울대 정치학과 교수, 한국정치연구소 소장. 주요 저서: 《정치학의 대상과 방법》(공편), 《제17대 국회의원총선거 분석》(편저).

김 성 국

서울대 사회학과 및 동대학원 졸업, 미국 인디애나대학 사회학 박사. 한국사회학회, 이론사회학회, 지역사회학회 회장 역임. 현재 부산대학교 사회학과 교수, BK21사업단장, 녹색도시부산21 추진협의회 상임회장. 주요 저서: 《부산학시론》, 《아나키, 환경, 공동체》(공저).

국내 최초 완역 출판

Theorie des kommunikativen Handelns 1·2

의사소통행위이론 1·2

1권 행위합리성과 사회합리화　2권 기능주의적 이성 비판을 위하여

위르겐 하버마스 **지음**　**장춘익**(한림대) **옮김**

4년여에 걸친 번역작업으로 완성된 현대사회이론의 이정표.
지금까지 한국에 소개된 하버마스는 서장에 불과하다. 《의사소통행위이론》으로 우리는 진정한 하버마스 사상의 본령(本領)에 들어서게 된다.

나남출판이 발간한 《공론장의 구조변동》, 《사실성과 타당성》 《도덕의식과 소통적 행위》 등에 이은 하버마스 저작의 최고 결정판!

신국판 양장본 | 각권 592, 672면 | 각권 35,000원

NANAM 나남출판
경기도 파주시 교하읍 출판도시 518-4
tel. 031)955-4600　www.nanam.net